Jacques Bénigne Bossuet

Trauerreden

Jacques Bénigne Bossuet

Trauerreden

ISBN/EAN: 9783744721462

Hergestellt in Europa, USA, Kanada, Australien, Japan

Cover: Foto ©Lupo / pixelio.de

Weitere Bücher finden Sie auf **www.hansebooks.com**

Jacob Benignus
Boſſuet
Biſchoffes von Meaux
und Königl. Staatsrathes,
Trauerreden
Aus dem Franzöſiſchen überſetzt.

Vorbericht.

Ich zweifle nicht, daß deutsche Redner dem Herrn Verleger wegen dieser Auflage der unvergleichlichen Trauerreden eines grossen Bossuet Dank wissen werden. Aber werden sie nicht zugleich den deutschen Uebersetzern auch Vorwürfe machen, daß, da sie so eifrig sind, französische Schriften, welche oft so gar elend

Vorbericht.

elend sind, ihren Landsleuten bekannt zu machen, sie dennoch dieselbe dieses kostbaren Schatzes der Beredsamkeit eines Bischoffes so lange beraubet haben: welcher, gleichwie er in seinen andern Werken die Bewunderung dieser Zeiten geworden, sich auch in diesen Trauerreden zum unverbesserlichen Muster der geistlichen Redner gemacht?

Um aber diese Trauerreden mit dem Geiste zu lesen, mit welchem sie verfertiget worden, und sich dieselbe zu Nutze zu machen, erachte ich nöthig zu seyn, dem Leser ein wenig den Charakter der Beredsamkeit eines Mannes zu entwickeln, der gewiß mit Rechte von
ei-

Vorbericht.

einem witzigen Franzosen der letzte der Kirchenväter genennet wird. Denn man bilde ſich ja nicht ein, daß er die gemeinen Fußſtapfen der Lobredner betreten. Er bahnte ſich einen neuen Weeg zu einer Beredſamkeit, die ſein eigen ſeyn, oder die jener Wohlredenheit des Athenienſers und Römers, welche alles dahin riß, am nächſten kommen ſollte. Er ſuchte nicht in den Regeln, den Stoff, den er bearbeiten ſollte, zu vermehren und zu verſchönern, was man auch groſſen Lobrednern oft abmerken kann, ſondern ſeine richtige Denkensart, ſein einſehender Verſtand fand immer in den Sachen ſelbſt ſo viele Schönheiten, daß er derjeninigen gar wohl entbehren konnte, welche aus der genauen Beobachtung der Regeln entstehen, und meistentheils trocken sind, weil sie meistentheils gezwungen sind. Nicht als hätten die Abtheilungen, die gründlichen Beweise, die Figuren u. s. w. hier keinen Platz gefunden; sondern sie sind ganz natürlich von der Materie selbst mitgebracht, und nicht von der Kunst hingezogen worden. Denn eigentlich und mit wenigen Worten alles zu sagen, so sind Natur und Religion die einzigen, welche diese Trauerreden ausgeschmücket. Da ihm jene mit der besten, das ist mit ihren eignen Wohlredenheit versehen, so hat er jenen Reichthum der Gedandanken, welcher den Redner weit vom Zwange entfernt; den Verstand des Zuhörers aber niemals unaufmerksam, und dessen Herz niemals ungerühret läßt: und da er von der Majestät der Religion ganz durchdrungen ist, so lobet er an einer heiligen Stäte keine Thaten, die er nicht nach dem Gewichte des Heiligthumes abgewogen, oder besser zu reden, er bringt die Kohlen vom Heiligen Altare, um die Thaten der Welt zu reinigen, und sie des Lebens würdig zu machen, zu dem die verstorbenen Grossen schon hinüber gegangen.

Dessen ungeacht war seine Beredsamkeit keine unversehene, ausgelassene, weitschweiffige Beredsamsamkeit. Wenn er gleich den überaus schmalen Weeg ängstlicher Regeln nicht gieng, so hielt er sich doch genau in den Gränzen, welche die Natur seines Stoffes ihm vorschrieb. Hierdurch erhielt er auch, daß sich seine Beredsamkeit ohne die Hülfsmittel der Kunst allezeit höher schwang, weil sie sich freyer schwang; und ihn über die grossen Lobredner hinaußsetzte, derer Frankreich eine grosse Anzahl von eben diesem güldnen Alter der Wissenschaften, in welchem Bossuet gelebet aufzuweisen hat.

Denn sollte ich zwischen ihm, und seinen Mitgefährten, die eben dieses Feld bearbeitet, eine Vergleichung anstellen: so sind sie Ca-
ná-

Vorbericht.

näle, welche von schönem Marmor erbauet, mit angenehmen Bäumen in der beliebtesten Ordnung beseẑet, mit herrlichen Palläſten und andern Gebäuden auf das prächtigſte gezieret ſind; er aber iſt die Königin der Flüſſe, unſere Donau, welche in ihrem weiten Rinnſale bald mit Majeſtät ſanft daher fließt, bald mit ihren Wellen ſchrecket, hier durch eine angenehme Inſel, dort durch längſt geſtreckte Auen verſchönert wird, und oft dem Auge die weiteſten und vergnüglichſten Außſichten darbiethet: und man urtheile ſodann, ob nicht dieſe vor jenen den Preiß erhält, und eben darum ſchöner iſt, weil ſie natürlicher iſt.

Vorbericht.

Allein so überzeugt ich auch von der Vortreflichkeit der Trauerreden Bossuets bin, so habe ich dennoch zwo Gattungen der Leser unter meinen Landsleuten, die mit meinen Gedanken nicht zufrieden seyn werden. Es ist wahr, die einen machen noch eine geringe Zahl; aber für die man desto sorgfältiger wachen muß, weil sie die ersten sind, welche die schönen Wissenschaften in unsern Gegenden einladen, und folglich mit der Zeit unsere Lehrer und Muster seyn können. Welcher Schade, wenn der Schein eines aufgehenden Lichtes für den Witz durch einen unächten Schimmer so geschwind verfälschet würde! Es sind nämlich Leute, welche
sich

Vorbericht.

ſich ſchon vollkommen dünken, da ſie kaum Anfänger geworden, welche an der äuſſern Schale kleben, und über ein und anderes witzige Wort, das ſie erfunden, oder einem Buche abgeborget, ſich für die Günſtlinge der Muſen ausruffen; denen es an der Einſicht in den Grund des Schönen, des Erhabenen ganz oder meiſtentheils fehlet; denen es noch mehr an dem Beyſtande gelehrter Männer fehlet, entweder, weil derer Anzahl vor ſich klein iſt, oder weil ſie derſelben gründliche Beurtheilung ſcheuen, und die ſich alſo lieber unter einander ſelbſt zu Autorn und Kunſtrichtern aufwerffen, um ihrer Eigenliebe deſto ſicherer ſchmeicheln

Vorbericht.

cheln zu können, sich nur durch ein frühzeitiges Lob zu Helden des guten Geschmackes machen, und sich jener dauerhaften Grösse berauben, zu der sie durch ihre guten Talente gestiegen wären, wenn sie dieselben besser bearbeitet hätten.

Diese nun, wenn sie sich anders gleich sind, werden ihren Beyfall einer Beredsamkeit versagen, welche nichts als natürliche Schönheiten hat, und von keiner Schminke etwas weiß. Denn worinnen bestehen denn bey ihnen eigentlich die Zierrathen einer Rede? Uberhäufte und unnöthige Participien, nach dem Latein oder Griechischen gemachte Wortfügungen, verkehrte Redensarten, die sie für glänzend

Vorbericht.

zend halten, weil sie ungewöhnlich sind; schwülstige Außdrücke, die sie auß den Schriften gewisser Neuern entlehnen, Lieblingswörter gewisser Schriftsteller, die kaum der hundertste Theil der Leser versteht; mit Strichelchen durchsäete Sätze und ewige Wiederholungen welche vormahls die Heftigkeit der Gemüthsbewegungen bedeuteten; nun aber den leeren Raum in dem Verstande des Verfassers anzeigen, u. d. m. machen die ganze Kostbarkeit ihrer Wohlredenheit auß. Sie wollen erhaben schreiben, und werden oft in Wahrheit ungeheuer und abentheuerlich. Aber man nehme nur ihren Schriften dieses bunte Kleid ab, man untersuche ihre Gedan-

Vorbericht.

danken, und wie oft wird sodann nicht das Phädrische gelten.

O quanta species cerebrum non habet.

Man beschuldige mich keiner Partheylichkeit. Ich habe meine Meinung weder den Franzosen, noch Britten, weder den Sachsen, noch Sweitzern, weder Klopstocken, noch Gottscheden verdungen. Die Parthey, zu der ich mich bekenne, ist die Parthey der Wahrheit. Ich finde beyderseits Schönheiten, aber ich finde auch beyderseits Fehler; und ich denke, sie würden am besten thun, wenn sie aufhörten, die Affen der einen oder der andern

zu

Vorbericht.

zu seyn, und groß zu werden suchten indem sie jene beyderseits beobachteten, diese aber auch beyderseits verwürfen.

Weiters bin ich so gut als sie, ein Feind des Seichten, des Wässerichten. Aber ist denn zwischen dieser und dem Schwulste keine Mittelstrasse? Die Alten haben sie sehr gut gekannt, und uns dieselbe sehr geraumig gezeigt, so, daß man noch dazu verschiedene Eintheilungen ganz füglich darauf machen kann, wenn man ihnen nur nachspüren will. Und eben diese Alten, ich verstehe einen Demosthenes, einen Cicero, einen Homer, einen Virgil, Männer, welche die Muster der schönen Wissen-
schaf-

Vorbericht.

schaften in allen Jahrhunderten gewesen, und noch seyn werden; eben diese Alten, sollen mich bewegen, alles, was ich sage, für einen Irrthum zu erkennen, wenn man mir eine Stelle aus ihnen aufweiset, welche der gezwungenen Schreibart, auf die man itzt so erpicht ist, ähnlich sieht.

Darf ich ihnen aber sagen, was wir von dieser gezwungenen Schreibart zu hoffen haben; so ist es in wenig Worten dieses, daß sie gar bald die Natur gänzlich verlassen werden, die sie doch einzig durch die Kunst suchen sollten; daß, da sie eben die Weege gehen, welche die Sophisten gegangen, sie den Ken-

vern

Vorbericht.

nern eben so verhaßt seyn werden, als diese den Alten geworden; daß ihr Geschmack einen wesentlichen Unterschied der Schreibart zwischen der Wohlredenheit und Dichtkunst aufheben werde, und wir anstatt Reden, Gedichte, und anstatt Gedichte Geburten des Unsinns werden lesen müssen; kurz, daß wir gar bald jene Zeiten erleben werden, welche in Italien gewesen, da die Römer angefangen einen gekünstelten Plinius über den Cicero, und eine Thebais höher als die Aeneis zu schätzen.

Die andern sind in einem gerade entgegen gesetzten Irrthume. Sie verachten, ja sie hassen alles, was nicht nach ihrem alten Schlendrian ist. Wozu, sagen sie, dient uns eine solche Ubersetzung? wer wird sich einer solchen Schreibart, einer solchen Mundart bedienen? denn eigentlich muß bey ihnen alles nach dem Pöbel riechen, und die Unrichtigkeit der Sprache heißt ihnen die Deutlichkeit. Diesen wollte ich rathen die Würde ihres Amtes zu bedenken. Sie tragen die wichtigsten, die erhabensten Wahrheiten der Religion vor; und diese fordern ja eine ihnen gemäße Art des Ausdrucks; aber sie verhüllen die ganze Schönheit derselben durch das schmutzige Kleid, das sie ihnen anziehen. Sie machen hierdurch, daß der vernünftigere Theil einen Eckel bekommen,

und

und den Redner verachten muß, der sich getrauet, die heiligsten Wahrheiten so übel zu bearbeiten, und die ernsthafteste Sittenlehre oft so gar poßierlich vorzutragen. Und wie leicht geschieht es sodann nicht, daß sich die Verachtung von dem Redner auf die Religion selbst erstrecke? Sie sollen auch nicht glauben, daß sie durch eine anständige Auszierung und die Reinigkeit der Sprache etwas an der Frucht, die sie schaffen sollen, verlieren werden, ich sage ihnen vielmehr, daß sie gewinnen. Denn ausserdem, daß sie bey allen diesen auch den Geringsten unter dem Volke verständlich bleiben können, wenn sie nur übertriebene Ausdrü-

cke, gar zu weit hergeholte und zu
häufige verblümte Redensarten
vermeiden: so haben sie sich desto
mehr Zuhörer zu versprechen. Ich
zweifle kaum, daß sie die Klage,
die sie so oft führen, der Adel und
die Gelehrten hörten die Wahrheiten der heiligen Religion so selten, auf diese Weise am geschickte-
sten heben würden, weil eben dieses
eine der wichtigsten Ursachen ist,
warum sich dieser gesittetere Theil
der menschlichen Gesellschaft von
ihren Reden so oft entfernet. Es
ist wahr, es könnte vielleicht geschehen, daß alsdenn mancher sich aus
keiner andern Ursache einfände,
als um eine schöne Rede zu hören;
aber wie oft wird es nicht auch ge-
sche-

Vorbericht.

schehen, daß ihn unter dem Schimmer der Kunst, der ihn ergötzet, auch ein übernatürliches Licht bescheint, daß ihm zu seinem Heile nützet? so diente die Reise eines grossen Apostels, welche er so gar aus boshaften Ursachen antrat, zur Gelegenheit seiner Bekehrung. Und warum wollen sie denn ein Mittel verwerffen, dessen sich GOtt zur Führung seines Volkes selbst bedienet? Die Schrift giebt ihnen häufige Beyspiele, so gar in Ansehung des Ausdruckes und der Sprache, davon; oder sie müssen ganz falsche Begriffe haben, wenn sie sie nicht erkennen sollten.

Was die Reinigkeit der Sprache ins besondere betrift, so will ich ih-

ihnen nur zwey unwiderlegliche Beyspiele vorstellen. Wer ist deutlicher, natürlicher, nachdrücklicher? wer hat das Heil seiner Zuhörer eifriger gesucht, als ein Heil. Chrysostomus? unterdessen wird dieser grosse Vater doch allezeit das vortreflichste Muster der heiligen Redner bleiben. Das zweyte ist vielleicht noch dringender, weil es von unsern Zeiten hergenommen ist. Wir sehen, daß die französischen und italienischen Redner ihre Reden nach aller Strenge der Regeln, und der besten Mundart ausarbeiten: wird man aber wohl so verwegen seyn, und sie alle einer Eitelkeit, einer Kaltsinnig-

Vorbericht.

nigkeit in ihrem ehrwürdigen Amte beschuldigen? man muß noch dabey diese Anmerkung machen; und sie ist wichtig: daß weder das gemeine Volk zu Zeiten des Heil. Chrysostomus, noch heut zu Tage alle Landschaften Frankreichs und Italiens die beste und reinste Mundart haben; und daß man also von der Mundart des Landes, in dem man wohnet, oder der Sprache des gemeinen Haufens, der uns höret, keinen Einwurf machen kann.

Es käme also bey beyden Gattungen, derer ich oben erwähnet, hauptsächlich darauf an, daß sie Vorurtheile, Eigensinn, Partheylichkeit, Gewohnheit ablegten, die

Ver-

Vernunft ihr Recht behaupten ließen, und nach der Wahrheit ernst-
lich untersuchen wollten; so würden
wir gar bald das Vergnügen haben, von jenen natürlichere Schriften zu lesen, und von diesen schö-
nere Reden zu hören.

H. C.

Trauerrede

Auf Ihre Königl. Majestät, Henriette Maria von Frankreich Königin von England, welche den 16. des Wintermonats 1669. in der Kirche der Klosterfrauen St. Maria von Challiot, wo das Herz ihrer Majestät aufbehalten wird, in Gegenwart ihrer Königl. Hoheiten des Herzogs von Orleans und der Prinzeßin gehalten worden.

Und nun verstehts ihr Könige wohl; unterrichtet euch, die ihr die Erde richtet. Pf. 2. 10.

Ihre Königl. Hoheit,

Jener, der in dem Himmel herrschet, von dem alle Reiche entspringen, und welchem die Herrlichkeit, die Majestät und die Unabhänglichkeit allein angehöret, ist auch der einzige, der seine Ehre darinn suchet, daß er den Königen Gesetze vorschreibet, und wenn es ihm gefällt, ihnen große und erschreckliche Lehren ertheilet. Er mag nun die Thronen erheben, oder erniedrigen, er mag seine Macht den Fürsten mittheilen, oder an sich allein ziehen, und ihnen nichts, als ihre eigene Schwäche überlassen, so lehret er sie allzeit ihre Pflichten auf eine unumschränkte und seiner selbst würdige Art. Denn da er sie mit seiner Macht umgiebet, so gebeut er ihnen, selbe für das Beste der Erde anzuwenden, wie er selbst thut: und da er sie zurück zieht; so zeigt er ihnen, daß ihre Majestät entlehnet ist, und daß wenn sie gleich auf dem Throne sitzen, sie nichtsdestoweniger unter seiner Hand und höchsten Gewalt stehen. Auf diese Weise unterrichtet er die Fürsten nicht nur allein durch Worte, und Reden, sondern auch durch Beyspiele und Wirkungen. Und nun verstehts ihr Könige wohl; unterrichtet euch, die ihr die Erde richtet.

Meine Herren, welche das Angedenken einer großen Königin, einer Tochter, Gemahlin, Mutter so mächtiger Könige und Beherrscherin dieser Königreiche zu diesem traurigen Leichenbegängnisse allenthalben beruft: diese Rede soll ihnen eines dieser erschrecklichen Beyspiele vor Augen stellen, welche den Augen der Welt ihre ganze Eitelkeit entdecken. Sie werden in einem einzigen Leben die entgegen gesetztesten Veränderungen der menschlichen Dinge sehen: ein eben so unbegränztes Glück, als weitläuftiges Elend; einen langwierigen und friedlichen Genuß einer der prächtigsten Kronen des Erdbodens; alles, was durch die Geburt und Grösse verherrlichen kann, auf einem Haupte versammelt, welches nachmals, allen Unbilden des Glückes ausgesetzt ist; die gute Sache mit glücklichem Fortgange angefangen, und in der Folge von unversehenen Unglücksfällen zurückegeschlagen; unerhörte Veränderungen; den Aufruhr lange Zeit unterdrücket, und zuletzt auf den Thron gesetzet; die Frechheit ohne Zaum; die Gesetze ohne Wirkung; die Majestät durch bisher unbekannte Frevelthaten entheiliget; die gewaltige Besitznehmung und Tyranney mit dem Nahmen der Freyheit beehret; eine flüchtige Königin, welche in dreyen Königreichen keinen Aufenthalt findet, und der ihr eigenes Vaterland nichts als ein trauriger Ort der Verbannung ist; neun Reisen, welche eine Prinzeßin trotz allen Ungewittern des Meeres unternommen; ein erstauntes Weltmeer, da es sich so oft mit verschiedenen Zurüstungen und aus so entgegen gesetzten Ursachen durchschiffet sieht; einen schändlich eingestürtzten und wunderbarlich hergestellten Thron. Dieses sind die Lehren, welche GOtt den Königen giebt: und auf diese Weise läßt er die Welt das Nichts ihrer Pracht und Größe einsehen. Wenn uns die Worte gebrechen, wenn die Ausdrücke einem so weitläuftig und erhabenem Gegenstande nicht gleich kommen; so werden die Sachen von sich selbsten genugsam reden. Das Herz einer großen Königin, welche einstens durch eine lange Reihe der Glückseeligkeit so erhaben gewesen, und hernach in ein Meer der Bitterkeit auf einmal versenket worden, wird sich genug vernehmen laßen, und wenn es gemeinen Menschen nicht erlaubet ist den Großen der Welt einen Unterricht über so ausserordentliche Begebenheiten zu geben; so leihet mir ein König seine Worte, um ihnen zu sagen: Und nun verstehts ihr Könige wohl, unterrichtet euch, die ihr die Erde richtet. Höret ihr Großen der Erde, unterrichtet euch ihr Beherrscher der Welt.

Al-

Allein die weise und gottseelige Prinzeßin, welche den Gegenstand dieser Rede ausmachet, ist nicht allein den Menschen zu einem Schauspiel vorgestellet worden, um in selber die Rathschläge der göttlichen Vorsehung und die erschrecklichen Veränderungen der Reiche zu betrachten; sie hat sich selbst unterrichtet, indessen GOtt die Fürsten durch ihr Beyspiel unterwiesen. Ich habe bereits gesagt, daß jener große GOtt sie unterrichtet, sowohl da er ihnen seine Macht ertheilet, als da er sie ihnen benimmt. Die Königin, von der wir reden, hat gleicher Weise einen zweyfachen und so sehr entgegen gesetzten Unterricht vernommen: ich will sagen, sie hat sich sowohl des guten als schlechten Glückes christlich zu gebrauchen gewußt. In einem war sie wohlthätig, im andern zeigte sie sich unüberwindlich: So lange sie glücklich war, ließ sie die Welt ihre Macht durch eine fast unendliche Güte empfinden; als sie das Glück verließ, bereicherte sie sich selbst mehr als jemals mit Tugenden: also zwar, daß sie die königliche Macht, die sie zum Wohl der andern besaß, zu ihrem eigenen Besten verlohr, und wenn ihre Unterthanen, wenn ihre Bundsgenossen, wenn die ganze Kirche einen Vortheil aus ihrer Größe gezogen, so mußte sie sich ihre Unglücksfälle und Drangsalen weit mehr als ihre ganze Herrlichkeit zu Nutzen zu machen. Dieses ist, was wir in dem einer ewigen Gedächtniß würdigen Leben, der allerdurchlauchtigsten, vortreflichsten und großmächtigsten Prinzeßin, **Henrietta Maria von Frankreich, Königin von England** bemerken werden.

Obwohl die großen Eigenschaften einer Königin, deren Geschichte den ganzen Erdkreis erfüllet, niemanden unbekannt sind, so halte ich mich doch verbunden, ihnen, meine Herren, derselben Angedenken gleich Anfangs zu erneuern, um diese Abbildung in der Folge der Rede durchgängig anzuwenden. Es würde überflüßig seyn, sich lange über die herrliche Abkunft dieser Prinzeßin aufzuhalten: man sieht unter der Sonne nichts, was derselben Größe gleichkomme. Der heilige Pabst Gregorius * hat der Krone Frankreich diesen Lobspruch schon in den ersten Jahrhunderten beygeleget, daß sie so weit über die andern Kronen der Erde erhaben ist, als die königliche Würde den gemeinen Stand übertrifft. Wenn er nun aber sich dieses Ausdruckes zu den Zeiten

ei=

eines Childeberts bedienet, und wenn er das Geschlecht des Merovåus so sehr erhöhet, urtheilen sie, meine Herren, was er von dem Blute eines heiligen Ludewigs und eines Karl, des Grossen, würde gesagt haben.

Das große Herz dieses kostbaren Sprößlings, dieser Tochter Heinrichs, des Grossen, und so vieler Könige hat ihre Geburt weit übertroffen. Ein jeder anderer Ort, als der Thron wäre ihrer unwürdig gewesen. In der That, sie hatte Stoff genug ihren edlen Stoltz zu vergnügen, als sie sah, daß sie das Haus Frankreich mit der königlichen Familie der Stuarte verknüpfen würde, welche durch eine Tochter Heinrichs des Siebenten zur Thronfolge in Engeland gelangten, allein welche von ihrem Stammvater schon durch mehr Jahrhunderte den Zepter von Schottland besassen, und die von jenen alten Königen herstammeten, derer Ursprung sich so weit in der Dunkelheit der ersten Zeiten verbirgt. Allein wenn sie das Vergnügen hatte, über ein großes Volk zu herrschen, so war es nur wie sie ihre ungemeine Begierde befriedigen konnte, die sie ohne Unterlaß antrieb, andern ihre Wohlthaten zufliessen zu lassen.

Sie hatte eine königliche Pracht, und man konnte sagen, daß sie jenes verlohren, was sie andern nicht mitgetheilet. Ihre andern Tugenden waren nicht minder verwunderungs würdig. Sie war eine getreue Bewahrerin der Klagen und Geheimnisse, und sagte, daß die Fürsten eben jenes Stillschweigen, welches den Beichtvätern obliegt, beobachten, und eine gleiche Bescheidenheit gebrauchen müsten.

In der größten Wut der bürgerlichen Kriege setzte man weder ein Mißtrauen auf ihr Wort, noch verzweifelte man an ihrer Güte. Was für eine Prinzeßin hätte jemals eine verbindliche Art besser ausgeübet, welche verschaft, daß man sich demüthiget, ohne sich zu erniedrigen, und die die Freyheit mit der Ehrfurcht so glücklich verbindet? Sie war eben so angenehm, vertraulich und leutseelig, als sie stark und standhaft war. Sie wuste so wohl zu bereden und zu überzeugen, als zu befehlen, und nicht minder die Vernunft als das Ansehen geltend zu machen. Sie werden sehen, meine Herren, mit welcher Klugheit sie die Geschäfte führte; und eine so geschickte Hand würde den Staat gerettet haben, wenn er zu retten gewesen wäre.

Man kann die Großmuth dieser Prinzeßin nicht genugsam erheben. Das Glück hatte keine Macht über sie, und weder die traurigen Zufälle, die sie vorgesehen, noch jene, die ihr unversehens aufgestossen, haben jemals ihren Muth niedergeschlagen. Was sollte ich von ihrem unveränderlichen Eifer für die Religion ihrer Ahnen sagen? Sie wuste gar wohl, daß dieser Eifer so wohl die Ehre ihres Hauses, als des ganzen Frankreichs ausmachte: die einzige Nation von der Welt, welche seit fast vollendeten zwölf Jahrhunderten, da ihre Könige das Christenthum angenommen, keine andere Prinzen auf ihrem Throne gesehen, als welche Kinder der Kirche gewesen. Sie erklärte sich auch allezeit, daß nichts fähig wäre, sie von dem Glauben des H. Ludewigs abwendig zu machen. Der König ihr Gemahl legte ihr das zierliche Lob bis zu dem Tode bey, daß die Religion der einzige Gegenstand gewesen, worüber sich ihre Herzen zertheilet, und da dieser einsichtsvolle Prinz die Frömmigkeit der Königin durch sein Zeugniß bestättigte, gab er zugleicher Zeit der Welt die Zärtlichkeit, die ehliche Liebe, die heilige und unverletzte Treue seiner unvergleichlichen Gemahlin zu erkennen.

GOtt

GOtt, welcher alle seine Rathschläge auf die Erhaltung seiner heiligen Kirche beziehet, und indem es ihm niemahls an Mitteln mangelt, alle Dinge nach seinen verborgenen Absichten einrichtet, hatte sich einstens der keuschen Reitzungen zwoer heiligen Heldinnen bedienet, um seine Gläubigen aus den Händen ihrer Feinde zu befreyen. Als er die Stadt Bethulia erretten wollte, so legte er der blinden Ausgelassenheit des Holofernes einen unversehenen und unvermeidlichen Fallstrick in der Schönheit der Judith.

Die schamhafte Annehmlichkeiten der Königin Esther hatten eine eben so heilsame aber nicht so gewaltsame Wirkung. Sie gewann das Herz des Königes, ihres Gemahls, und machte aus einem ungläubigen Prinzen einen ansehnlichen Beschützer des Volks GOttes. Aus einem fast gleichem Rathschlusse hatte dieser grosse GOtt dem Könige von England einen unschuldigen Reitz in den unendlichen Annehmlichkeiten der Königin, seiner Gemahlin zubereitet. Gleichwie sie seine Zuneigung besaß (denn die Wolken, die sich anfangs gezeiget, waren bald zerstreuet worden) und ihre glückliche Fruchtbarkeit, die heiligen Bande ihrer beyderseitigen Liebe täglich verdoppelte; so wendete sie, ohne der Würde des Königs, ihres Herrn, zu nahe zu treten, ihr Ansehen an, den bedrängten Katholiken ein wenig Ruhe zu verschaffen. Dieser Sorgen war sie in dem funfzehenden Jahre ihres Alters fähig; und sechzehn Jahre einer vollkommenen Glückseeligkeit, welche ohne Unterbrechung mit Verwunderung des ganzen Erdkreises dahin flossen, waren für jene leidende Kirche sechzehn Jahre der Stille. Das Ansehen der Königin erhielt den Katholiken das besondere und fast unglaubliche Glück, von dreyen apostolischen Abgesandten nacheinander geleitet zu werden, welche ihnen jene Tröstungen beybrachten, die die Kinder GOttes von der Gemeinschaft des Heiligen Stuhles empfangen. Der heilige Pabst Gregorius stellet dem Kaiser Mauritius die Pflichten christlicher Könige in einem Briefe mit diesen Worten vor: **Wisse, großer Kaiser, daß dir die höchste Gewalt von dem Himmel bestimmet worden, damit die Tugend eine Stütze finde; die Wege des Himmels erweitert werden, und das Reich dieser Erde dem Reiche des Himmels diene.** * Es

---

* Ad hoc enim Potestas Dominorum meorum Pietati coelitus data est super omnes homines, ut qui Bona appetunt, adjuventur; ut Coelorum Via largius pateat; ut terrestre Regnum coelesti Regno famuletur.

Es war die Wahrheit selbst, welche ihm diese schönen Worte in die Feder gelegt: denn was ist der Macht anständiger, als der Tugend zu Hülfe zu kommen? Wozu sollte die Gewalt dienen, als die Vernunft zu beschützen? und warum befehlen die Menschen als um GOtt Gehorsam zu verschaffen? Allein man muß hier besonders diese herrliche Pflicht die Wege des Himmels zu erweitern bemerken, welche dieser große Pabst den Prinzen aufleget.

JEsus Christus hat in seinem Evangelium gesaget, daß der Weg, der zum Leben führet, enge ist, und sehen sie, meine Herren, was ihn enge machet. Es ist, weil der Gerechte, der mit sich selbst strenge verfähret, und ein unversöhnlicher Verfolger seiner eigenen Leidenschaften ist, auch von den ungerechten Leidenschaften der andern verfolget wird, und nicht erhalten kann, daß ihn die Welt auf seinem einsamen und rauhen Wege in Ruhe lasse, auf welchem er vielmehr kriechet als gehet. Kommet, sagt der H. Gregorius, ihr Mächtigen dieser Welt; sehet welchen Weg die Tugend betritt; sie wird sowohl von sich selbsten, als von der Gewaltthätigkeit derjenigen, die sie verfolgen, beängstiget; eilet ihr zu Hülfe, reichet ihr die Hand, und da ihr sie von dem Streite, den sie in dem Innersten ihrer Seele, wider so viele Versuchungen, welche die menschliche Natur überfallen, aushält, schon ermüdet sehet, bringet sie wenigstens von den Anfällen ihrer äusserlichen Feinde in Sicherheit. Auf diese Weise werdet ihr die Wege des Himmels ein wenig erweitern, und jene Fußsteige erneuern, welche ihre eigene Höhe und Rauhigkeit allzeit genugsam schrofficht machen werden.

Wenn man aber jemals sagen kann, daß der Weg der Christen enge ist, so ist es gewiß, meine Herren, zur Zeit der Verfolgungen. Denn was kann man sich wohl unglücklichers vorstellen, als seinen Glauben nicht erhalten zu können, ohne sich den Peinen auszusetzen; und weder ohne Unruhe zu opfern, noch GOtt anders als mit Zittern zu suchen? So war der beweinenswürdige Zustand der Katholiken in England beschaffen.

Der Irrthum und der Neuerungsgeist liessen ihre Stimmen von allen Rednerstühlen erschallen, und die alte Lehre, welche nach dem Ausspruche des Evangeliums auf den Dächern sollte geprediget werden, hatte kaum zu dem Ohre reden können. Die Kinder GOttes waren betäubet, da sie weder Altar noch Heiligthüme, noch jene Richterstühle der Barmherzigkeit sahen, welche jene gerechtfertigen, die sich anklagen. O schmerzvolles Angedenken! Man war gezwungen, die Buße mit eben jener Sorgfalt zu verbergen, mit welcher die Sünden sollten verborgen werden, und JEsus Christus selbst sah sich zum grösten Unglücke der undankbaren Menschen genöthiget, andere Decken und Finsternisse zu suchen, als jene geheimnißvollen sind, in welche er sich in dem Sacramente des Altars verschließt. Diese Strenge ließ bey der Ankunft der Königin nach, und die Katholiken erholten sich. Jene königliche Kapelle, welche sie in ihrem Pallaste zu Sommerset mit so vieler Pracht erbauen ließ, gab der Kirche ihre erste Gestalt.

Henrietta, diese würdige Tochter des H. Ludewigs, ermunterte daselbst jederman durch ihr Beyspiel, und behauptete mit Ehre den alten Ruhm des allerchristlichsten Hauses von Frankreich durch ihre Einsamkeit, durch ihr Gebeth und durch ihre Andachtsübungen. Die Priester der Versammlung des Oratorio, welche der große Petrus von Brulle mit ihr in England geführet, und nachmals die Patres Kappuziner gaben durch ihre Frömmigkeit den Altären ihren wahren Glanz und dem göttlichen Dienste seine natürliche Majestät. Die Priester und Ordensmänner, diese eifrigen und unermüdeten Hirten der bedrängten Heerde, welche in England arm, herum irrend, verkleidet lebten, und derer die Welt nicht würdig war, ergriffen in der Kapellen der Königin die herrlichen Zeichen ihres Standes mit Freuden; und die betrübte Kirche, welche eine Zeit her kaum frey seufzen, und ihre vergangene Herrlichkeit beweinen dorfte, ließ nun die Lobgesänge Sions in einem fremden Lande laut erschallen. Auf diese Weise tröstete die gottseelige Königin die Gefangenschaft der Gläubigen, und belebte ihre Hoffnung.

Wenn GOtt aus dem Brunnen des Abgrunds den Rauch, der nach dem Ausdrucke der heimlichen Offenbahrung die Sonne verdunkelt, ich will sagen, den Irrthum und Ketzerey, aufsteigen läst; wenn er, um die Aergernisse zu bestrafen, und die Völker und Hirten zu erwecken, dem Geist des Aufruhrs gestattet, die hochmüthigen Seelen zu täuschen, und einen stolzen Eckel, einen unbeugsamen Vorwitz, und einen Geist der Meuterey allenthalben auszustreuen; so bestimmet er in seiner hohen Weißheit die Gränzen, die er dem unglückseeligen Fortgange des Irrthums und den Drangsalen seiner Kirche setzen will.

Es ist hier meine Absicht nicht, meine Herren, von dem Schickſale der Ketzereyen der letzten Zeiten zu reden, noch die verhängten Gränzen zu bemerken, durch welche GOtt beschloſſen ihren Lauf zu hemmen. Allein, wenn mich mein Urtheil nicht betriegt, da ich die verfloſſene Jahrhunderte zu Gemüth führe, und sie mit dem gegenwärtigen Zustande vergleiche, so getraue ich mir zu sagen, und ich sehe schon, daß einsichtige Männer eines gleichen Sinnes sind, daß nämlich die Tage der Blindheit verlaufen, und das jetzt die Zeit ist, in welcher das Licht zurück kehret.

Als Heinrich der Achte, dieser in allen übrigen so vollkommene Prinz, sich von seinen Leidenschaften, welche den Salomon und so viel andere Könige in den Untergang gezogen, verführen ließ, und das Ansehen der Kirche zu erschüttern anfieng, so erinnerten ihn weise Männer, daß wenn er diesen einzigen Punct erneuerte, er alles in Gefahr bringen, und den zukünftigen Zeiten wider seine Absicht, eine ungezäumte

Aus-

Ausgelassenheit verschaffen würde. Die Klugen sahen dieses bevor; allein glaubte man den Klugen in diesen Zeiten der Verwirrung und Wuth, und verlachte man nicht ihre Weissagungen? Was eine vernünftige Vorsicht die Menschen nicht bereden konnte, hat eine weit mehr gebietende Frau, ich will sagen die Erfahrenheit, sie zu glauben gezwungen. Alles was die Religion Heiliges hatte, wurde mit Füssen getreten. England erlitt so viele und verschiedene Veränderungen, daß es selbst nicht einmal mehr weiß, woran es sich halten soll, und da es auf seinem festen Lande und in seinen Häfen selbst weit mehr als das Meer, das es umgiebt, bestürmet ist, so sieht es sich von einem schreckbaren Schwalle tausend ausschweifender Irrlehren überschwemmet. Wer weis, ob es seine Bedrohungen nicht weiter treibet, wenn es einmal von ihren ungeheuren Irrthümern über die Königliche Macht abstehet, und ob es nicht endlich, aus Eckel ihrer Veränderungen, den Stand mit Vergnügen

wohl zu erhalten gewust. Wie viele Arme, wie viele Unglückliche, wie viele wegen des Glaubens zu Grunde gerichtete Familien fanden die Zeit ihres Lebens den Unterhalt in der außerordentlichen Verschwendung ihrer Allmosen? Diese ergossen sich allenthalben bis an die äußersten Gränzen ihrer drey Königreiche, und da sie sich wegen ihres Ueberflusses so gar über die Feinde des Glaubens erstreckten, so linderten sie ihre Bitterkeit, und brachten sie zur Kirche zurück. Auf diese Weise erhielt sie nicht allein, sondern vermehrete auch das Volk GOttes. Die Bekehrungen waren unzählig, und jene, welche sie mit Augen angesehen, haben uns berichtet, daß durch die Zeit dreyer Jahre, welche die Prinzeßin an dem Hofe des Königs ihres Sohns zugebracht, die einzige königliche Kapelle, ohne von andern zu reden, mehr als dreyhundert Neubekehrte ihren Irrthum in den Händen der königlichen Prediger hat heilig abschwören sehen: glücklich, daß sie den Funken jenes göttlichen Feuers mit so großer Sorgfalt erhalten, den der HErr JEsus anzuzünden auf die Welt gekommen!

Wenn England noch jemals in sich zurück kehret; wenn dieser kostbare Sauerteig noch einstens den ganzen Haufen, in den er von diesen königlichen Händen gemischet worden, herlieget; so wird die späteste Nachwelt nicht genugsame Lobeserhebungen finden, um die Tugenden der gottseeligen Henriette zu preisen; und wird sich verbunden halten, ihrer Frömmigkeit ein so merkwürdiges Werk, als die Wiederherstellung der Kirche ist, zuzuerkennen.

Wenn aber die Kirchengeschichte das Angedenken dieser Königin so geneigt aufbewahret, so werden unsere Jahrbücher die Vortheile gewiß nicht verschweigen, die sie ihrem Hause und ihrem Vaterlande verschaffet.

Als eine geliebteste und ehrenvolle Gemahlin und Mutter vereinigte sie zween Könige, ihren Gemahl und Sohn, mit Frankreich. Wer weis nicht, daß nach der merkwürdigen Schlacht auf der Insel Rhe und zur Zeit der berühmten Belagerung von Rochelle, diese Prinzeßinn, welche sich allezeit geneigt fand, ihre hülfliche Hand bey wichtigen Geschäften darzubiethen, den Friedensschluß zuwege gebracht, wodurch Engeland verhindert wurde, die aufrührerischen Calvinisten nicht weiter mehr zu unterstützen?

Und da in diesen letzten Jahren unser großer König, welcher viel eifriger über sein Wort und das Heil seiner Bundsgenossen, als über seine eigenen Vortheile hält, den Engländern den Krieg ankündigte, war sie nicht auch eine kluge und glückliche Mittlerin? Vereinigte sie nicht beyde Reiche? und suchte sie nicht nachmals, dieses gute Verständniß bey jeder Gelegenheit zu unterhalten?

Diese Sorgen müssen erwarten gegenwärtig ihro königliche Hoheit; und das Beyspiel einer großen Königin so wohl als das Blut Frankreichs und Englands, welches sie durch ihre glückliche Ehe verbunden, müssen ihnen eine Begierde einflößen, ihre Sorgen für die Einigkeit dieser zwey Reiche ohne Unterlaß anzuwenden, mit denen sie so verknüpfet sind, und deren Macht und Stärke das Schicksal des ganzen Europens bestimmen kann.

Denken sie ja nicht, Durchlauchtigster, daß sie nicht anders als durch ihren tapfern Arm, und ihr großes Herz Ehre erlangen können: sie werden auch in der Stille eines tiefen Friedens Mittel finden, sich berühmt zu machen, und sie können dem Staate dienen, ohne ihn zu erschrecken, wie sie es so oft gethan haben, da sie ein so

kost=

koſtbares und nothwendiges Leben, als das Ihrige iſt, allen Gefahren des Krieges ausgeſetzet. Allein dieſes iſt nicht der einzige Dienſt, den man von ihnen, Durchlauchtigſter, erwartet: man kañ alles von einem Prinzen hoffen, welchem die Weißheit Rath ertheilt, die Tapferkeit belebet, und die Gerechtigkeit in allen seinen Handlungen begleitet.

Allein wie weit entfernet mich mein Eifer von meinem traurigen Gegenſtande? Ich halte mich auf, die Tugenden Philipps zu betrachten, und erinnere mich nicht, daß ich ihnen die Geſchichte der Unglücksfälle Henriettens vorzutragen habe.

Ich geſtehe aber gleich anfangs, daß ich die Schwürigkeit meines Unternehmens mehr als jemals fühle. Wenn ich die unerhörten Unglücksfälle einer ſo groſſen Königin in der Nähe betrachte, ſo gebrechen mir die Worte; und mein Verſtand, welcher über ein ſo unwürdiges Verfahren, daß man gegen die Majeſtät und Tugend bezeigt, in Erſtaunung geräth, würde ſich niemals entſchlieſſen, ſich unter ſo viele ſchreckvolle Bilder hinein zu wagen, wenn nicht die bewunderungswürdige Standhaftigkeit, mit welcher dieſe Prinzeßin ihre Drangſalen übertragen, die Laſter ſo ſelbe erreget haben, weit hinter sich liesse. Allein zu gleicher Zeit quälet mich ein anderer Gedanke, meine Herren. Es ist kein menschliches Werk, was ich vorzubringen gedenke. Ich vertrete hier nicht die Stelle eines Geschichtschreibers, welcher ihnen die Geheimniße der Höfe, oder die Ordnung der Schlachten, oder die Vortheile der kriegenden Mächte entdecken muß: mir stehet zu, daß ich mich über den Menschen erhebe, um alle Geschöpfe unter den Urtheilen GOttes zittern zu machen. Ich will mit dem David, in die Macht des HErrn hinein gehen. Ps. 70. 16. und euch die Wunder seines Arms und seiner Rathschläge zeigen. Rathschläge einer gerechten Rache über England; Rathschläge der Barmherzigkeit für das Heil der Königinn, aber auch Rathschläge, welche der Finger GOttes gezeichnet, und deren Eindruck in den Begebenheiten, welche ich vortragen werde, so lebhaft und klar ist, daß niemand diesem Lichte widerstehen kann.

Man gehe so weit man immer kann in den Geschichtbüchern zurück, um die Beyspiele großer Veränderungen aufzusuchen, so findet man, daß sie bis auf gegenwärtige Zeiten keinen andern Ursprung gehabt haben, als entweder die Weichlichkeit, oder Gewaltthätigkeit der Prinzen. In der That, wenn die Fürsten unterlaſſen, ihre Geſchäfte und ihre Kriegsheere zu unterſuchen; wenn ſie ſich niemals als auf der Jagd bemühen, wie ein gewiſſer Geſchichtſchreiber ſagt *; wenn ſie keine andere Ehre als in dem Spiele, und keinen anderen Witz, als in Erfindung neuer Ergötzungen ſuchen; oder aber, wenn ſie von ihrer heftigen Gemüthsart angetrieben werden; weder Geſetze noch Maaß mehr beobachten; den Menſchen Ehrerbietigkeit und Furcht benehmen, indem ſie verurſachen, daß das Uebel, das ſie tragen, ihnen noch unerträglicher vorkömmt, als jenes, daß ſie verſehen; ſo bedrohen entweder eine allzugroſſe Freyheit, oder eine auf das äußerſte gebrachte Gedult die regierenden Häuſer erſchrecklich. Karl der Erſte, König in England, war gerecht, mäßig, großmüthig, und ſo wohl in ſeinen Geſchäften als den Regeln zu herrſchen wohl unterrichtet.

Niemals beſaß ein Prinz mehr Fähigkeit den Völkern die königliche Würde nicht allein ehrwürdig und heilig, ſondern auch beliebt und angenehm zu machen.

Was

Was kann man anders als seine Gütigkeit an ihm tadeln? Ich getraue mir von ihm ganz wohl zu behaupten, was ein berühmter Schriftsteller von dem Cäsar gesagt, daß er biß zur Reue gütig gewesen. *

Laßen wir also dieses, wenn man verlangt, den prächtigen Fehler Karls und Cäsars seyn; allein jene, welche glauben wollen, daß bey Unglücklichen und Ueberwundenen alles schwach ist, müssen darum nicht denken uns zu überreden, daß entweder die Tapferkeit seinem Muthe, oder die Kraft seinen Rathschlägen gemängelt habe. Er wurde von dem unversöhnlichen Haße des Glücks mit allen Unbilden verfolgt, und von allen denen Seinigen verrathen; aber er war sich allezeit gleich. Er konnte trotz des widrigen Fortganges seiner unglücklichen Waffen zwar überwunden, aber nicht bezwungen werden; und gleichwie er als ein Ueberwinder niemals jenes ausgeschlagen, was der Vernunft gemäß war, so hatte er als ein Gefangener allezeit verworfen, was ihm niederträchtig und ungerecht schien. Mir fällt es schweer, sein grosses Herz in den letzten Prüfungen zu betrachten. Allein

---
* Cæsari proprium & peculiare sit Clementiæ Insigne, qua usus ad Pœnitentiam omnes supera-

Allein er hat gewiß gezeiget, daß die Aufrührer nicht fähig sind, einen König, der sich selbst zu kennen weiß, zu zwingen, daß er die Majestät ausser Augen lasse, und jene, welche gesehen, mit welchem Betragen er auf dem Saale zu Westmünster und auf dem Platze zu Witehal erschienen, können leicht urtheilen, wie unerschrocken er an der Spitze seiner Völker, wie ansehnlich und majestätisch in seinem Pallaste und an seinem Hofe er gewesen.

Große Königin! ich erfülle deine zärtlichsten Begierden, wenn ich diesen Monarchen lobe, und jenes Herz, welches niemals als für ihn alleine gelebet hat, erhebet sich aus seinem Staube, und wird noch unter dieser traurigen Decke bey dem Nahmen ihres so geliebten Gemahls empfindlich, dem seine Feinde selbst den Titel eines Gerechten und Weisen nicht streitig machen werden, und welchen die Nachwelt in die Zahl großer Prinzen setzen wird, wenn seine Geschichte Leser findet, derer Urtheil sich weder von den Zufällen, noch dem Glücke beherrschen läßt.

Diejenigen, welche von der Sache unterrichtet sind, klagen den unbändigen Stolz der Nation an, da sie gestehen müssen, daß der König weder Gelegenheit noch Vorwand zu den gottesräuberischen Ausschweifungen gegeben, derer Angedenken wir verabscheuen: und ich gestehe gerne, daß der Haß wider die Königsmörder fähig war, eine solche Gesinnung einzuflössen. Allein, wenn man die Geschichte dieses großen Reiches und besonders der letzten Regierungen genauer betrachtet, in denen man nicht allein erwachsene Könige, sondern auch unmündige Prinzen und Königinen selbst so unumschränkt und gefürchtet siehet, wenn man die unglaubliche Geschwindigkeit in Erwegung ziehet, mit welcher die Religion unter Heinrichen, Eduarden, Marien und Elisabethen entweder zu Boden geworfen, oder hergestellet worden; so findet man weder das Volk so unbeugsam, noch die Parlamente so hochmüthig und aufrührisch: man muß vielmehr die ganze Nation tadeln, daß sie ihre Unterthänigkeit zu weit getrieben, indem sie so gar ihren Glauben, und ihr Gewissen unter das Joch bringen lassen. Klagen wir also das Naturel der Einwohner dieser berühmtesten Insel nicht blindlings an, welche nach dem Berichte der glaubwürdigsten Geschichtschreiber, ihren Ursprung von den Galliern nehmen;

und

und glauben wir nicht, daß die Mercier, Dänen und Sachſen den Adel des Bluts, der ihnen von unſern Vätern mitgetheilet worden, ſo ſehr verderbet haben, daß ſie fähig ſeyn ſollten, ſo grauſame Thaten zu begehen, wenn nicht andere Urſachen einen Einfluß gehabt hätten.

Was hat ſie alſo angetrieben, was für eine Macht, was für eine Unmäßigkeit, was für eine Raſerey hat dieſe Gewaltthätigkeiten und Verwirrungen verurſachet? Zweifeln wir nicht, meine Herren, die falſchen Irrlehren, der Freygeiſt, die unmäßige Begierde, die göttlichen Wahrheiten ohne Ende, ohne Regel, ohne Unterwürfigkeit zu unterſuchen, hat die Kühnheit auf das äuſſerſte getrieben. Dieſe waren die Feinde der Königinn, die ſie zu beſtreitten hatte, und welche weder ihre Klugheit, noch Gelindigkeit, noch Beſtändigkeit überwinden konnten.

Ich habe bereits in etwas von der Ausgelaſſenheit Meldung gethan, welche die Gemüther einnimmt, wenn man die Grundveſte der Religion erſchüttert, und die einmal geſetzten Gränzen überſchreitet. Allein weil die Materie, die ich abhandle, mir ein augenſcheinliches, und in allen Jahrhunderten einziges Beyspiel von diesen rasenden Ausschweifungen an die Hand giebt; so ist es zu meinem Gegenstande nöthig, bis zu dem Ursprunge zurück zu kehren, und sie, meine Herren, Schritt vor Schritt durch alle die Mißhandlungen zu führen, zu welchen die Verachtung der alten Religion und des Ansehens der Kirche fähig sind, die Menschen zu verleiten.

Die Quelle des ganzen Ubels bestehet also darinnen, daß diejenigen, welche sich in dem verflossenen Jahrhunderte nicht gescheuet, Erneurung durch ihre Trennung zu versuchen, gezwungen waren das Ansehen der H. Kirche zu bestreiten, da sie in selbem den kräftigsten Schild wider alle ihre neuen Lehren fanden. Daher kam, daß die Schlüsse der Kirchen Versammlungen, die Lehre der Väter und ihre heilige Uebereinstimmung, die alte Tradition des heiligen Stuhles und der allgemeinen Kirche nicht mehr wie vorhin als geheiligte und unverletzliche Gesetze angesehen wurden. Ein jeder errichtete für sich selbst einen Richterstuhl auf dem er sich für den Schiedsmann seines Glaubens erklärte: und ob wohl es scheinet, daß die Neuere den Verstand im Zaume zu halten gesucht, da sie ihn in die

Gränzen der H. Schrift eingeschränket; dennoch, weil es nur unter der Bedingung geschehen, daß jeder Gläubige sein eigener Ausleger würde, und glaubte, daß ihm der heilige Geist die Auslegung angegeben: so ist kein gemeiner Mensch nicht, welcher nicht das Recht hat, seine Empfindungen anzubethen, seine Irrthümer auf den Altar zu setzen, und alles für einen Gott zu halten, was er gedenket. Dahero sah man wohl vor, daß nachdem die Frechheit ungezäumt geworden, die Secten sich unendlich vermehren würden; daß die Hartnäckigkeit unüberwindlich seyn würde; daß indem diese von ihrem Wort Gezänke nicht abstünden, oder ihre Träume für göttliche Eingebungen verkauften, jene, welche so vieler Blendwerke überdrüßig waren, und die Majestät der von so vielen Irrthümern zerstückten Religion nicht erkennen könnten, endlich anfangen würden, eine betrübte Ruhe und gänzliche Unabhänglichkeit in der Gleichgültigkeit gegen alle Religionen und in der GOttesverläugnung zu suchen.

Also und noch schädlicher, wie wir in der Folge sehen werden, waren die natürlichen Wirkungen dieser neuen Lehre beschaffen. Allein gleichwie ein Strom, wenn er einmal seine Ufer überschritten, nicht eben dieselbe Verheerung allenthalben anrichtet, weil sein schneller Lauf nicht eben dieselben abhängigen Oerter und Oeffnungen allenthalben antrift: eben so hat auch dieser Geist des Eigensinnes und der Unabhänglichkeit nicht eben dieselben Wirkungen an allen Orten hervor gebracht, obwohl er in allen Ketzereyen der letzten Jahrhunderte in gleichem Maaße verbreitet worden. Er war in unterschiedliche Gränzen eingeschränket, nach dem ihm entweder die Furcht, oder der Eigennutz, oder die Neigung besonderer Menschen und ganzer Völker, oder endlich die Macht GOttes, welche den heftigsten menschlichen Leidenschaften geheime Gränzen vorschreibt, wenn es ihr gefällt, verschiedenen Einhalt gethan haben. Wenn er sich nun aber in England in seiner ganzen Größe gezeiget; und wenn sich seine Boßheit daselbst ohne Maaß ergossen; so haben es zwar die Könige zugelassen; aber sie waren nicht die Ursache davon. Sie haben den Völkern nur gar zu sehr gezeiget, daß sich die alte Religion verändern könne. Die Unterthanen hörten auf, die Grundsätze derselben zu verehren, als sie selbe den Eigenschaften und Vortheilen ihrer Prinzen weichen sahen. Jene Länder, welche allzusehr erschüttert wurden, und einer Dauerhaftigkeit unfähig waren, giengen von allen Seiten unter, und zeigten nichts als erschröckliche Abgründe. Ich lege diesen Namen so viel verwegnen und ausschweifenden Irrthümern bey, welche täglich zum Vorschein kamen.

Glauben sie nicht, meine Herren, daß die einzige Frage über das Bischofthum oder den Opferdienst der Kirche von England die Gemeinden in Bewegung gebracht. Diese Streitigkeiten waren noch nicht mehr als ein schwacher Anfang, durch welchen diese unruhigen Köpfe gleichsam einen Versuch ihrer Freyheit machten. Allein an dem Innersten des Herzens lag ein weit heftiger Gift verborgen; dieser war ein geheimer Haß von allen dem, was ein Ansehen über sie hat, und eine Begierde ohne Ende zu erneuern, nachdem sie einmal das erste Beyspiel davon gesehen haben.

Auf diese Weise dienten die Calvinisten, welche die Lutheraner an Verwägenheit übertrafen, die Socinianer zu unterstützen, welche lange Zeit die Zahlreichsten waren, und deren Parthey ſich täglich verſtärkte.

Die unendlichen Secten der Wiedertäufer kamen aus eben dieſer Quelle, und ihre Meynungen, welche mit der Lehre Kalvins vermiſchet wurden, brachten die Independenten hervor, die alle Maaß überſtiegen. Unter dieſen befanden ſich die Quäcker, ſchwärmeriſche Köpfe, welche alle ihre Träume für Offenbahrungen hielten; und jene, die man die unterſuchenden nennet, weil ſie ſiebenzehnhundert Jahre nach JEſu Chriſto die Religion noch ſuchen, und weder eine dauerhafte noch gegründete haben.

Alſo, meine Herren, fallen die einmal bewegten Geiſter von einem Abgrunde in den andern, und zertheilen ſich in ſo verſchiedene Secten. Vergebens beredeten ſich die Könige von England, ſie auf einem ſo gefährlichen Wege aufhalten zu können, wenn ſie das Biſchofthum beybehielten. Denn was für eine Macht können jene Biſchöfe haben, welche ſelbſt das Anſehen ihres Stuhles und die Ehrerbietigkeit, die man der Nachfolge ſchuldig iſt, vernichtet, indem ſie ihre Vorfähren ſo gar bis zu dem Urſprunge ihrer Einweihung, ich will ſa=

gen, bis zu dem heiligen Pabste Gregorius, und dem heiligen Mönche Augustinus, seinem Schüler und ersten Apostel des Engländischen Volks öffentlich verdammet haben? Was ist das Bischofthum, wann es von der Kirche, die sein Ganzes, und von dem heiligen Stuhle, welcher sein Mittelpunkt ist, abgesondert ist, um sich mit der königlichen Würde, als mit seinem Haupte, wider seine Natur zu verbinden. Diese zwo Mächte eines so verschiedenen Ordens vereinigen sich nicht, sondern verwirren sich nur untereinander, wenn man sie zusammen mischet; und die Majestät der Könige von England würde weit mehr unverletzt geblieben seyn, wenn sie mit ihren geheiligten Rechten zu frieden gewesen wäre, und die Rechte und das Ansehen der Kirche an sich zu bringen nicht gesucht hätte. Also hatte die Heftigkeit der Geister, welche in Irrthümern so fruchtbar sind, nichts zurück halten können; und GOtt, der die gottlose Unbeständigkeit dieser Völker bestrafen wolte, hat sie der Unmäßigkeit ihres thörichten Vorwitzes überlassen: also zwar, daß die Hitze ihrer unsinnigen Streitigkeiten und ihrer willkührlichen Religion ihre gefährlichste Kranckheit gewor-

Man muß sich daher nicht verwundern, wenn sie die Ehrfurcht gegen die Majestät und die Gesetze verlohren, und sich der Meuterey, dem Aufruhre, und der Hartnäckigkeit überlassen haben. Man entkräftet die Religion, wenn man sie verändert, und benimmt ihr ein gewißes Gewicht, welches allein fähig ist, die Völker in ihrer Pflicht zu halten. Sie haben in dem Innersten ihres Herzens ich weis nicht was für eine Unruhe, welche ausbricht, wenn man ihnen diesen nöthigen Zaum abnimmt; und es bleibt ihnen nichts mehr übrig, auf das sie Acht tragen sollen, wenn man ihnen gestattet, sich zu Herren ihrer Religion aufzuwerfen. Daher entstand jenes eingebildete Reich Christi, welches dem Christenthume bißher unbekannt gewesen, und das die königliche Würde vernichten, und alle Menschen in einen gleichen Rang setzen sollte: ein aufrührischer Traum und gottesräuberische Chimäre der Independenten. So wahr ist es, daß sich alles in Empörung und aufrührische Gesinnungen verkehret, so bald das Ansehen der Religion vernichtet ist. Allein was suche ich Beweise einer Wahrheit, welche der heilige Geist mit ausdrücklichen Worten vorgetragen?

GOtt

GOtt selbst drohet den Völkern, welche die Religion, die er eingesetzet, verändern, daß er sich von ihnen entfernen, und sie hierdurch den bürgerlichen Kriegen überlassen werde. Höret, wie er durch den Mund des Propheten Zacharias redet: Ihre Seele, sagt der HErr, hat sich auch von mir geändert, da sie die Religion so oft verändert; und ich sprach: ich will auch nicht weiden; das ist: ich werde euch, euch selbst und eurem grausamen Schicksale überlassen. Und sehet die Folge. *Was stirbt das sterbe; und was abgehauen wird, das werde abgehauen. Verstehet ihr diese Worte? Und jene, welche übrig bleiben, werden von den andern aufgezehret* (Die übrigen mögen einander fressen, ein jeder das Fleisch seines Nächsten) Zach. 11, 8. 9. O allzuwahre und in der That erfüllte Weißagung! Die Königin hatte Grund genug zu urtheilen, daß kein anderes Mittel übrig sey, die Ursachen der bürgerlichen Kriege zu heben, als daß man zur katholischen Einigkeit zurückkehre, welche die Kirche und das Reich durch so viele Jahrhundert in England in dem blühendsten Zustande erhalten, gleichwie sie die heiligsten, und berühmtesten Monarchen des Erdkreises erhalten, dahero glaubte die gottselige Prinzeßin dem Staate zu dienen, da sie der Kirche diente; und den König von seinen Unterthanen zu versichern, da sie dem HErrn die Gläubigen erhielt. Die Erfahrung rechtfertigte ihre Gesinnungen, und in der That hatte der König ihr Sohn, keine sicheren und getreuern in seinem Dienste, als jene so verhaßten und verfolgten Katholiken, welche ihm die Königin, seine Mutter gerettet. Und es ist auch in Wahrheit eine ausgemachte Sache, daß nachdem die Trennung und der Aufruhr wider das Ansehen der Kirche der Ursprung gewesen, aus welchem alle die Ubel hergeflossen, keine andere Hülfsmittel jemals zu treffen sind, als daß man zur Einigkeit und vorigen Unterwerfung zurückkehre. Die Verachtung dieser Einigkeit hat England getheilet. Wenn sie mich nun, meine Herren, fragen, wie so viel entgegengesetzte Partheyen und so viel sich widersprechende Sekten, welche sich untereinander muthmaßlich hätten zu Grunde richten sollen, sich wider den königlichen Thron mit so vieler Hartnäkigkeit haben vereinigen können, so bitte ich sie um ihre Aufmerksamkeit.

England sah damals in seinem Schoosse einen Mann von einer unglaublichen Tiefsinnigkeit des Geistes, einen eben so schlauen Häuchler als erfahrnen Staatsmann, fähig alles zu unternehmen, und zu bergen, im Frieden und Kriege geschickt und unermüdet, welcher dem Glücke von allen dem nichts in Händen ließ, was er ihm entweder durch Rath oder Vorsicht nehmen konnte; aber nirgends war er so wachbar und aufmerksam auf alles, daß er niemals die Gelegenheiten vorbeystreichen ließ, welche ihm diese Göttin angebothen; mit einem Worte, er war einer von jenen unruhigen und kühnen Geistern, welche gebohren zu seyn schienen, den Erdkreis zu verkehren. Wie viele Gefahren begleiten das Schicksal dieser Menschen; und wie viele findet man in der Geschichte, deren Kühnheit ihren Untergang befördert! Allein was thun sie nicht auch, wenn es GOtt beliebig ist, sich ihrer zu bedienen? Diesem Manne ist es von dem Himmel zugelassen worden, die Völker zu verführen, und seine Macht wider die Könige auszustrecken. Denn da er wohl einsah, daß in dieser ungeheuren Verwirrung der Secten, welche keine gewisse Regeln mehr hatten, die Begierde neue Lehren vorzutragen, ohne von einem geistlichen oder weltlichen Ansehen vermahnet oder eingeschränket zu werden, die Reizung war, welche den Verstand bezauberte; so wußte er sie so geschickt hierdurch zu verbinden, daß er einen erschröcklichen Körper aus diesem abscheulichen Haufen machte.

Wenn man einmal die Art gefunden, den gemeinen Haufen durch die Lockspeise der Freyheit zu fangen, so folgt er blindlings, wofern er nur derselben Namen höret. Man gieng also mit dem ersten Gegenstande alleine beschäftiget, der die Verführung angefangen; ohne zu betrachten, daß man zur Knechtschaft gienge; und der schlaue Anführer, welcher stritte, lehrte, und tausend verschiedene Gestalten bald eines Lehrers, bald eines Propheten, bald eines Soldaten und Feldherrns annahm, und sah, daß er das Volk dergestalt verblendet, daß man ihn in dem ganzen Kriegsheere für ein Oberhaupt hielt, welches GOtt zum Schutze der Independenten gesendet, fieng an zu bemerken, daß er sie zu noch größern Ausschweifungen verleiten konnte.

Ich werde ihnen hier, meine Herren, weder von dem so glücklichen Ausgange seiner Unternehmungen, weder von seinen berühmten Siegen, über welche sich die Tugend erzürnet, weder von der langen Ruhe, die den ganzen Erdkreis betäubet, eine Meldung machen. Es war der Rathschluß GOttes, die Könige hierdurch zu ermahnen, seine Kirche nicht zu verlassen. Er wollte durch ein großes Beyspiel alles jenes entdecken, was die Ketzerey vermag; wie sie von Natur unbeugsam und unabhänglich ist, und wie schrecklich sie der königlichen Würde und allem rechtmäßigen Ansehen wird. Ubrigens wenn GOtt jemanden erwählet, das Werkzeug seiner Absichten zu seyn, so hält ihn nichts in seinem Laufe auf; er fesselt, er blendet, er bändiget alles, was ihm einen Widerstand thun kan.

Ich bin der HErr, sagt GOtt durch den Mund des Jeremias, ich habe die Erde und die Menschen sammt den Thieren, die auf dem Erdboden sind, durch meine große Stärke und durch meinen ausgestreckten Arm erschaffen, und habe sie dem gegeben, der mir vor meinen Augen gefallen hat. Deswegen habe ich nun alle diese Lande in die Hand Nabuchodonosor, des Königs zu Babylon, meines Knechtes gegeben. Er nennet ihn seinen Knecht, ob wohl er ein Ungläubiger ist, weil er ihn bestimmet, seine Rathschlüße auszuführen. Uber das hab ich ihm auch, setzet er hinzu, alle Thiere auf dem Felde gegeben: so wahr ist es, daß sich alles unterwirft und beuget, wenn es GOtt will.

Allein man höre die Fortsetzung der Weissagung: Und sie sollen ihm und seinem Sohne dienen ⸗⸗⸗ bis daß seine, und seines Landes Zeit heran komme. Jer. 27. 5. 6. 7. Sie sehen meine Herren, wie die Zeiten bezeichnet, und die Geschlechte gezählet sind. GOtt bestimmet, wie lange der Schlaf dauren soll, und wenn der Erdkreis von selbem soll erwecket werden.

Dieses war der Zustand Englands. Allein wie angenehm ist es, auch unter dieser erschröcklichen Verwirrung aller Dinge, zu betrachten, was die große Henriette für das Heil dieses Königreiches unternommen: ihre Reisen, ihre Geschäfte, ihre Unterhandlungen, alles, was ihre Klugheit und ihr Muth den Drangsalen des Staats

entgegen gesetzet, und endlich, ihre Stand=
haftigkeit, mit der sie den heftigen Streich
so edelmüthig ertragen, da sie die Grau=
samkeit des Geschickes nicht überwinden
können. Sie brachte täglich einige von den
Aufrührern zur guten Sache; und damit
sie nicht unglückselig gezwungen wären alle=
zeit zu irren, nachdem sie einmal geirret,
so wollte sie, daß sie einen sicheren Schutz
in ihrem Worte fänden.

Der Guberneur von Sharborough
übergab ihr diesen Haven, und die unzu=
gängliche Citadelle. Die zween Hotham,
der Vater und Sohn, welche das erste
Beyspiel der Treulosigkeit gaben, da sie
die Festung und den Haven Hull im An=
gesichte des Königes verschlossen, erwähl=
ten die Königin zur Vermittlung, und soll=
ten schon dem Könige diesen wichtigen Platz
und Beverley ausliefern; allein sie wurden
überfallen, und enthauptet; und GOtt,
welcher ihren unverschämten Ungehorsam
durch die Hände der Aufrührer selbst stra=
fen wollte, ließ nicht zu, daß der König
einen Vortheil aus ihrer Reue ziehen soll=
te. Sie hatte auch das Herz des Gu=
berneurs von Londen, der in grossem Anse=
hen stand, und viele andere Häupter des

Aufruhrs gewonnen. Fast alle die mit ihr redeten, ergaben sich ihr, und wenn GOtt nicht unbeweglich, wenn die Blindheit des Volkes nicht unheilbar gewesen wäre, so hätte sie die Gemüther zu recht gebracht, und der gerechtere Theil würde auch der stärkere gewesen seyn.

Man weis, meine Herren, daß die Königin jenen geheimen Rathschlägen oft in Person beygewohnet; allein ich muß ihnen größere und schwerere Gefahren zeigen. Die Aufrührer hatten sich von den Zeughäusern und Vorrathsbehältnissen Meister gemacht; und obwohl so viel Unterthanen aufrührisch geworden, und die Soldaten selbst ihre Fahnen so schändlich verliessen, so war es dem Könige doch leichter, neue Völker an sich zu ziehen, als sie zu bewaffnen. Die Königin achtete ihre Edelgesteine und so gar ihr Leben nicht, um Waffen und Kriegsvorrath zu erhalten. Sie begiebt sich im Hornung auf das Meer, ohne den Winter oder Sturm zu befürchten; und unter dem Vorwande, die Prinzeßin ihre erstgebohrne Tochter, welche mit Wilhelm, dem Prinzen von Oranien, vermählet war, in Holland zu führen, geht sie, um die Staaten an die

Vortheile des Königs zu verbinden, Befehlshaber an sich zu bringen, und nöthigen Vorrath zum Kriege mit sich zu führen. Der Winter erschreckte sie nicht, da sie England verlassen; und er vermochte auch nicht sie nach eilf Monaten zurück zu zu halten, da sie zu dem Könige kehren mußte; allein der Ausgang war nicht eben derselbe. Ich zittere bey der einzigen Erzählung des rasenden Sturms, von welchem ihre Flotte zehn Tage herumgeworfen wurde. Die Schiffsleute erschracken so sehr, daß sie den Muth gänzlich verlohren, und sich einige von ihnen in das Meer stürzten. Sie blieb allezeit unerschrocken; und so oft sich die Wellen erhoben, suchte sie jedem einen Muth durch ihre Beständigkeit beyzubringen. Sie ermunterte noch darüber diejenigen, die sie begleiteten, auf GOtt zu sehen, in dem sie alle ihr Vertrauen setzte, und um die traurigen Gedanken des Todes, der sich ihnen von allen Seiten vorstellte, von ihren Gemüthern zu entfernen, sagte sie mit einer heitern Mine, welche die Stille zurück zu führen schiene, daß Königinnen in dem Meere nicht versenket würden. Ach! sie war einem weit strengern Schicksale vorbehalten, und obwohl sie von dem Schiffbruche gerettet worden; so waren dennoch ihre Unglücksfälle nicht minder beweinungswürdig. Sie sah ihre Schiffe und gleichsam die ganze Hofnung eines so grossen Beystandes zu Grunde gehen. Das Admiralschiff, auf dem sie war, wurde von der Hand desjenigen, welcher über die Abgründe des Meeres herrschet, und dessen erzürnte Fluten bändiget, geleitet, und nach den Häven von Holland getrieben; und alle Völker blieben über eine so wundersame Errettung verstummet.

Diejenigen, welche dem Schiffbruche einmal entronnen, nehmen auf ewig von dem Meere und den Schiffen Abschied; und können nicht einmal, wie ein alter Schriftsteller sagt * derselben Anblick ertragen. Und dennoch (sehen sie meine Herren, einen bewunderungswürdigen Entschluß) und dennoch wurde die Königin, welche kaum aus einer so erschrecklichen Gefahr gekommen, nach eilf Tagen von der Begierde den König zu sehen, und ihm zu Hülfe zu kommen, angereizet, und wagte es das zweytemal sich der Wut des Meeres

---
* Naufragio liberati exinde repudium & navi &

res und der Strenge des Winters auszu=
setzen. Sie versammelte einige Schiffe,
welche sie mit Befehlshabern und Kriegs=
vorrath belud, und kehrte endlich in Eng=
land zurück.

Allein wer sollte nicht über das grau=
same Schicksal dieser Prinzeßin erstaunen?
Nachdem sie dem Grimme der Wellen ent=
gangen, brach ein anderes Ungewitter auf
sie gefährlich loß. Hundert Stücke don=
nerten bey ihrer Ankunft auf sie; und das
Haus, in welches sie sich begab, wurde
von derselben schmetternden Schlägen durch=
löchert. Was für eine Sicherheit hatte
sie bey einer so erschrecklichen Gefahr; al=
lein wie viel Güte bezeigte sie gegen den
Urheber eines so abscheulichen Lasters?
Man brachte ihn bald darauf gefangen ein;
sie vergab ihm sein Verbrechen, und über=
ließ zur ganzen Strafe ihn seinem Gewissen
und der Schande sich an das Leben einer so
gütigen und großmüthigen Prinzeßin gewa=
get zu haben: so sehr war sie so wohl über
die Rache als Furcht hinweg. Allein wer=
den wir sie niemals bey dem Könige sehen,
der ihre Zurückkunft so heftig wünschet? Sie
brennet von einer gleichen Begierde, und
ich sehe sie bereits in einer neuen Zuberei=

tung erscheinen. Sie gehet als ein Feldherr an der Spitze eines königlichen Kriegesheers, um Provinzen durchzustreiffen, welche die Aufrührer fast alle innen hatten. Sie belagert, und nimmt im Vorbeygehen einen Platz mit Sturme ein, der sich ihrem Zuge widersetzte; sie sieget, sie verzeihet; und der König empfängt sie endlich auf einem Felde, wo sie das verflossene Jahr einen vollkommen Sieg über den General Essex erfochten. Eine Stunde darauf kömmt die Nachricht eines großen Sieges an. Alles schien wegen ihrer Gegenwart glücklicher zu gehen; die Aufrührer waren in Verwirrung gebracht; und wenn man dem Rath der Königin gefolget hätte; wenn man, anstatt die königlichen Völker zu zertheilen, und sie in den unglücklichen Belagerungen von Hull und Glochester wider ihre Meynung aufzuhalten, grade nach Londen gegangen wäre, so wäre die Sache entschieden gewesen, und dieser Feldzug würde den Krieg vollendet haben. Allein die Gelegenheit ist vorbey gestrichen. Das verhängte Ziel war schon nahe; und der Himmel, welcher die beschlossene Rache wegen der gottseligen Königin bisher zu verschieben schien, fieng an, sich zu erklären. Du weist zu überwinden, sagte ein tapferer Africaner zu dem verschlagensten Feldherrn, der jemals gewesen, du weist zu überwinden; aber du weist dich deines Sieges nicht zu gebrauchen. Rom, welches du erobert, verjagt dich; und das feindselige Schicksal hat dir so wohl das Mittel als den Gedanken entzogen, diese Stadt einzunehmen. *

Nach diesem unglückseligem Augenblicke verschlimmerte sich alles offenbar, und die Sachen geriethen in Verzweiflung. Die Königin, welche schwanger war, und die zwo Belagerungen, welche endlich, wie man sieht, einen so unglücklichen Ausgang hatten, durch ihr ganzes Ansehen nicht aufheben konnte, verfiel in eine Schwachheit; und der ganze Staat empfand mit ihr ein gleiches Ubel. Sie war gezwungen, sich von dem Könige abzusondern, welcher in Oxfort gleichsam belagert war, und sie nahmen den betrübtesten Abschied von einander, obwohl sie nicht wußten, daß es der letzte seyn würde. Sie begab
sich

---

* Tum Mahasbal: Vincere scis Hannibal, victoria uti nescis. - - - Potiundæ urbis Romæ modo mentem non duci, modo fortunam. **Liv. Dec.** 3. **Lib.** 2. & 6.

sich nach der Festung Exchester, wo sie bald darauf belagert wurde. Daselbst wurde sie von einer Prinzeßin entbunden, und zwölf Tage darauf war sie genöthiget, die Flucht zu ergreifen, um in Frankreich Sicherheit zu finden.

Ach Prinzeßin, deren Geschick so groß und herrlich ist! So mußtest du denn unter der Gewalt der Feinde deines Hauses gebohren werden? O ewiger GOtt, wache über sie! heilige Engel, stellet eure unsichtbaren Schaaren herum, und bewachet die Wiege, einer so großen, so verlassenen Prinzeßin. Sie ist dem weisen und tapferen Philipp bestimmet, und sie muß unserm Frankreiche Prinzen geben, welche ihres Vaters, ihrer Mutter, und ihrer großen Ahnen würdig sind. GOtt hat sie beschützet, meine Herren. Ihre Erzieherinn hat dieses kostbare Kind nach zweyen Jahren aus den Händen der Aufrührer befreyet; und obwohl sie, da sie ihre Gefangenschaft nicht wuste, und ihre Größe nur gar zu wohl fühlete, sich selbst verrieth, ob wohl sie alle andere Titel ausschlug, und nur darauf beharrete, daß sie sich selbst eine Prinzeßinn nannte; so wurde sie doch endlich der Königin, ihrer Mutter zugeführt, um ihr Trost in den Trübsalen zu seyn, bis jene Zeit heran rückte, in der sie die Glückseligkeit eines großen Prinzen und die Freude des ganzen Frankreichs ausmachen würde.

Allein ich unterbreche die Ordnung meiner Geschichte. Ich habe gesagt, daß die Königin gezwungen worden, ihr Königreich zu verlassen. In der That, sie gieng aus den Häven von England im Angesicht der Flotte der Aufrührer, welche sie so nahe verfolgten, daß sie fast ihr Geschrey und ihre unverschämte Drohworte hörte. Ach! wie verschieden war diese Reise von jener, welche sie auf eben diesem Meere gemacht, als sie kam, den Zepter von England zu nehmen, und so zu sagen, alle Wellen unter ihr beugen, und sich der Beherrscherin des Meers unterwerfen sah! und nun wurde sie von ihren unversöhnlichen Feinden verjaget und verfolgt, welche die Kühnheit hatten, sie zu verurtheilen. Bald sah sie sich aus den Händen der Aufrührer gerettet, bald fast gefangen; ihr Glück wechselte jede Viertelstunde; sie hatte niemand andern für sich als GOtt und ihren unbeweglichen Muth; und die Winde und Seegel waren kaum hinlänglich ihre übereilte Flucht zu begünstigen. Aber endlich gelangte sie zu Brest an, wo sie sich nach so vielen Ubeln ein wenig erholen konnte.

Wenn ich die äusserstẹn und beständigen Gefahren, welche diese Prinzeßin in einer Zeit bey nahe von zehn Jahren zu Wasser und zu Lande ausgestanden, bey mir selbst überlege, und anderseits sehe, daß alle Unternehmungen wider ihre Person fruchtlos abgelaufen, da indessen alles auf eine erstaunliche Art wider den Staat geglücket: was kann ich anders gedenken, als daß die Vorsehung, welche die Erhaltung ihres Lebens eben so sehr, als die Vernichtung ihrer Macht suchte, auch wollte, daß sie ihre Größe überlebte, um die Neigung zum Irrdischen und die Gesinnungen des Stolzes überleben zu können, welche die Gemüther um desto mehr verderben, je erhabner sie sind? aus einer fast gleichen Absicht wurde David einstens unter der Hand des aufrührischen Absalon gedemüthiget. Sehet ihr diesen großen König, sagt der heilige und beredte Priester von Marseille, sehet ihr ihn alleine, verlassen, in den Gemüthern der Seinigen so sehr herunter gesetzt, daß er bey einigen ein Gegenſtand der Verachtung, und was einem großen Geiſte noch unerträglicher iſt, bey andern ein Gegenſtand des Mitleidens geworden; alſo zwar, fährt Salvianus fort, daß er nicht wußte worüber er ſich mehr zu beklagen hätte, entweder daß ihn Siba ernähret, oder daß Simei die Verwegenheit gehabt, ihm zu fluchen *

Sehen ſie, meine Herren, ein zwar unvollkommenes Bild der Königin in England, als ſie nach ſo außerordentlichen Demüthigungen noch gezwungen war, vor der Welt zu erſcheinen, und ſo zu ſagen, dem Frankreiche und königlichen Palaſte ſelbſt, in dem ſie mit ſo vieler Herrlichkeit gebohren worden, den ganzen Umfang ihres Elends öffentlich vorzuſtellen. Sie konnte damals mit dem Propheten Iſaias ſagen: Der HErr der Heerſchaaren hat das gedacht, die Pracht aller Herrlichkeit hinweg zu nehmen, und alle Herrliche des Landes in Schmach zu ſetzen.

---

* Dejectus uſque in ſuorum, quod grave eſt, Contumeliam, vel quod gravius, miſericordiam, ut vel Siba eum paſceret, vel ei maledicerei Semei publice non timeret. Lib. 2. de Gubern.

setzen. Jf. 23. 9. Man kann Frankreich nicht beschuldigen, daß es seine hülfliche Hand der Tochter Heinrichs, des Großen, entzogen. Die großmüthige und gottselige Anna, welche wir niemals ohne Schmerzen nennen werden, empfieng sie auf eine Art, welche der Majestät zwoer Königinnen gemäß war. Allein da es der Zustand des Königes nicht zuließ, daß diese weise Regentinn das Hülfsmittel nach dem Uebel einrichten konnte, so urtheilen sie selbst, meine Herren, von dem Zustande dieser zwo Prinzeßinnen.

Henriette, deren Herz so groß war, war gezwungen, um Hülfe anzuflehen, und Anna, welche die wahre Größe des Herzens nicht minder besaß, konnte keine hinlängliche leisten. Wenn es möglich gewesen wäre, jene schönen Jahre, derer herrlichen Lauf wir gegenwärtig bewundern, in dieselbe Zeit zu übertragen; würde wohl Ludwig, welcher die Seufzer der bedrängten Christen von so entfernten Orten höret, und da er von seiner Ehre gewiß ist, welche ihm die Aufrichtigkeit seiner Absichten, und die Weisheit seiner Rathschläge, trotz der Ungewißheit der Zufälle, allezeit verschaffen, die gemeinschaftliche Sache alleine unternimmt, und seine schreckbaren Waffen über die entlegensten Grenzen des Meeres und der Erde trägt: würde wohl Ludewig, sage ich, seinen Nachbarn, seinen Bundsgenossen, seinem eigenen Blute, den geheiligten Rechten der königlichen Würde, die er so wohl zu behaupten weiß, seinen Arm versaget haben? Mit welcher Macht würde England diesen unüberwindlichen Beschützer oder gegenwärtigen Rächer der verletzten Majestät gesehen haben? Allein GOtt hatte den König von England aller Hülfe beraubet; alles ist ihm zuwider, alles mangelt ihm. Die Schotten, denen er sich selbst anvertrauet, übergaben ihn denen engländischen Parlamentsräthen, und die getreuen Bewahrer unserer Könige, wurden Verräther ihres eigenen. Unterdessen das Parlament von England das Kriegsheer zu entlassen gedachte, wurde dieses unabhängig, erneuerte das Parlament, welches noch einiges Maaß hielt, nach seinem Eigensinne, und machte sich Meister von allen. Daher wurde der König von einer Gefangenschaft in die andere gebracht; und die Königinn munterte umsonst Frankreich, Holland, ja so gar Pohlen und die entferntesten Mächte des Nords zum Beystande auf. Sie setzte das zweytemal an die Schotten, welche dreyßigtausend Mann bewaffneten; sie machte durch den Herzog von Lothringen einen Versuch den König, ihren Gemahl zu befreyen, dessen Fortgang unfehlbar schien; so gut war alles eingeleitet; sie zog ihre lieben Söhne, die einzige Hofnung ihres Hauses, an sich, und gestand diesesmal, daß man auch unter den bittersten und tödtlichsten Schmerzen der Freude fähig sey; sie tröstete den König, der ihr aus seinem Gefängniße selbsten schrieb, daß sie allein sein Gemüth aufrecht erhielte, und daß sie keine unanständige Furcht bey ihm zu besorgen hätte, indem er sich beständig erinnerte, daß er ihr ganz eigen zugehörte.

O Mutter! O Gemahlin! O große und eines bessern Glückes würdige Königinn, wenn das Glück dieser Welt etwas gründliches wäre! Du mußt endlich deinem Schicksal weichen. Du hast den Staat genug unterstützet, welchen eine unüberwindliche und göttliche Macht darnieder geschlagen: es bleibt dir nichts mehr übrig, als daß du deine Stärke und Standhaftigkeit unter seinen Drümmern bezeigest.

Gleich=

Gleichwie eine große Säule, deren fester Körper für die dauerhafteste Stütze eines baufälligen Tempels gehalten worden, wenn dieses große Gebäude, daß sie trug, auf sie fällt, sich nicht erschüttert, noch zertrümmert: eben so zeigte sich die Königin als eine feste Stütze des Staats, indem sie sich unter seinem Falle nicht gebeuget, nach dem sie seine Last lange Zeit getragen.

Wer wird unterdessen ihre gerechten Schmerzen ausdrücken? Wer wird ihre Seufzer erzählen können? Nein, meine Herren, Jeremias selbst, welcher allein fähig zu seyn scheinet, die Klagen in eine Gleichheit mit den Unglücksfällen zu bringen, würde uns die Bitterkeiten ihres Herzens nicht vortragen können. Sie rufet mit diesem Propheten aus: Sieh, o HErr, meine Trübsal an. Klag. 1. 9. Meine Kinder sind verderbt worden: An alle erwünschliche Schätze hat der Feind seine Hand gelegt. v. 10. Das Königreich samt ihren Fürsten hat er entweihet: 2. 2. Weichet von mir ich will bitterlich weinen; bemühet euch nicht mich zu trösten. Jsai. 22. 4. Draußen würget das Schwerd und daheim ist der Tod ebenwohl. Klagl. I. 20.

Allein nachdem wir ihre Klagen angehöret, heilige Jungfrauen, geliebte Freundinnen der Königin (wie es ihr beliebet, euch zu nennen) die ihr sie so oft vor den Altären ihres einzigen Beschützers seufzen sehen, und in deren Schooß sie die heimlichen Tröstungen, die sie empfangen, ausgegossen, machet ein Ende dieser Trauerrede, und entdecket uns die christlichen Gesinnungen, von denen ihr getreue Zeuginnen gewesen. Wie oft hat sie an diesem Orte dem HErrn für zwo große Gnaden demüthigen Dank gesaget: eine, daß er sie zu einer Christin gemacht, und die andere ⸺ was erwarten sie hier, meine Herren? vielleicht, daß er die Sachen ihres Sohnes in guten Stand gesetzet? nein, sondern daß er sie zu einer unglückseligen Königin gemacht? Ach! ich fange schon an, die engen Grenzen dieses Ortes, in dem ich rede, zu bedauren; ich muß diese Mauren verlassen, ich muß laut ausruffen, und eine Gesinnung, die man niemals genug hören kann, von ferne erschallen lassen. Wie sehr haben sie ihre Schmerzen in der Wissenschaft des Evangeliums unterrichtet!

wie wohl hat sie die Religion und Kraft des Kreutzes eingesehen, da sie das Christenthum mit ihren Unglücksfällen verknüpfet. Das große Glück verblendet, entzücket, verwirret uns, und macht, daß wir GOtt, und uns selbst und die Gesinnungen des Glaubens in Vergessenheit setzen. Daher entstehen die Ungeheuer der Sünden, die Erfindungen der Eigenliebe, der Eigensinn, des Stoltzes, welche Anlaß genug zu ienem erschrecklichen Fluche geben, den JEsus Christus in seinem Evangelio ausgesprochen: Wehe euch, die ihr itzt lachet; wehe euch, die ihr ersättiget seyd. Luk. 6. 25. Im Gegentheile gleichwie das Christenthum unter dem Kreutze gebohren worden, so ernähren es die Trübsalen. Durch diese werden die Sünden getilget; durch diese werden die Absichten gereiniget, durch diese werden die Begierden von der Erde zum Himmel erhoben; durch diese wird der Geschmack, den man an der Welt hat, verlohren, und man hört auf, auf sich und seine Klugheit zu bauen. Betrügen wir uns nicht: die Klügsten begehen oft große Fehler; allein gleichwie wir uns selbst unsere Fehler leicht verzeihen, wenn uns das Glück verzeihet;

gleichwie wir uns in kurzer Zeit für die erfahrensten und aufgeklärtesten halten, wann wir die erhabensten und glücklichsten sind: so sind die Widerwärtigkeiten alleine die wahren Lehrmeister, welche uns nützlich tadeln, und uns das Bekänntniß gefehlet zu haben, aus dem Munde locken können: ein Bekenntniß, welches unserm Hoch= muthe so beschwerlich fällt.

Wenn uns nun einmal das Unglück die Augen geöffnet, so betrachten wir alle unsere Fehler mit Bitterkeit, wir sehen uns theils durch jenes, was wir gethan, theils was wir zu thun unterlassen haben, erniedriget, und wissen jene vermessentliche Klugheit nicht mehr zu entschuldigen, die wir für untrüg= lich gehalten. Wir sehen, daß GOtt al= lein weise ist, und indem wir die Sünden beweinen, welche den Untergang unserer Sachen verursachet haben, so lehret uns eine gründlichere Betrachtung, diejenigen, welche uns den Verlust der Ewigkeit zu= gezogen, mit diesem besonderen Troste zu= beweinen, daß sie die Erlassung erhalten, wenn sie beweinet worden.

Zwölf Jahre ohne Ruhe, ohne eini= gen Trost von Seite der Menschen strei= chen vorbey, in denen GOtt der unglück=
seli=

seligen Königin (geben wir ihr eigentlich dieſen Titel, der ihr ein Bewegungsgrund der Danckſagung war) in dieſen harten und gründlichen Lehren unter ſeiner Hand unterrichtete. Endlich wurde er von ihren Seufzern und ihrer demüthigen Geduld bewogen, und ſetzte das königliche Haus in ſeine alte Würden. Karl, der zweyte, wurde erkennet, und die Unbild der Könige gerächet. Jene, welche weder die Waffen überwinden, noch ein vernünftiger Rath bereden könnte, giengen unverſehens in ſich ſelbſt, verdammten endlich die Ausſchweifung ihrer Freyheit, durch welche ſie in Abfall gerathen, indem ſie ſich ihrer großen Macht ſchämten, und ihren glücklichen Fortgang verabſcheuten. Wir wiſſen, daß dieſer Prinz ſeine Sachen hätte beſchleinigen können, wenn er ſich der Hand derjenigen hätte bedienen wollen, welche ſich antrugen, die Tyranney durch einen Streich vom Throne zu ſtürzen; allein ſeine große Seele verachtete ſo niederträchtige Mittel. Er glaubte, daß es Königen, in was immer für einem Stande ſie lebten, nicht zuſtünde, ihr Recht anders, als mit den Geſetzen und Waffen zu behaupten. Dieſe Geſetze, welche er beſchützet, haben gleich-

alleine ihn wieder hergestellet. Er herrschet auf dem Throne seiner Ahnen mit Ehre und Frieden, und läßt daselbst Gerechtigkeit, Weißheit und Güte seine Gefärtinnen seyn.

Es ist unnütz, ihnen, meine Herren, jenen Trost zu entdecken, welchen diese bewunderungswürdige Begebenheit der Königin verschaffet; allein sie hatte bereits von ihren Widerwärtigkeiten erlernet, sich in einer so großen Veränderung ihres Standes nicht zu verändern. Die Welt, die sie einmal verbannet, kehrte nimmermehr in ihr Herz zurück. Sie sah mit Erstaunung, daß GOtt so viele Unternehmungen und angewandte Kräfte unnütz gemacht, weil er die Stunde erwartet, die er bestimmet; und da selbe angekommen, den König, ihren Sohn gleichsam bey der Hand auf seinen Thron geführet. Damals demüthigte sich diese Prinzeßin mehr als jemals unter jene mächtige Hand, welche von dem hohen Himmel den Zügel aller Reiche hält; und da sie die Thronen verachtete, welche die Gewaltthätigkeit rauben kann, so heftete sie ihre Begierden an jenes Reich, in dem man die Gleichheit nicht befürchtet, und die Mitbuhler ohne

Eiferſucht ſieht. * Bey dieſen Geſinnungen liebte ſie dieſes geringe Haus weit mehr, als ihre Palläſte; und bediente ſich ihrer Macht nicht anders als um den katholiſchen Glauben zu beſchützen, ihre Allmoſen zu vermehren, den flüchtigen Familien jener dreyen Reiche reichlicher beyzuſpringen, und allen jenen, welche entweder wegen der Beſchützung der Religion, oder der Dienſte des Königs zu Grunde gerichtet, unter die Arme zu greifen.

Und hier, meine Herren, erinnern ſie ſich, mit welcher Behutſamkeit ſie ihr Betragen gegen den Nebenmenſchen eingerichtet, und welchen Haß ſie gegen die vergifteten Reden der Verläumdung bezeiget.

Sie wußte gar wohl, von was für einem Gewichte nicht nur allein das geringſte Wort, ſondern auch das Stillſchweigen der Fürſten wäre, und wie ſehr die Verläumdung zunähme, und Kraft gewönne, wenn ſie es einmal wagen dörfte, vor ihrer erhabenen Gegenwart zu erſcheinen. Diejenigen, die ſie aufmerkſam ſahen, alle ihre Worte auf die Wagſchale zu legen, urtheilten ganz recht, daß ſie
ohne

---

* Plus amant illud Regnum, in quo non timent

ohne Unterlaß vor den Augen GOttes stünde, und als eine getreue Nachfolgerin des Betragens der heiligen Maria, die geheiligte Gegenwart der göttlichen Majestät niemals verlöhre. Dieses kostbare Andenken erneuerte sie öfters durch das Gebeth und die Lesung des Buches von der Nachfolgung Christi, indem sie sich unterrichtete, sich nach dem wahren Muster der Christen zu bilden. Sie wachte beständig über ihr eigenes Gewißen. Nachdem sie so viele Uebel und Drangsalen bereits ertragen, so erkannte sie keine andern Feinde mehr, als ihre Sünden; keine derselben schien ihr gering; alle mußten ein strenges Gericht erfahren, und da sie sorgfältig war, selbe durch Buße und Almosen auszusöhnen, so war sie zum Tode so wohl zubereitet, daß er sie nicht überfallen konnte, obwohl er die Gestalt des Schlafes angenommen.

Diese große Königin ist also gestorben, und hat nicht allein ihren königlichen Hoheiten, welche, da sie ihre Pflichten genau erfüllen, gegen sie allezeit eine unterthänige, aufrichtige und beständige Ehrfurcht getragen, sondern auch allen denjenigen, welche das Glück gehabt, sie zu bedienen, und zu kennen, einen ewigen Schmerz durch ihren Tod hinterlassen. Beweinen wir nicht mehr ihre Widerwärtigkeiten, welche gegenwärtig ihre Glückseligkeit ausmachen. Wenn sie beglückter gewesen wäre, so würde zwar ihre Geschichte prächtiger, aber ihre Werke würden unvollkommener gewesen seyn; und vielleicht wäre sie unter der Menge erhabener Ehrentitel vor den Augen GOttes leer erschienen. Da sie nun aber dem Throne das Kreutz vorgezogen, und ihre Unglücksfälle unter ihre grösten Gnaden gezählet, so empfängt sie die Tröstungen, welche jenen verheissen worden, die trauren. Möchte also der GOtt der Barmherzigkeit ihre Trübsalen als ein gefälliges Opfer aufnehmen, möchte er sie in den Schooß Abrahams übertragen, und von ihren Schmerzen besänftiget, so erschreckliche Lehren von ihrem Hause und von der ganzen Welt inskünftige entfernen!

Trauerrede

Auf Ihre Königliche Hoheit Henriette Anna von England, Herzogin von Orleans, welche den 21. Augustmonats 1690. zu St. Denis, in Gegenwart seiner Durchlauchten des Herzogs von Orleans gehalten worden.

Eitelkeit aller Eitelkeit, sprach der Prediger, Eitelkeit aller Eitelkeit, und alles ist Eitelkeit. Eccl. 1, 2.

Durchlauchtigster!

So war ich also auch bestimmet, diese traurige Pflicht, der Durchlauchtigsten und großmächtigsten Prinzeßin, Henrietten Annen von England, Herzoginn von Orleans, abzustatten? So mußte sie, die ich bey eben diesem Dienste, den ich der Königin ihrer Mutter geleistet, mit solcher Aufmerksamkeit erblicket, bald hernach der Gegenſtand einer ähnlichen Rede ſeyn; und meine betrübte Stimme war dieſem beweinungswürdigen Amte vorbehalten? O Eitelkeit! O Nichts! O ihres Schickſals unwiſſende Sterbliche! Hätte ſie es vor zehn Monaten geglaubt? und hätten ſie, meine Herren, wohl gedacht, da ſie an dieſem Orte ſo viele Thränen vergoſſen, daß ſie uns ſo bald alhier verſammlen ſollte, um ſie ſelbſt zu beweinen?

Ach Prinzeßin, würdiger Gegenſtand zweyer großen Reiche, ſo war es nicht genug, daß England deine Entfernung beweinte, ohne zugleich deinen Tod zu beweinen? Und hatte vielleicht Frankreich, welches dich mit ſo großer Freude wiederum empfangen, von dir einen neuen Glanz umgeben, keine andere Herrlichkeiten und prächtige Ehrenbogen für dich, da du von jener berühmten Reiſe zurück gekehret, von der du ſo große Ehre und ſchöne Hofnungen zurück gebracht? Eitelkeit über alle Eitelkeit, und alles Eitelkeit. Dieſes iſt das einzige Wort, ſo mir übrig iſt, dieſes iſt die einzige Betrachtung, die mir einen ſo gerechten und empfindlichen Schmerzen bey einer ſo außerordentlichen Begebenheit zuläßt. Denn ich habe die heiligen

Bücher noch nicht durchgangen, um eine Stelle zu finden, die ich auf diese Prinzeßin anwenden könnte. Ich habe ohne Untersuchung und Wahl die ersten Worte des Prediges genommen, in welchen obwohl die Eitelkeit so oft genennet wird, dennoch zu der Absicht, die ich habe, nicht genug scheinet. Ich will in einem einzigen Unglück alle Mühseligkeiten des menschlichen Geschlechts beweinen, und in einem Todesfalle, den Tod und das Nichts der menschlichen Größe zeigen. Diese Stelle der Schrift, welche allen Ständen und Zufällen unsers Lebens gemäß ist, wird dem kläglichen Innhalt meiner Rede aus einer besondern Ursache ganz eigen, in dem die Eitelkeiten dieser Welt niemalen so klar entdecket und so sehr beschämet worden.

Nein, meine Herren, nachdem wir einmal gesehen, was sich vor wenig Tagen eräugnet hat, so ist die Gesundheit nichts als ein Name, das Leben nichts als ein Traum, die Ehre nichts als ein Blendwerck, die Annehmlichkeiten und Ergötzungen nichts als eine gefährliche Bezauberung; alles ist in uns eitel, wenn wir das aufrichtige Geständniß unserer Eitelkeiten, das wir vor GOtt ablegen, und das gegrün-

dete

dete Urtheil, das uns alles, was wir sind, verachten heißt, ausnehmen.

Allein rede ich wohl die Wahrheit? Ist denn der Mensch, der nach dem Ebenbilde GOttes gemacht ist, nichts als ein Schatten? Ist jenes, was JEsus Christus zu suchen vom Himmel auf die Erde gestiegen; jenes, was er glaubte, daß er es mit allem seinem Blute ohne sich zu erniedrigen erkaufen konnte, weiter nichts als ein leeres und verächtliches Wesen? Erkennen wir unsern Irrthum. Dieses traurige Schauspiel der menschlichen Eitelkeiten hatte uns in Wahrheit verführet; und die allgemeine Hoffnung, welche durch den Tod dieser Prinzeßin unversehens getäuschet worden, zu weit von der Wahrheit entfernet. Man muß dem Menschen nicht zu lassen, daß er sich gänzlich verachte, damit er nicht mit dem Gottlosen glaube, unser Leben sey nichts als ein Spiel, bey dem der Zufall herrschet; und mit diesem Gedanken dem Eigensinne seiner blinden Leidenschaften ohne Regel, ohne Leitung folge. Daher kömmt, daß nachdem der Prediger sein göttliches Werk mit den angeführten Worten angefangen, nach dem er auf jedem Blatte von der Verachtung menschlicher Dinge geredet, er endlich dem Menschen etwas gründlichers zeigen will, und seine Rede also beschließet: Fürchte GOtt, und halte sein Geboth: denn das ist der ganze Mensch: und alles was geschiehet, das wird GOtt ins Gericht bringen, für alle Ubertretungen, es sey gut oder böse. Ekkl. 12. 13. 14.

Dahero sieht man, daß alles bey dem Menschen eitel ist, wenn wir eines betrachten, was er der Welt giebt; hingegen aber, daß alles von Wichtigkeit ist, wenn wir erwägen, was seine Pflichten gegen GOtt erfordern. Ja, alles ist bey dem Menschen eitel, wenn man auf den Lauf seines sterblichen Lebens sieht, allein alles ist kostbar, wichtig, wenn man das Ziel, wo es sich endiget, und die Rechenschaft, die man davon ablegen muß, betrachtet. Richten wir also an diesem Tage, vor diesem Altare und Grabe unsere Gedanken auf den ersten und letzten Ausspruch des Predigers; einer zeigt uns das ganze Nichts der Menschen, der andere bestätiget desselben Hoheit. Dieses Grab soll uns unsers Nichts versichern, da uns unterdessen dieser Altar, auf welchem ein so kostbares

Opfer für uns täglich geschlachtet wird, auf unsere Vortreflichkeit weiset.

Die Prinzeßin, die wir beweinen, wird uns von beyden ein wahrhaftes Zeugniß seyn. Sehen wir also, was ihr ein unversehener Tod geraubet, und was ihr ein heiliger Tod gegeben. Auf diese Weise werden wir erlernen, jenes zu verachten, was sie ohne Mühe verlassen, damit wir unsere ganze Hochschätzung nach jenem richten, was sie mit so großem Eifer umfangen, als ihre Seele, welche von allen irrdischen Gesinnungen entfernet, und voll des Himmels war, dem sie sich näherte, die ganze Klarheit des Lichts erblicket. Dieses sind die Wahrheiten, welche ich heut abhandeln muß, und die ich für würdig gehalten, einem so großen Prinzen und einer so erlauchten Versammlung des Erdkreises vorzutragen.

Wir sterben alle, sagt jenes Weib, deren Klugheit die Schrift lobet, wir sterben alle, und zerfliessen in die Erde wie das Wasser, das nicht wieder kömmt. 2. Buch der König 14. 14. In der That wir sind alle dem dahinfliessenden Gewässer gleich. Es mag der Stand, mit dem sich die Menschen schmäucheln, noch so ehrwürdig und erhaben seyn; so haben doch alle einen gleichen Ursprung, und dieser ist geringe. Ihre Jahre treiben sich nacheinander wie die Wellen; sie hören nicht auf fort zu eilen, bis endlich, nachdem sie ein wenig mehr Geräusche erreget, und einige Länder durchlauffen, diese so wohl als jene sich in einem Abgrunde vermischen, wo weder Fürsten noch Könige, noch alle andere prächtige Würden, die die Menschen unterscheiden, mehr erkennet werden; gleich jenen berühmten Flüßen, welche Namen und Herrlichkeit verliehren, wenn sie sich einmal in dem Weltmeere mit den unbekanntesten Bächen vermischen.

Und in der That, meine Herren, wenn etwas die Menschen über ihre natürliche Schwäche erheben kann; wenn der Ursprug, der uns allen gemein ist, einen gründlichen uud dauerhaften Unterschied unter jenen zuläßt, welche GOtt von eben derselben Erde gebildet; was wird auf dem ganzen Erdkreise erhabner seyn, als die Prinzeßin, von der ich rede? Alles, was nicht nur allein die Geburt und das Glück, sondern auch die großen Eigenschaften des Verstandes zur Größe einer Prinzeßin beytragen können, findet sich in unserer vereiniget, und gegenwärtig vernichtet. Von was immer für einer Seite ich den Spuren ihres herrlichen Ursprungs folge, so entdecke ich nichts als Könige, und werde von dem Glanze der prächtigsten Kronen geblendet. Ich sehe das Haus Frankreich, welches gewiß das erhabenste ist, und dem die mächtigsten Häuser des Erdkreises ohne Neid weichen können, indem sie sich bemühen, ihre Ehre bey dieser Quelle zu schöpfen. Ich sehe die Könige von Schottland und England, welche so viele Jahrhunderte über eine der kriegerischten Nationen vielmehr durch ihre Tapferkeit als das Ansehen ihres Zepters geherrschet. Allein diese Prinzeßin, welche auf dem Throne gebohren war, hatte einen weit erhabnern Geist und größeres Herz als ihre Geburt war. Die Unglücksfälle ihres Hauses konnten sie in der ersten Jugend nicht niederschlagen, und seither sah man in ihr eine Größe, welche von dem Glücke nicht abhangen wollte. Wir sagten mit Freuden, daß sie der Himmel aus den Händen der Feinde des Königs, ihres Vaters, gleichsam durch ein Wunderwerk gerettet, um sie unserm Frankreiche zu geben; ein

köst-

köſtliches, ein unſchätzbares Geſchenk, wenn deſſelben Beſitz nicht von ſo kurzer Dauer geweſen wäre! Allein warum unterbricht ein ſolches Angedenken meine Rede? Ach wir können unſer Auge nicht einen Augenblick auf die Herrlichkeit der Prinzeßin heften, daß ſich der Tod nicht unvermerckt einſchleiche, um alles mit ſeinem Schatten zu verdunkeln!

Entferne dich o Tod! von unſern Gedanken, und erlaube uns, daß wir eine kurze Zeit die Heftigkeit unſers Schmerzens durch das Angedenken unſerer Freude bekriegen. Errinnern ſie ſich alſo meine Herren, der Verwunderung, welche die Prinzeßin bey dem ganzen Hofe erregte. Ihre Gedächtniß wird ſie ihnen mit allen ihren Zügen und ihrer unvergleichlichen Anmuth weit beßer vorſtellen, als es alle meine Wort thun können. Sie wuchs unter dem Seegen aller Völker, und das Wachsthum der Jahre verſchafte ihr neue Annehmlichkeiten. Denn die Königinn ihre Mutter, deren Troſt ſie allezeit war, liebte ſie nicht zärtlicher, als ſie Anna von Spanien liebte! Sie wiſſen es ſchon, meine Herren, Anna ſchätzte nichts mehr, als dieſe Prinzeßinn. Nachdem ſie uns

eine

eine Königin gegeben, welche allein fähig
ist, die Ehre einer so erhabenen Tante,
durch ihre Frömmigkeit, und andere königliche Tugenden zu unterstützen; so wollte sie, daß Philipp von Frankreich, ihr
zweyter Sohn, sich mit Henrietten ver-
mählete, um alles was die Welt grosses
hat, in ihrem Hause zu versammlen; und
obwohl der König in England, dessen Herz
seiner Weisheit gleichkömmt wußte, daß
die Prinzeßinn seine Schwester, von so
viel Königen gesucht würde, und einem
Throne Ehre machen könnte, so sah er sie
doch mit Freuden den zweyten Platz in
Frankreich einnehmen, welchen die Würde eines so grossen Reiches mit den ersten
Plätzen des Erdkreises in Vergleichung
bringen kann.

Wenn sie nun aber ihre Würde erhoben, so habe ich Ursache zu sagen, daß
sie sich in Ansehung ihres Verdienstes noch
mehr unterschieden. Und hier könnte ich
bemerken, daß sie die Schönheiten der
Werke des Witzes so treflich eingesehen,
daß ein jeder geglaubet, die Vollkommenheit erreichet zu haben, wenn es ihm geglücket, den Beyfall der Herzoginn zu erhalten. Ich könnte noch hinzusetzen, daß

die Weisesten und Erfahrensten diesen lebhaften und scharfen Verstand bewundert, welcher die wichtigsten Geschäfte so muthig unternommen, und biß auf den Grund der geheimesten Absichten so leicht gedrungen. Allein was halte ich mich bey einer Sache auf, von der ich alles mit einem Worte sagen kann? Der König, dessen Urtheil allezeit eine sichere Richtschnur ist, schätzte die Fähigkeit der Prinzeßinn hoch, und ließ durch seine Hochschätzung alle unsere Lobeserhebungen zurück.

Unterdessen konnten weder diese Hochachtung, noch alle andere große Eigenschaften ihre Sittsamkeit im mindesten verändern. Obwohl sie so aufgeklärt war, so rühmte sie sich niemals ihres Kenntnisses, und ließ sich von ihren Einsichten nicht blenden. Lasset meinen Worten Gerechtigkeit widerfahren, ihr alle, welche diese große Prinzeßinn mit ihrem Vertrauen beehret. Was für einen erhabneren, aber auch was für einen gelehrigern Geist habt ihr jemals gesehen? Viele, welche befürchten zu leicht zu seyn, bezeugen sich gegen der Vernunft unbeugsam, und erhärten sich wider selbe; unsere Herzoginn aber entfernte sich so wohl von der Vermessenheit als Schwachheit, und erwarb sich einen zweyfachen Ruhm, indem sie weise Rathschläge so wohl zu erfinden, als anzunehmen wußte. Man kann sie leicht erkennen, wenn man einen ernstlichen Fleiß darauf verwendet, woran die Prinzeßinn so viel Belieben getragen: eine neue Art einer Wissenschaft, welche Leuten von ihrem Alter und Range, sagen wir auch von ihrem Geschlechte unbekannt ist. Sie untersuchte ihre Fehler; sie verlangte, daß man sie derselben aufrichtig erinnerte: ein sicheres Zeichen einer starken Seele, welche ihre Fehler nicht beherrschen, und die sich nicht scheuet selbe in der Nähe anzusehen, weil sie ein geheimes Vertrauen auf Mittel hat, durch die sie sich fähig findet, selbe zu übersteigen. Die Absicht in dieser Wissenschaft der Weisheit fort zu schreiten, verleitetete sie so sehr zur Lesung der Geschichte, die man die weise Rathgeberin der Fürsten mit Fuge nennet. Darinn sieht man, daß die größten Könige, keinen andern Rang erlangen, als den ihnen ihre Tugenden anweisen, und daß, da sie die Hände des Todes einmal vom Throne gehoben, sie sich ohne Hofstaat und

und Gefolge dem Urtheile aller Völker und Jahrhunderte unterwerffen müssen.

Darinn erkennet man, daß der Glanz, der von der Schmäucheley ertheilet wird, nur ein Blendwerk sey, und daß die falschen Farben keinen Bestand haben, wenn auch die Hand noch so geschickt ist, die sie auflegt. Darinn erlernte auch unsre große Prinzeßinn, wie die Pflichten derjenigen beschaffen seyn müssen, deren Leben der Gegenstand der Geschichten ist; darinn verlohr sie unvermerkt den Geschmack der Romanen, und ihrer thörigten Helden; und da sie begierig war sich selbst nach der Wahrheit zu bilden, so verachtete sie diese frostigen und gefährlichen Fabeln. Auf diese Weise verbarg sie unter einem lächelnden Gesichte, und unter jener jugendlichen Mine, welche nichts als Scherze zu versprechen schien, eine Klugheit und Ernsthaftigkeit, über welche sich jedermann verwunderte, der mit ihrem Umgange beehret wurde.

Jedermann konnte ihr daher die wichtigsten Geheimniße ohne Furcht anvertrauen. Weg von dem Umgange und der Gemeinschaft der Menschen mit jenen schwachen und lasterhaften Seelen, welche ihre unbescheidene Zunge nicht im Zaume halten können! Ein Mann, sagt der Weise, der seinen Geist im Reden nicht kann innhalten, der ist wie eine offene Stadt, die mit Mauren nicht umgeben ist. Sprüchw. 25. 28. O wie wenig war unsere Herzoginn fähig, eine solche Schwachheit zu begehen! Weder der Betrug noch Eigennutz, weder die Eitelkeit noch der Reitz einer feinen Schmäucheley, und eines angenehmen Umgangs, welcher so oft das Herz öffnet, und das Geheimniß entfliehen läßet, waren nicht fähig, ihre Heimlichkeiten zu entdecken; und die Sicherheit, die man bey der Prinzeßinn fand, deren Verstand für große Geschichte gemacht war, war die Ursache, daß man ihr die wichtigsten anvertraute.

Gedenken sie nicht, meine Herren, daß ich als ein verwägner Ausleger der Staatsgeheimniße, von der Reise nach England handeln werde; weder daß ich jene dichtenden Staatsklugen nachahme, welche die Anschläge der Könige nach ihren Einsichten anordnen, und ohne einige Wissenschaft die Geschichte ihres Jahrhundertes verfertigen. Ich werde von jener berühmten Reise nichts vorbringen, als als lein um zu sagen, daß die Herzoginn mehr als jemals bewundert worden. Man redete nur mit Frohlocken von der Güte dieser Prinzeßin, welche, unerachtet der Zwistigkeiten, die am Hofe nur gar zu gewöhnlich herrschen, gleich anfangs alle Herzen gewann. Man konnte ihre unglaubliche Geschicklichkeit nicht genug rühmen, welche sie bezeugte, da sie die bedenklichsten Geschäfte abhandelte, jene verborgene Mißträulichkeiten, welche den Schluß so oft zurück halten, heilte, und alles Mißverständniß auf eine Art beylegte, welche die feindseligsten Theile vereinigte. Allein wer kann ohne Thränen, die gegenwärtige Zeichen der Hochachtung und Zärtlichkeit betrachten, welche ihr der König, ihr Bruder, gegeben? Dieser große König, welcher weit eher durch das Verdienst als Geblüte kan gerühret werden, wurde an der Bewunderung der vortreflichen Eigenschaften der Herzoginn niemals gesättiget.

O unheilbare Wunde! Jenes was auf dieser Reise der Bewegungsgrund einer so gerechten Bewunderung war, wurde für diesen Prinzen eine Ursache eines auserordentlichen Schmerzens. Ach Prinzeßinn, du würdiges Band zweener größten Könige

der

der Welt! ach warum bist du ihnen so geschwind entrissen worden? Diese zween große Könige erkennen sich einander, aber nur durch die Hülfe der Herzoginn, auf diese Weise werden ihre edlen Neigungen ihre Herzen vereinigen, und die Tugend wird unter ihnen eine unsterbliche Mittlerin seyn. Wenn aber gleich ihre Vereinigung nichts von ihrer Standhaftigkeit verliehret, so werden wir doch ewig beweinen, daß sie ihre größte Anmuth verlohren, und daß eine dem ganzen Erdkreise so liebenswürdige Prinzeßin in das Grab gesenket worden, eben da das Vertrauen zweener so großen Könige sie auf den Gipfel der Größe und Herrlichkeit gebracht.

Größe und Herrlichkeit! Und können wir diese so erhabene Titel bey diesem Siege des Todes vortragen? Nein meine Herren, ich kann jene großen Worte nicht länger mehr dulden, mit denen der menschliche Stoltz sich selbst zu hintergehen sucht, um sein Nichts nicht wahrzunehmen. Es ist Zeit zu zeigen, daß alles, was sterblich ist, so sehr man ihm auch von aussen einen besonderen Glanz zu verschaffen sucht, keiner Erhöhung von ihrer Natur fähig ist. Hören sie, meine Herren, einen gründlichen

chen Schluß, nicht zwar eines Philosophen, der in der Schule streitet, oder eines Ordensmannes der in dem Kloster betrachtet: ich will vielmehr die Welt durch
jene beschämen, welche die Welt am meisten ehret, und die sie am besten erkennen,
und ich suche keine andere Lehrer zu ihrer
Uberzeugung aufzuführen, als die auf dem
Throne gesessen. Siehe, sagt der königliche Prophet, du hast meinen Tagen
kurze Frist und Maaß gesetzt, und
mein Weesen ist vor dir gleich wie
nichts. Ps. 38. 6. Ja, meine Herren,
alles was gemessen wird endiget sich, und
alles, was gebohren worden, ein Ende
zu nehmen, ist nicht so geschwind aus dem
Nichts hervorgetreten, als es dahin wider zurückfallen wird. Wenn unser Wesen, wenn unsere Beschaffenheit ihren Ursprung aus dem Nichts hat, was kann
alles jenes seyn, was wir darauf bauen?
Weder das Gebäude ist dauerhafter als
der Grund, weder ein zufälliges Ding
würcklicher als das Wesen, mit dem es
vereinet ist. Wenn uns aber unsere Natur so sehr erniedriget, was kann
das Glück thun, um uns zu erheben?
Suchen, und erdenken wir uns nur den

größten Unterscheid unter den Menschen; wir werden keinen finden, welcher berühmter ist, und gründlicher scheint als jener, der den Sieger über die Uberwundenen erhebt, und selbe zu seinen Füßen leget. Und dennoch dieser Sieger, welcher auf seine Titel so stolz ist, wird gleichfalls zu seiner Zeit unter die Hände des Todes fallen. Alsdenn werden jene Unglückseligen, die besieget worden, ihren stolzen Ueberwinder in ihre Gesellschaft beruffen, und jene Stimme, welche alle Hoheit wie ein Donner darnieder schlägt, wird aus der Tiefe ihrer Gräber hervorbrechen: Du bist verwundet, wie wir; und bist uns gleich geworden. Is. 14. 10. Das Glück versuchet also umsonst, uns aus unserm Nichts hervorzuziehen, oder die Niedrigkeit unserer Natur zu erhöhen.

Allein vielleicht können uns, bey dem Abgange des Glücks, die Gaben des Gemüthes, die großen Kenntniße, die weitläuftigen Gedanken von dem übrigen Haufen der Menschen unterscheiden. Hüten wir uns, es zu glauben, weil alle unsere Gedanken, welche GOtt nicht zum Gegenstande haben, unter der Herrschaft des Todes stehen. An demselbigen Tage werden alle ihre Gedanken vergehen Pf. 145. 4. ſagt der königliche Prophet: das iſt, alle Gedanken der Eroberer, alle Gedanken der Staatsklugen, welche ſich Entwürfe werden erdichtet haben, die ſich über die ganze Welt erſtrecken: ſie werden ſich allerſeits mit unendlicher Behutſamkeit bewaffnen, und alles auſſer dem Tode vorgeſehen haben, welcher alle ihre Gedanken in einem Augenblicke rauben wird. Daher kömmt, daß der König Salomon, der Sohn des Königs David (denn ich will der Nachfolge einer gleichen Lehre auf eben demſelben Throne zeigen) daher kömmt, ſage ich, daß wenn Salomon die Fallſtricke erzählet, welche die Menſchen verführen; er die Weisheit ſelbſt unter ſelben begreift. In bin fortgegangen, ſagt er, die Weisheit zu beſchauen = = = und merkte daß auch dieſes Eitelkeit war. Ekkl. 2. 12. 15. Weil es eine falſche Weisheit giebt, welche indem ſie ſich nur in den Gränzen ſterblicher Dinge aufhält, mit ihnen in das Nichts begraben wird.

Dieſe Urſache findet bey der Herzoginn nicht Statt, da ich ſo viel ſchöne Eigenſchaften vorgeſtellet, welche ſie der Bewunderung der Welt würdig, und der höch=

ſten Abſichten fähig gemacht, zu denen eine Prinzeßin kann erhoben werden. Vis daß ich alſo nicht anfange, jenes vorzutragen, was ſie mit GOtt vereiniget; ſoll eine ſo erhabene Prinzeßinn in dieſer Rede nur als das größte Beyſpiel erſcheinen, das man vortragen kann, und welches am tauglichſten iſt, die Ehrgeizigen zu bereden, daß ſie kein wahres Mittel haben, ſich berühmt zu machen, wenn ſie ſelbes entweder in der Abkunft, oder der Hoheit, oder dem Witze ſuchen, indem ſie der Tod, der alles in eine Gleichheit ſetzet, von allen Seiten mit ſolcher Gewalt beherrſchet, und die ehrwürdigſten Häupter mit einer ſo fertigen uud mächtigen Hand abſchlägt.

Betrachten ſie, meine Herren, jene großen Mächte, welche wir mit ſo demüthigem Auge anſehen. Indeſſen wir unter ihrer Hand zittern, ſo ſchlägt ſie GOtt, um uns zu ermahnen. Ihre Hoheit iſt die Urſach dieſes Verfahrens; und er trägt ſo wenig Achtung gegen ſie, daß er ſich nicht ſcheuet ſie aufzuopfern, um den Ueberreſt der Menſchen zu unterrichten. Empören ſie ſich nicht, meine Herren, wenn die Herzoginn erwählet worden uns einen ſolchen Unterricht zu geben. Hier iſt für ſie kein Uebel zu beſorgen, indem ſie GOtt, wie wir bald ſehen werden, durch eben denſelben Streich gerettet, durch den er uns unterwieſen. Wir ſollten von unſerm Nichts nur allzuſehr überzeuget ſeyn; allein wenn unverſehene Streiche unſerm von der Liebe der Welt bezauberten Herzen nöthig ſind, ſo iſt dieſer groß und ſchrecklich genug.

O traurige, o ſchröckenvolle Nacht, in welcher dieſe fürchterliche Nachricht wie ein Donner erſchollen: die Herzoginn ſtirbt, die Herzoginn iſt geſtorben! Wer aus uns gerieth nicht bey dieſem Streiche in Erſtaunung, als wenn ein Trauerfall ſeine eigene Familie in Thränen geſetzet hätte? Bey dem erſten Gerüchte eines ſo auſſerordentlichen Uebels, lief man von allen Seiten nach St. Cloud; alles war in Beſtürzung, das Herz dieſer Prinzeßinn alleine ausgenommen. Allenthalben hörte man ſchreyen; allenthalben ſah man Schmerzen, Verzweiflung und das Bild des Todes. Der König, die Königinn, ſie Durchlauchtigſter, der ganze Hof, alles Volk, alles war verwirret, alles verzweifelt; und es ſcheint mir, den Ausſpruch des Propheten erfüllet zu ſehen: Der König wird ſich betrüben, und der Fürſt wird ſich mit Trauer bekleiden, und die Hände der Völker im Lande werden erſchrecken. Ezech. 7. 27.

Allein die Fürſten und Völker ſeufzeten umſonſt. Umſonſt hielten ſie, Durchlauchtigſter, umſonſt hielt der König ſelbſt die Herzoginn ſo feſt umarmet. Sie konnten damals mit dem heiligen Ambroſius ſagen: Ich ſchloß zwar die Arme, allein ich hatte ſchon jenes verlohren, was ich hielt* Die Prinzeßinn entfloh ihnen unter ſo zärtlichen Umarmungen, und der noch mächtigere Tod entriß ſie uns unter dieſen königlichen Händen. Und wie alſo? So mußte ſie ſo geſchwind ſterben? Bey dem meiſten Theile der Menſchen gehen die Veränderungen allmählig vor, und der Tod bereitet ſie gemeiniglich zu dem letzten Streiche. Die Herzoginn iſt von dem Morgen bis zum Abend wie eine Blume des Feldes gelanget. Morgens blühete ſie, ſie wiſſen es, meine Herren, mit welchen Annehmlichkeiten, und Abends ſahen wir ſie verwelket; und jene heftigen Ausdrücke, mit welchen die heilige Schrift die Unbeſtändigkeit der menſchlichen Dinge abmalt, mußten auf diese Prinzeßin so genau und nach dem Buchstaben eingerichtet seyn. Ach wir verfertigen ihre Geschichte von allen dem, was man herrliches erdenken kann! Das Vergangene und Gegenwärtige versprach das Zukünftige, und man konnte von so vortreflichen Eigenschaften alles erwarten. Sie war daran, zwey mächtige Königreiche durch ihre gefällige Art zu erhalten: sie war allzeit angenehm, allezeit friedfertig eben so wohl als edelmüthig und gutthätig; ihr Ansehen würde niemals verhaßt geworden seyn, man würde sie niemals gesehen haben sich mit einem unruhigen und hitzigen Eifer Ehre zu verschaffen, sondern selbe ohne Ungeduld und sicher erwarten, gleichsam als wann sie selbe bereits besässe. Jene Liebe, die sie dem Könige bis zu dem Tode so getreu bezeuget, gab ihr darzu die Mittel an die Hand. Und in Wahrheit, es ist eine Glückseligkeit unserer Tage, daß man die Hochachtung mit der Pflicht vereinigen und das Verdienst und die Person des Prinzen so sehr lieben kann, als man seine Majestät und Macht verehret. Die glücklichen Neigungen der Herzoginn trieben sie mit nicht geringeren Gewalt an, ihre übrigen Pflichten zu erfüllen.

len. Die äusserſte Sorgfalt, welche ſie für ihre Ehre, Durchlauchtigſter, hatte, kennete keine Grenzen. Indeſſen dieſer große Prinz auf den Fußſtapfen ſeines unüberwindlichen Bruders einhergieng, und deſſen große und heldenmäßige Unternehmungen in dem Feldzuge von Flandern, mit ſo großer Tapferkeit und glücklichem Fortgange unterſtützt, ſo war die Freude der Prinzeßinn unglaublich. Auf dieſe Weiſe führten ſie ihre edlen Neigungen durch die Wege, welche die Welt für die ſchönſten hält, zur Ehre; und wann ihrer Glückſeligkeit was gemangelt hätte, ſo hätte ſie alles durch ihr ſanftes Betragen gewonnen.

So war die angenehme Geſchichte, welche wir von der Herzogin machten; und um dieſe edlen Abſichten zur Vollkommenheit zu bringen, wünſchten wir nichts anders als die Dauer ihres Lebens, von der wir glaubten, daß wir nichts zu befürchten hätten. Denn wer konnte nur gedenken, daß die Jahre einer Jugend, welche ſo lebhaft ſchien, mangeln ſollten? Dennoch verſchwindet hier alles in einem Augenblicke. An ſtatt der Geſchichte eines ſo ſchönen Lebens, ſind wir gezwungen, die Geſchichte eines bewunderungswürdigen

aber zugleich schmerzlichen Todes zu ent=
werfen. In der That, meine Herren,
nichts ist der Standhaftigkeit ihrer Seele,
oder jenem friedsamen Muthe, welcher
ohne sich Gewalt anzuthun, über die fürch=
terlichsten Zufälle bereits durch die Natur
hinweg war, jemals gleich gekommen.
Ja die Herzoginn war gegen den Tod so
sanft, wie sie sich gegen jederman betra=
gen. Ihr großes Herz wurde wider ihn
weder aufgebracht, noch verbittert. Sie
begegnete ihm aber auch nicht mit Trotzig=
keit, sondern war zufrieden, ihn ohne Be=
wegung anzusehen, und ohne Unruhe zu
empfangen. Trauriger Trost, weil wir
sie unerachtet dieses großen Muthes ver=
lohren haben! Dieses ist die große Eitel=
keit menschlicher Dinge. Nachdem wir
den Tod durch die äusserste Kraft unsers
Muthes, so zu sagen, überstiegen haben,
so ersticket sie uns so gar dasjenige, wo=
durch wir sie zu trotzen schienen.

Sehen sie nun, meine Herren, diese
so geliebte und bewunderungswürdige Prin=
zeßinn! Sehen sie sie, wie sie uns der Tod
hinterlassen! und auch diese wenige Ueber=
bleibsel werden sich entfernen; dieser Schat=
ten der Herrlichkeit wird verschwinden;
und

und wir werden so gar von diesem betrüb=
ten Zierrath uns entblößet sehen. Sie wird
in jene düstern Oerter, in jene unterirdischen
Wohnungen hinabsteigen, um wie Job
sagt, mit den Großen der Welt im Stau=
be zu schlafen; mit jenen vernichteten Kö=
nigen und Prinzen, unter welche man sie
zu setzen kaum Platz findet: so enge wird
der Raum, und so eifrig ist der Tod, die=
se Stäten zu erfüllen. Allein unsere Ein=
bildung betrüget uns hier noch. Der Tod
läßt uns nicht so viel von dem Leibe übrig,
das einen Platz einnehmen könnte, und man
sieht hier nichts als Gräber, welche ein
Ansehen machen. Unser Fleisch verändert
gar bald seine Natur; unser Körper
nimmt einen andern Namen an; so gar
der Name einer Leiche, sagt Tertullian *,
verbleibt ihm nicht lange, weil er uns noch
etwas von der menschlichen Gestalt zeigt;
er wird ich weis nicht was, das in keiner
Sprache einen Ausdruck findet: so wahr
ist es, daß so gar die traurigen Wörter
mit ihm sterben, durch die wir diese un=

Auf diese Weise treibt ihn die göttliche Allmacht, welche über unsern Hochmuth billig erzürnet ist, bis in sein Nichts zurück, und um alle Stände in eine Gleichheit zu bringen, macht sie aus uns allen eben dieselbe Asche. Kann man auf diese Drümmer bauen? Kann man ein großes Unternehmen bey diesem unvermeidentlichen Untergange menschlicher Dinge sicher ausführen? Allein wie, meine Herren? So ist also alles für uns verzweiffelt? läßt uns GOtt, welcher alle unsere Hoheit so sehr zerschlägt, daß er sie in Staub verwandelt, keine Hofnung mehr übrig? Wird er, vor dessen Augen sich nichts verliehret, und der alle Theilchen unser Körpers, in was immer für einem Winkel der Erde sie die Verwesung, oder der Zufall hintreibt, betrachtet, wird er, sage ich, jenes ohne Rettung zu Grunde gehen sehen was er seiner Kenntniß und Liebe fähig gemacht?

Hier stellet sich mir eine neue Reihe der Dinge vor Augen; die Schatten des Todes verschwinden, und die Wege des wahren Lebens sind geöffnet. Unsere Herzoginn ist nicht mehr im Grabe; der Tod, welcher alles zu vernichten schien, hat alles

les wieder hergestellet; dieses ist das Geheimniß des Predigers, daß ich zum Anfange der Rede bemerket habe, und dessen Grund ich nun aufdecken werde.

Wir müssen also bemerken, meine Herren, daß ausser dem Verhältniße, welches wir mit der veränderlichen und sterblichen Natur von Seiten des Körpers haben, wir noch andrerseits ein innigstes Verhältniß und eine geheime Anverwandschaft mit GOtt haben; weil GOtt selbst in uns etwas geleget, das die Wahrheit seines Daseyns bekennen, seine Vollkommenheiten anbethen, und derselben Fülle bewundern kann; etwas, welches fähig ist, sich seiner unumschränckten Macht zu unterwerfen, sich seiner unbegreiflichen und höchsten Weisheit zu überlassen, auf seine Güte zu vertrauen, seine Gerechtigkeit zu fürchten, und seine Ewigkeit zu hoffen. Wenn der Mensch also glaubt einigen Grund zu seiner Erhöhung von dieser Seite zu haben, so betrügt er sich nicht. Denn wenn alles zu seinem Ursprunge zurückkehren muß, wie der Prediger sagt: Der Staub komme zu seiner Erde wiederum davon er war. Ekkl. 12, 7. So ist vermög dieses Schlußes nöthig, daß jenes, was das

Merkmahl der Gottheit an sich trägt, und sich mit GOtt vereinigen kann, zu ihm zurück beruffen werde.

Soll nun aber dasjenige nicht groß und erhaben seyn, was zu GOtt, der die erste und wesentliche Hoheit ist, zurückkehren muß? Da ich ihnen also gesaget, daß Größe und Herrlichkeit unter uns nichts als prächtige Namen ohne weitere Bedeutung und Gründlichkeit sind; so habe ich nur auf den übeln Gebrauch gesehen, den wir von diesen Wörtern machen. Allein die Wahrheit in ihrem ganzen Umfange zu sagen, so sind diese herrlichen Namen weder von dem Irrthum noch von der Eitelkeit erfunden worden; ja wir selbst würden niemals darauf verfallen seyn, wenn wir nicht den Grund derselben in uns selbst herumgetragen hätten. Denn wie könnten wohl so edle Begriffe aus dem nichts entstehen? Unser Fehler ist also nicht, daß wir uns dieser Namen bedienen; sondern daß wir sie Gegenständen beylegen, die derselben unwürdig sind.

nichts als leere Namen; für uns aber, wenn wir GOtt dienen, ein gründliches Weſen wären; im Gegentheil aber hätten Armut, Schande, Tod, für ſie viel wahrhaftes und gründliches; für uns aber nichts als den eitlen Schall der Wörter*; weil derjenige, der ſich mit GOtt verbindet, weder ſeine Ehre, weder ſeine Güter, noch ſein Leben verlieret. Bewundern wir es alſo nicht, wenn der Prediger ſo oft ſagt: Alles iſt Eitelkeit. Er erkläret ſich ſelbſt: Alles iſt Eitelkeit unter der Sonne; das iſt: alles was durch Jahre abgemeſſen, und der Flüchtigkeit der Zeit unterworfen iſt. Gehen wir aus der Zeit und Veränderung heraus; erheben wir uns zur Ewigkeit: die Eitelkeit wird uns nicht mehr beherrſchen. Bewundern wir nicht, daß der Prediger in uns alles, ja ſo gar die Weisheit, verachtet, und nichts für beſſer hält, als die Frucht ſeiner Arbeit im Frieden genieſſen. Die Weisheit von der er redet, iſt jene ſtolze Weisheit, welche ſinnreich ſich zu quälen, und geſchickt iſt, ſich ſelbſt zu verführen; die ſich in dem Gegenwärtigen verderbt, und über die Zukunft betrüget;

wel-

welche durch viele Schlüße und große Bestrebungen die Zeit alleine unnütz verschwendet, und Dinge verbindet, die der Wind zerstreuet.

Ach rufft dieser weise König aus, und ist etwas so eitel? Ekkl. 2. 17. Und hat er nicht Ursache die Einfalt eines gemeinen Lebens, welches das wenige Gut, das ihm die Natur verleiht, sanft und unschuldig genüßt, den Sorgen und Verwirrungen der Geizigen, den unruhigen Träumen der Herrschsüchtigen vorzuziehen? Allein, auch dieses, sagt er, diese Ruhe, diese Süßigkeit des Lebens ist eine Eitelkeit, weil der Tod alles in Unordnung bringt, und raubet. Lassen wir ihn also alle Stände dieser Welt verachten, weil wir endlich, wohin wir uns immer wenden, den Tod allezeit vor Augen sehen, welcher unsere schönsten Tage mit Finsternissen bedecket. Lassen wir ihn den Thörichten mit dem Weisen vergleichen; ja ich scheue mich nicht, auf diesem Rednerstuhle es öffentlich zu sagen: lassen wir ihn den Menschen mit den Thieren vergleichen: **Es ist ein gleiches Absterben der Menschen und der unvernünftigen Thiere.** Ekkl. 3. 19. In der That, so lange wir die wahre Weisheit nicht werden gefunden haben; so lange wir den Menschen alleine mit körperlichen Augen betrachten werden, ohne den geheimen Grund aller unserer Handlungen, welcher da er der Vereinigung mit GOtt fähig ist, zu ihm nothwendig zurückkehren muß, mit dem Verstande zu entdecken: was werden wir jemals in unserm Leben anders erfahren, als unsinnige Sorgen? Was werden wir im Tode anders erblicken, als einen Dunst der verrauchet; als Geister, die sich verzehren; als Mittel die sich bestreiten und zu Grunde richten; als Maschinen, die sich zertheilen, und in Drümmer zergehen. Werden wir dieser Eitelkeiten einmal überdrüßig, und suchen wir jenes, was in uns groß und erhaben ist.

Der Weise hat uns in seinen letzten Worten angezeiget; und die Herzoginn wird es uns durch die letzten Handlungen ihres Lebens zu erkennen geben. Fürchte GOtt, und halte seine Geboth: denn das ist der ganze Mensch. Ekkl. 12.13. gleichsam als sagte er, glaubet nicht, daß ich den Menschen verachte; es sind nur seine Meynungen und Irrthümer, durch welche der verführte Mensch sich selbsten entehret. Wollet ihr mit einem Worte wissen, was der Mensch ist? Seine ganze Pflicht, sein ganzer Gegenstand, seine ganze Natur ist GOtt fürchten; außer diesem ist alles Eitelkeit; ja ich sage es öffentlich, auſſer diesem ist der Mensch nicht. Sehen sie, meine Herren, was gründlich und würcklich ist, und was der Tod nicht rauben kann; und alles, fährt der Prediger weiter fort, was geschieht, das wird GOtt ins Gericht bringen, für alle Uebertretungen, es sey gut oder bös. Es ist also nun leicht auseinander zu setzen. Der Psalmist sagt, daß alle unsere Gedanken in dem Tode zu Grunde gehen werden: ja diejenigen, die wir nach der Welt gerichtet, deren Gestalt vorüber gehet, und verschwindet. Denn obwohl unser Geist von Natur unsterblich ist, so überläßt er doch alles dem Tode, was er sterblichen Dingen widmet: dergestalt, daß unsere Gedanken, welche von Seiten ihres Ursprungs unverwesentlich seyn sollen, von Seiten ihres Gegenstandes vergänglich werden. Verlangen wir etwas aus diesem so allgemeinen und unvermeidlichen Schiffbruche zu retten? Uebergeben wir GOtt unsere Neigungen;

keine Gewalt wird uns jenes entreiſſen, was wir in dieſen goͤttlichen Haͤnden werden niedergelegt haben. Wir koͤnnen dem Tode nach dem Beyſpiele unſerer Chriſtlichen Heldinn ganz kuͤhn unter die Augen treten. Allein um den ganzen Unterricht, den ein ſo ſchoͤnes Beyſpiel geben kann, uns zu Nutze zu machen, ſo betrachten wir aufmerkſam das Verhalten GOttes gegen ſie, und bethen in dieſer Prinzeßinn das Geheimniß der Vorherbeſtimmung und Gnade an.

Sie wiſſen, meine Herren, daß das ganze Chriſtliche Leben, daß das ganze Werk unſers Heils eine ununterbrochene Reihe der Erbarmungen iſt. Allein der getreue Ausleger des Gnadengeheimniſſes, ich will ſagen, der große Auguſtinus, lehret mich eine wahrhafte und gruͤndliche Gottesgelahrtheit, daß ſich die Gnade in ihrer erſten und letzten Wuͤrkung, als eine Gnade bezeige: das iſt, daß ſich die Guͤte, die uns ſelig macht, ſo wohl bey dem Beruffe, der uns zuvorkoͤmmt, als bey der endlichen Beharrung, die uns kroͤnet, ganz unverdient und rein zu erkennen giebt. In der That, da wir den Stand zweymal veraͤndern, indem wir von den Finsternissen zum Lichte, und nachmals von dem unvollkommenen Lichte des Glaubens, zu dem vollkommenen Lichte der Herrlichkeit schreiten; da uns der Beruf den Glauben einflößet, und die Beharrung zur Herrlichkeit führet; so hat der göttlichen Güte gefallen, sich im Anfange dieser zween Stände durch einen prächtigen und besondern Eindruck zu unterscheiden, damit wir bekennen sollten, daß das ganze Christliche Leben, so wohl zur Zeit der Hoffnung, als des Genusses, ein Wunderwerk der Gnaden sey. Und wie sehr sind nicht die ersten Augenblicke dieser zween Stände durch Wunder bemerket worden, welche GOtt für das ewige Heil Henriettens von England gewircket! um sie der Kirche zu geben, mußte ein großes Reich über den Haufen geworfen werden. Die Hoheit des Hauses, aus dem sie hervorgetreten, war ein allzufestes Band für sie, welches sie an die Spaltung ihrer Ahnen heftete, sagen wir vielmehr ihrer letzten Ahnen, nachdem alle ihre Vorfahren, von den entferntesten Zeiten her, so gottselig und katholisch gewesen. Allein wenn die Gesetze des Staates ihrem ewigen Heil widerstehen, so ver‑

wir‑

wirret GOtt den ganzen Staat, um sie von diesen Gesetzen zu befreyen. Er schätzet die Seelen so hoch, daß er Himmel und Erden beweget, um seine Auserwählten zu gebähren; und gleichwie ihm nichts so kostbar ist, als diese Kinder seiner ewigen Liebe, als diese unzertrennlichen Glieder seines geliebten Sohnes, so schonet er nichts, um sie selig zu machen. Unsere Prinzeßinn wurde eher verfolgt als gebohren; so bald sie die Welt erblicket, verlaßen, nach der Geburt der Frömmigkeit einer katholischen Mutter entzogen, von der Wiege an eine Sklavin der unversöhnlichen Feinde ihres Hauses, und was noch mehr zu beweinen ist, der Feinde der Kirche; und folglich war sie zu dem Irrthume und der Ketzerey erstens zwar durch ihre herrliche Geburt, nachmals aber durch ihre unglückliche Gefangenschaft bestimmet. Allein das Siegel GOttes war über sie. Sie konnte mit dem Propheten sagen: Mein Vater und meine Mutter haben mich verlaßen, aber der HErr hat mich aufgenommen. Ps. 26. 10. Ich bin von meiner Geburt an verlaßen; Auf dich bin ich geworffen aus Mutterleibe; du bist mein GOtt von Mutterleibe an. Pf. 21. 11. Diesem getreuen Wächter hat die Königinn ihre Mutter dieses kostbare Pfand anvertrauet, und sie ist in ihrer Hoffnung nicht betrogen worden. Nach zweyen Jahren hat ein unerwarteter und gleichsam übernatürlicher Zufall die Prinzeßinn aus den Händen der Aufrührer befreyet. Trotz allen Stürmen des Meeres, und den heftigsten Erschütterungen der Erde, nahm sie GOtt auf seine Flügel, wie der Adler seine Jungen nimmt; er selbst brachte sie in dieses Reich; er selbst setzte sie in den Schooß ihrer durchlauchtigsten Mutter, oder vielmehr der katholischen Kirche. Hier erlernte sie die Grundsätze der wahren Frömmigkeit, nicht so wohl durch den Unterricht, den sie empfieng, als durch die lebendigen Beyspiele einer großen und gottseligen Königinn. Sie folgte ihrer frommen Freygebigkeit eifrig nach. Ihre allezeit häufigen Allmosen verbreiteten sich hauptsächlich über die Katholicken in England, derer getreue Beschützerin sie war. Als eine würdige Tochter des heiligen Eduards und Ludewigs, hieng sie dem Glauben dieser zween großen Könige von ganzem Herzen an. Wer wird jenen Eifer genugsam aus-

drü-

drücken, von dem sie entbrannt war, diesen Glauben in dem Königreich England wieder herzustellen, wo noch so viel kostbare Denkmäler desselben aufbehalten worden? Wir wissen, daß sie sich nicht gescheuet, ihr Leben für eine so gottselige Absicht der Gefahr auszusetzen: und der Himmel hat sie uns entrissen!

O. GOtt! was unternimmt hier deine ewige Vorsehung! Erlaube mir, o HErr! daß ich deine heiligen und erschrecklichen Rathschläge zitternd betrachte. Sind vielleicht die Zeiten der Verwirrung noch nicht erfüllet? findet sich vielleicht jene Sünde noch vor deinen Augen, welche deine heiligen Wahrheiten gezwungen, den bösartigen Leidenschafften zu weichen? Oder hast du sie mit der Blindheit eines ganzen Jahrhunderts noch nicht genug bestrafet? Raubest du uns Henrietten durch eine Wirkung eben desselben Gerichtes welches die Tage und das Reich der Königinn Maria, das der Kirche so nützlich war, verkürtzet? oder willst du alleine siegen, und da du uns die

welche deine ewige Bestimmung fest geseͤ-
tzet hat?

Dem sey, wie ihm wolle, so nimm o
großer GOtt, die gluͤckseligen Erstlinge in
dieser Prinzeßinn heute auf. Moͤgten doch
ihr ganzes Haus und Reich dem Beyspiele ihres Glaubens nachfolgen. Jener große
Koͤnig, welcher den Thron seiner Ahnen
mit so viel Tugenden ausgeschmuͤcket, und
das Lob des Armes GOttes, der ihn
gleichsam durch ein Wunder auf seinen
Throne gesetzet, wird unsern Eifer nicht
mißbilligen, wenn wir vor GOtt wuͤnschen,
daß er und sein ganzes Volk uns aͤhnlich
werden moͤchte: Ich wuͤnsche vor GOtt,
daß nicht allein du, sondern auch alle
die mich hoͤren, heutiges Tages solche wuͤrden, wie ich. Apostelgesch. 26.
29. Dieser Wunsch ward fuͤr den Koͤnig
gethan; und der Heil. Paulus machte ihn
als gefangen das erstemal fuͤr den Koͤnig
Agrippa; allein er nahm seine Ketten aus:
Ausgenommen diese Bande. Und wir
wuͤnschen hauptsaͤchlich, daß England,
welches in ihrem Glauben all zu frey, und
in ihren Gesinnungen all zu ausgelassen ist,
durch jene gluͤcklichen Bande moͤchte gefesselt
werden, welche den menschlichen Hochmuth

verhindern, in seinen Gedanken auszuschweiffen, indem sie ihn unter das Ansehen des heiligen Geistes und der Kirche gefangen nehmen.

Nachdem ich die erste Wirkung der Gnade JEsu Christi in unserer Prinzeßinn vorgetragen habe, so bleibt mir noch übrig, meine Herren, ihnen die letzte zu zeigen, welche alle übrige bekrönet. Durch diese letzte Gnade ändert der Tod seine Natur in Ansehung der Christen, indem da er allein gemacht zu seyn schien, uns aller Dinge zu berauben, er nach dem Ausspruche des Apostels anfängt, uns zu bekleiden, und uns des Besitzes der wahren Güter auf ewig zu versichern. So lange wir uns in dieser sterblichen Wohnung aufhalten, so leben wir den Veränderungen unterworffen, weil dieses, wenn ich so reden darff, ein Gesätz des Landes ist, das wir bewohnen; beynebens besitzen wir auch kein Gut, nicht einmal in der Ordnung der Gnade, welches wir nach einem Augenblicke durch die natürliche Veränderlichkeit unserer Begierden nicht wiederum verliehren könnten. Allein so bald man aufhört die Stunden für uns zu zählen, und unser Leben mit den Tagen und Jahren abzumessen, so

bald wir uns von den Bildern, die vor⸗
übergehen, und von den Schatten, wel⸗
che verſchwinden, entfernen, ſo gelangen
wir in das Reich der Wahrheit, wo wir
von dem Geſetze der Veränderungen be⸗
freyet ſind. Alsdenn iſt unſere Seele nicht
mehr in Gefahr; unſere Entſchlüſſungen wan⸗
ken nicht mehr; der Tod, oder vielmehr die
Gnade der endlichen Beharrung hat die
Kraft, ſelbe feſt zu ſetzen: und gleichwie
das Vermächtniß JEſu Chriſti, durch
das er ſich uns geſchencket, nach den Ge⸗
ſetzen der Vermächtniſſe, und der Lehre
des Apoſtels, durch den Tod dieſes gött⸗
lichen Sohnes für allezeit iſt beſtättiget wor⸗
den; eben ſo macht der Tod des Gläubigen,
daß das glückſelige Vermächtniß, durch
welches wir uns unſrer ſeits dem Heilande
geben, unwiderruflich wird.

Daher, meine Herren, wenn ich ih⸗
nen die Herzoginn an den Gränzen des
Todes nochmals zeige, ſo haben ſie nichts
für ſie zu befürchten. So grauſam ihnen
auch der Tod ſcheinet, ſo muß er dießmal zu
nichts anderm dienen, als das Werk der
Gnade zu vollenden, und dem Rathſchluße
der ewigen Vorherbeſtimmung das Siegel
aufzudrücken. Sehen wir alſo dieſen letzten

Streit,

Streit, allein, ich sage es noch einmal, befürchten wir nichts. Lassen wir unserer seits keine Schwachheit bey einer so tapfern Handlung sehen, und entehren wir nicht einen so schönen Sieg durch unsere Thränen.

Verlangen sie meine Herren, die Macht der Gnade zu sehen, welche der Herzoginn den Sieg verschaft? betrachten sie, wie erschrecklich der Tod gewesen. Dieser hatte erstens eine größere Gewalt über eine Prinzeßinn, welche so viel zu verlieren hatte. Wie viele Jahre raubte er nicht einer solchen Jugend? Wie viele Freude nahm er nicht einem solchen Glücke? wie viel Ehre entzog er nicht einem so großen Verdienste? zu dem konnte er wohl eilfertiger oder auf grausamere Art kommen? Er vereinigte alle seine Kräfte, er sammelte alles, was er nur schreckbares hatte; er verband, wie er es zu thun pfleget, die lebhaftesten Schmerzen, mit dem unerwartesten Anfalle. Allein obwohlen er, ohne zu drohen, und zu ermahnen, seine ganze Macht, gleich von dem ersten Streiche an fühlen ließ, so fand er doch die Prinzeßinn zubereitet. Die noch stärckere Gnade hatte sie bereits in Schutz genommen. Weder die Hoheit noch die Jugend erpreßten ihr einen Seufzer. Ein unendliches Abscheuen ihrer Sünden betäubte allen Schmerzen, den ihr andere Dinge verursachen konnten. Sie verlangte das Kreutzbild, in dessen Umarmung sie ihre durchlauchtigste Großmutter den Geist aushanchen sehen, um die Eindrücke der Beständigkeit und Andacht zu sammelu, welche diese wahrhaft geistliche Seele auf selbem mit ihren letzten Seufzern hinterlassen.

Erwarten sie meine Herrn von unserer Prinzeßinn keine ausgedachte und witzige Reden bey dem Anblicke eines so großen Gegenstandes: eine heilige Einfalt macht hier das Erhabene aus. O mein GOtt! ruft sie aus, warum habe ich nicht allezeit mein Vertrauen auf dich gesetzet? Sie betrübet sich, sie ermuntert sich, sie bekennet demüthig und mit allen Gesinnungen eines tiefen Schmerzens, daß sie erst allein von diesem Tage an GOtt zu erkennen anfange, indem sie jenes keine Erkenntniß GOttes nennen will, wenn man noch eine geringe Rücksicht auf die Welt hat. Wie sehr schien sie jene feigen Christen zu übertreffen, welche sich einbilden, daß sie ihren Tod beschleunigen, wenn sie sich zur

Be-

Bekenntniß ihrer Sünden bereiten, und welche die heiligen Sacramente nicht anders als gezwungen empfangen! Sie sind würdig, daß sie das Geheimniß der Barmherzigkeit zu ihrem Gerichte genießen, welches sie nur mit Wiederwillen empfangen.

Die Herzoginn berufte noch eher die Priester des HErrn, als die Leibärzte zu sich. Sie verlangte aus eigenem Antriebe die Sacramente der Kirche: die Buße mit Zerknirschung, das heilige Abendmahl mit Furcht und Vertrauen, die heilige Salbung der Sterbenden mit einer gottseligen Sorgfalt. Anstatt erschreckt zu werden, will sie selbe mit Kenntniß empfangen; sie höret mit Aufmerksamkeit die Auslegung jener heiligen Gebräuche, jene apostolischen Gebethe, welche die heftigsten Schmerzen durch eine gewisse göttliche Reizung hemmen, und den Tod bey jenem, der sie mit Glauben anhöret, in Vergessenheit bringen, wie ich öfters gesehen. Sie bequemet sich dazu, sie begleitet sie mit Andacht, und stellet ihren Leib jenem geheiligtem Oele, oder vielmehr dem Blute JEsu Christi, welches mit diesem kostbaren Safte so reichlich fließt, ganz ruhig dar.

Glauben ſie nicht, meine Herren, daß die auſſerordentlichen und unerträglichen Schmerzen ihre große Seele nur im geringſten verwirret. Ach ich werde künftighin die Helden und die Eroberer nicht mehr ſo ſehr bewundern. Die Herzoginn hatte mir die Wahrheit des Ausſpruches des Weiſen genug an Tag geleget: Ein geduldiger Mann iſt beſſer denn ein ſtarker, und wer ſein Gemüthe beherrſchet, der iſt beſſer, denn der Städte erobert. Sprüchw. 16. 32. Wie ſehr war ſie nicht ihres Herzens mächtig? mit welcher Ruhe hat ſie nicht allen ihren Pflichten ein Genüge geleiſtet? Erinnern wir uns deſſen, was ſie ihrem durchlauchtigſten Gemahle geſagt! Welcher Nachdruck! welche Zärtlichkeit! O! Worte die man aus der Fülle eines Herzens hervorbrechen ſahe, daß ſich über alles zu ſeyn verſpürte. Worte, welche der gegenwärtige Tod, und die noch mehr gegenwärtige GOttheit geheiliget, aufrichtige Ausdrückungen einer Seele, die ſich dem Himmel nähert, und der Erde nichts mehr als die Wahrheit ſchuldig iſt: ihr werdet ewig in dem Angedenken der Menſchen, aber

noch

noch weit mehr in dem Herzen dieses großen Prinzen leben.

Die Herzoginn konnte den Thränen nicht mehr widerstehen, die sie von seinen Augen fallen sah. Obwohl sie bey jeder andern Gelegenheit würde unüberwindlich gewesen seyn, so war sie hier zum weichen gezwungen. Sie bath ihren durchlauchtigsten Gemahl, daß er sich entfernen möchte, weil sie keine Zärtlichkeit mehr fühlen wollte, als für jenen gekreutzigten GOtt, der seine Hände gegen sie ausstrecket. Was haben wir damals gesehen! was haben wir gehört? Sie unterwarf sich den Verordnungen GOttes; sie both ihm ihre Schmerzen zu einer Aussöhnung ihrer Sünden dar; sie bekannte öffentlich den katholischen Glauben und die Aufferstehung der Todten, diesen kostbaren Trost der sterbenden Gläubigen, sie ermunterte der Eifer derjenigen, die sie beruffen, um sich selbst zu stärcken, und sie wollte nicht, daß sie nur einen Augenblick aufhörten, sich mit ihr von den Christlichen Wahrheiten zu unterreden. Sie wünschte tausendmal in dem Blute des Lammes versenket zu seyn: Dieses war eine neue Sprache, in der sie die Gnade unterrichtete. Wir sahen bey ihr weder jene prahlerische Großmuth, mit der man andere zu betrügen sucht, noch jene Bewegungen einer erschrockenen Seele, durch die man sich selbst betrügt. Alles war einfältig, alles gründlich, alles ruhig; alles kam von einem unterwürfigen Geiste, und aus einer Quelle, die der göttliche Geist selbst geheiliget.

Was sollen wir, meine Herren, bey diesen Umständen von GOtt anders für diese Prinzeßinn begehren, als daß er sie im Guten befestige, und die Gaben seiner Gnaden in ihr erhalte? Der große GOtt erhörete uns; allein er täuschet öfters unsere Hofnung glücklich, da er uns erhöret, wie der heilige Augustinus saget. Die Prinzeßinn war im Guten auf eine erhabenere Art befestiget worden, als wir erwarteten. GOtt wollte den Blendwerken der Welt die Gesinnungen einer so aufrichtigen Frömmigkeit nicht länger mehr aussetzen; er that was der Weise sagt: *Er hat ihn eilends,* (in der That, welche Eilfertigkeit! das Werk war in neun Stunden vollendet) *Er hat ihn eilends mitten aus der Bosheit geführet.* Weish. 4. 14. Sehet, sagt der heilige Ambrosius, das Wunder des Todes bey denen

Chri-

Christen. Er endiget ihr Leben nicht, er endiget nur ihre Sünden, und die Gefahren, denen sie ausgesetzet sind. * Wir beklagten uns, daß der feindselige Tod die Früchte, welche uns die Prinzeßinn versprach, in der Blüthe ersticket, und ein Bild, wenn ich so reden darf, mit eben demselben Pinsel ausgelöschet, welches mit einer unglaublichen Geschwindigkeit zur Vollkommenheit eilete, und dessen erste Züge, dessen einzige Absicht, schon so viel Hoheit bezeigten. Verändern wir nun die Sprache: sagen wir nicht mehr, daß der Tod dem Laufe des schönsten Lebens, den die Welt noch gesehen, und welchen die Geschichte so edel angefangen, Einhalt gethan; sagen wir vielmehr, daß er den grösten Gefahren, von denen eine Christliche Seele kann überfallen werden, ein Ende gemacht. Und damit ich hier nicht von jenen unendlichen Versuchungen rede, welche die menschliche Schwäche jeden Augenblick bestreiten, was für eine Gefahr würde nicht diese Prinzeßinn in ihrer eigenen Hoheit gefunden haben? Ja in ihrer eignen

---

* Finis factus est Erroris, quia culpa, non Naturâ

nen Hoheit denn was ist für einen Christen schädlicher und tödtlicher? welche Schmäucheley gefährlicher? welcher Dunst fähiger, auch den besten Köpfen einen Schwindel zu verursachen.

Betrachten sie, meine Herren, diese Prinzeßinn; stellen sie sich diesen Geist vor, welcher sich in dem ganzen äusserlichen Betragen allenthalben zeigte, und desselben Annehmlichkeiten belebte, alles war bey ihr Leben, alles Güte. Sie war gegen jedermann leuthselig mit Wohlstand, und mußte diese hoch zu schätzen, ohne den andern ein Mißfallen zu erregen. Obwohl sie einen Unterscheid der Verdiensten machte, so konnte doch die Schwäche nicht bemerken, daß sie verachtet würde. Wenn man mit ihr zu thun hatte, so schien sie ihren Adel zu vergessen, um sich nur von der Vernunft leiten zu lassen. Fast niemand erinnerte sich, daß er mit einer so erhabnen Person redete, man fühlte nur in dem Innersten seines Herzens, daß man ihr ihre Hoheit hundertmal ersetzen wollte, deren sie sich auf eine so verbindliche Art beraubte. Sie war getreu in ihren Worten, unfähig sich zu verstellen, aufrichtig gegen ihre Freunde, welche sie, durch das Licht

und.

und die Richtigkeit ihres Verstandes, vor eiteln Einbildungen in Sicherheit setzte, und nichts als die eignen Fehler befürchten ließ. Sie war für jeden Dienst dankbar, und wollte den Unbilden mit Wohlthaten zuvorkommen, und wenn sie sich empfindlich bezeigte, da sie beleidigt wurde, so war sie auch geneigt, die Beleidigung zu vergeben.

Was sollte ich von ihrer Freygebigkeit sagen? Sie gab nicht allein mit Vergnügen, sondern auch mit einer Hoheit des Gemüthes, welche zugleich die Verachtung des Geschenkes und die Hochachtung der Person anzeigte. Sie wußte ihre Geschenke so wohl durch rührende Worte als durch ihr Stillschweigen selbst zu erheben, und ihnen einen Werth beyzulegen; und diese Art so gefällig zu beschenken, welche sie durch den ganzen Lauf ihres Lebens so glücklich ausgeübet, hat sie, wie ich gewiß weis, bis unter die Arme des Todes begleitet.

Wer hätte ihr wohl seine Bewunderung bey so erhabnen und liebenswürdigen Eigenschaften versagen können? Allein wer würde ihr nicht bey ihrem Ansehen, bey ihrer Macht, haben geneigt seyn wollen? War sie nicht fähig, alle Herzen zu gewinnen? Dieses ist die einzige Sache, welche diejenigen zu gewinnen haben, denen die Geburt und das Glück alles zu geben scheinen: und wenn diese besondere Erhebung ein gäher und fürchterlicher Ort für die Christen ist, kann ich nicht sagen, meine Herren, um mich der nachdrücklichen Worte des ansehnlichsten Geschichtschreibers zu bedienen, daß sie in den Ruhm gleichsam gestürtzet wurde? Denn welches Geschöpf war jemals fähiger, ein Abgott der Welt zu seyn? Allein wie viel feinen Versuchungen sind nicht diese Götzen ausgesetzet, welche die Welt anbethet? Es ist wahr, die Ehre bewahrt sie vor einigen Schwachheiten, allein bewahrt sie sie vor der Ehre selbst? bethen sie sich nicht selbst in geheim an? verlangen sie nicht angebethet zu werden? Was haben sie nicht von ihrer Eigenliebe zu befürchten; und was kann sich die menschliche Schwachheit versagen, wenn ihr die Welt alles zugestehet. Lernt man nicht hier, dem Ehrgeize, der Größe, der Staatsklugheit, die Tugend, die Religion, und den Namen GOttes dienen zu lassen? Die Mäßigkeit, welche die Welt dem Scheine nach annimmt, ersticket die Regungen der Eitelkeit nicht; sie dient nur, sie zu bergen, und jemehr sie das Aeusserliche schonet, destomehr überläßt sie das Herz den feinsten und gefährlichsten Gesinnungen der falschen Ehre. Man wirft das Auge nur auf sich selbst, und sagt im Herzen: Ich bin, und sonst ist kein andrer ausser mir. Isai. 47. 10.

Ist in einem solchen Stande das Leben etwas anders als eine immerwährende Gefahr, meine Herren? Ist der Tod nicht vielmehr eine Gnade? Was muß man von seinen Lastern besorgen, wenn die guten Eigenschaften so gefährlich sind? Ist es also nicht eine Wohlthat GOttes, daß er die Versuchungen mit den Tagen der Herzoginn verkürzet; daß er sie ihrer eigenen Ehre entrissen, ehe diese Ehre ihre Mäßigkeit durch ihre Ubermaaß, in Gefahr gebracht? Was liegt daran, daß ihr Leben so kurz gewesen? Alles, was ein Ende nehmen muß, kann von keiner langen Dauer seyn. Wenn wir auch ihre so genauen Bekennungen der Sünden, ihre häufigsten Werke der Andacht, ihren stärcksten Eifer für die Frömmigkeit in den letzten Zeiten ihres Lebens nicht zähleten; so würden jene wenigen Stunden, die sie unter den rauhesten Prüfungen, und den

reinsten Gesinnungen des Christenthums so
heilig zugebracht, schon alleine hinlänglich
seyn, ein vollkommenes Alter zu bilden.
Die Zeit war kurz, ich gestehe es; aber
die Würckung der Gnade war starck; aber
die Treue der Seele war vollkommen. Es
ist eine Wirkung einer vollkommenen Kunst,
ein großes Werk ins kleine zu bringen,
und der Gnade, dieser vortreflichen Künst‐
lerinn gefällt es manchmal, die Vollkom‐
menheit eines langen Lebens in einen Tag
einzuschränken.

Ich weis zwar, daß GOtt nicht will,
daß der Mensch auf solche Wunderwerke
traue, allein wenn die thörichte Kühnheit
der Sterblichen seine Wohlthaten miß‐
brauchet, so ist darum sein Arm nicht ver‐
kürtzet, noch seine Hand geschwächet wor‐
den. Ich hoffe für die Herzoginn auf je‐
ne Barmherzigkeit, die sie so aufrichtig
und demüthig angeruffen. Es scheint,
daß ihr GOtt den freyen Gebrauch des
Verstandes nur darum biß zum letzten Hau‐
che zugestanden, damit die Zeugnisse ihres
Glaubens in ihr verharren möchten. Sie
liebte im Sterben den HErrn JEsum; es
verliessen sie eher ihre Arme, als der Ei‐
fer, das Kreutz zu umfassen; ich sah ihre

erkälerkaltenden Hände, auch da sie darnieder sanken, neue Kräfte suchen, um dieses selige Zeichen unserer Erlösung dem Munde zu nähern. Heißt dieses nicht in den Armen und dem Kusse des HErrn sterben? Ach! wir können das heilige Opfer, das wir zur Ruhe der Durchlauchtigsten veranstaltet, mit einem gottseligen Vertrauen vollenden. Jener JEsus, auf den sie gehoffet, und dessen Kreutz sie mit so grausamen Schmerzen in ihrem Leibe getragen, wird ihr noch ferner sein Blut angedeyen lassen, mit dem sie bereits durch die Ertheilung seiner Sacramente und die Gemeinschaft seiner Peinen gefärbet, und ganz durchdrungen ist. Allein da wir für ihre Seele bethen, meine Herren, denken wir an uns selbst. Was erwarten wir noch, um uns zu bekehren? Was für eine Härte des Herzens kömmt der unsrigen gleich, wenn ein so seltner Zufall, welcher uns bis in den Grund der Seele bewegen sollte, nichts anders verschaffet, als daß wir auf einige Augenblicke erstaunet sind? Erwarten wir vielleicht, daß GOtt Todte erwecke, um uns zu unterrichten? Es ist gegenwärtig nicht nöthig daß die Todten zum Leben zurückkehren, noch daß sie ihre

Grä-

Gräber verlaſſen; jenes, was heute ſein Grab betritt, muß genug ſeyn, uns zu bekehren. Denn wenn wir uns ſelbſt zu erkennen wüßten, ſo würden wir geſtehen, meine Herren, daß die ewigen Wahrheiten nur gar zu wohl gegründet ſind; daß wir ihnen nichts anders als unſere Schwäche entgegen zu ſetzen haben; und daß wir uns erkühnen, ſie aus Leidenſchafft und nicht aus Vernunft zu beſtreiten. Wenn etwas verhindert, daß dieſe heiligen und nützlichen Wahrheiten nicht über uns herrſchen; ſo iſt die Urſache, weil uns die Welt zerſtreuet; die Sinnen bezaubern, das Gegenwärtige verführet. Und iſt wohl ein anderer Anblick vonnöthen, um uns die Verblendungen der Sinnen, des Gegenwärtigen, der Welt aufzudecken? Könnte uns die göttliche Vorſehung die Eitelkeit der menſchlichen Dinge deutlicher und kräftiger vor Augen legen? Und wenn ſich unſere Herzen nach einer ſo empfindlichen Ermahnung verhärten, was bleibt uns noch mehr übrig, als daß wir ohne Barmherzigkeit geſtrafet werden? Kommen wir einem ſo erſchrecklichen Streiche zuvor: und erwarten wir nicht immer Wunderwerke der Gnade.

Es ist der unumschränkten Allmacht nichts mehr verhaßt, als wenn man sie durch Beyspiele zwingen, und aus ihren Gnaden und Gunstbezeugungen ein Gesetz machen will. Was kann uns also, meine Herren, verhindern, ihre Eingebungen ohne Verschub anzunehmen? Was? Sind denn die Reizungen der Sinnen so hefftig, daß wir nichts vorher sehen können? werden die Anbether der menschlichen Hoheit mit ihrem Glücke zu frieden seyn, wenn sie sehen werden, daß ihre Herrlichkeit in einem Augenblicke bloß in ihrem Namen bestehet; daß die Gräber ihre Ehrentitel trügen: daß ihre Güter in die Hände der Undankbaren kommen, und ihre Ehrenstellen vielleicht ihren Mitbuhlern zu Theile werden? Wenn wir nun aber versichert sind, daß ein letzter Tag kommen soll, der uns zwingen wird, alle unsere Irrthümer zu bekennen, warum verachten wir nicht gegenwärtig dasjenige aus Vernunft, was wir einstens gezwungen verachten müßen? Und wie groß ist unsere Blindheit, wenn wir, die wir immer zu unserm Ende eilen, und mehr sterben als leben, die letzten Athemzüge erwarten, um jene Gesinnungen zu faßen, welche uns der einzige Gedanke

H 4 des

des Todes jeden Augenblick unsers Lebens einflössen soll?

Fangen sie noch heute an, meine Herren, die Gunstbezeigungen der Welt zu verachten; und so oft sie diese prächtigen Oerter, diese stolzen Gebäude betreten, denen die Herzoginn einen Glanz verschaffet, welchen ihre Augen noch suchen; so oft sie jenen hohen Rang betrachten, den sie so wohl behauptet, und vermercken, daß sie ihnen mangelt: so gedenken sie, daß diese Herrlichkeit, die sie bewundert haben, ihre größte Gefahr in diesem Leben gewesen; und in dem andern eine Ursach eines strengen Gerichtes geworden, in welchem sie nichts anders erhalten konnte; als jene aufrichtige Ergebung ihres Willens, die sie gegen die Anordnungen GOttes, und die heiligen Demüthigungen der Busse bezeuget.

Trauerrede

Auf Ihre Königliche Majestät, Maria Theresia von Oesterreich, Infantinn von Spanien, Königinn von Frankreich und Navarra, welche den 1. Herbstmonats 1683. zu St. Denis in Gegenwart Seiner Königlichen Hoheit des Dauphins gehalten worden.

Denn sie sind unsträflich vor dem Throne GOttes. Offenb. 14. 5.

Ihro Königliche Hoheit!

Was für eine Versammlung läßt der Heil. Apostel Johannes vor unsern Augen erscheinen! Dieser große Prophet öffnet uns den Himmel; und unser Glaube entdecket uns daselbst, auf dem heiligen Berge Sion, in dem erhabensten Theile des seligen Jerusalems, das Lamm, welches die Sünde der Welt tilget, mit einer Gesellschaft die seiner würdig ist. Es sind diejenigen, von welchen im Anfang der Offenbahrung geschrieben ist: **Aber du hast doch zu Sardis etliche wenige Namen, die ihre Kleider nicht besudelt haben.** Offenb. 3. 4. Jene prächtigen Kleider, mit denen sie in der Taufe gezieret worden: Kleider, welche nach dem Ausspruche des Apostels, JEsus Christus selbst sind: **Jhr alle, die ihr in Christo getaufet seyd, habt Christum angezogen.** Galat. 3. 27. Diese kleine Schaar, welche GOtt wegen ihrer Unschuld liebet, und wegen der Seltenheit einer so vortrefflichen Gabe vor andern unterscheidet, wußte dieses kostbare Kleid, und die Gnade der Taufe zu erhalten. Und worinn bestehet der Lohn einer so ausserordentlichen Treue?

Hören sie den Gerechten und Heiligen reden. **Und sie werden,** sagt er, **in weissen Kleidern mit mir wandeln, denn sie sinds werth.** Offenbahr. 3. 4. Sie sind wegen ihrer Unschuld würdig, das Kleid des unbefleckten Lammes in der Ewigkeit zu tragen, und es allezeit zu begleiten, weil sie es niemals verlassen, seit dem es sie in seine Gesellschaft aufgenommen; sie sind reine und unschuldige Seelen; Seelen welche Jungfrauen sind, wie sie der Heil. Johannes in eben demselben Verstande nennet, in welchem der Heil. Paulus zu allen Gläubigen von Korinth sagt: Ich habe euch vermählet einem Manne (Christo) daß ich euch Ihme als eine keusche Jungfrau darstelle. 2. Kor. 11. 2.

Die wahre Keuschheit der Seele, die wahre Christliche Schaamhaftigkeit ist, sich der Sünde schämen, keine Augen und keine Liebe als für JEsum Christum haben, und seine Sinnen allezeit vor dem Verderbnüße der Welt befreyet halten. In dieser reinen und unschuldigen Gesellschaft war die Königinn: der Abscheu, welchen sie allezeit vor der Sünde getragen, hat ihr diese Ehre verdienet. Der Glaube, der bis in den Himmel dringt, läßt sie uns heute in dieser seligen Versammlung sehen. Es scheint mir, jene Sittsamkeit, jene Stille, jene Eingezogenheit zu erblicken, die wir in ihr vor den Altären gesehen, und welche uns eine Ehrfurcht ge-

einer hinfälligen und sterblichen Schönheit eingenommen. Jene lebhafte weiße Farbe, dieses Sinnbild ihrer Unschuld und der Reinigkeit ihrer Seele, hat sich, wenn ich so reden darf, nur auf das Innre gezogen, wo wir sie von einem göttlichen Lichte erhoben sehen. Sie folget dem Lamme: denn sie ists werth. Die Aufrichtigkeit ihres Herzens ohne Verstellung, ohne Falschheit rücket sie der Zahl derjenigen ein, von welchen der Heil. Johannes kurz vor den Worten meines Textes redet, daß keine Lügen in ihrem Munde, und keine Verstellung in ihrem Betragen gefunden worden: dahero sind sie unsträflich vor dem Throne GOttes. In der That, sie war vor GOtt und den Menschen ohne Tadel; die Verläumdung konnte keine Zeit ihres Lebens von der Kindheit an, bis zu dem Tode angreifen: und eine so reine Ehre, ein so schöner Nachruhm ist ein köstliches Rauchwerk, welches den Himmel und die Erde ergötzet.

Oeffnen sie ihre Augen, Durchlauchtigster, bey diesem großen Schauspiele. Könnte ich ihre Thränen, die Thränen der Prinzen, die sie umgeben, und dieser erlauchten Versammlung beßer abtrocknen, als wenn ich ihnen eine so geliebte und beweinte Mutter in der Mitte dieser glänzendsten Gesellschaft zeigte? Ludwig selbst, dessen Standhaftigkeit seine gerechten Schmerzen nicht überwinden kann, würde in diesen Gedanken eine Linderung finden. Allein, Durchlauchtigster, was gegenwärtig ihr Trost seyn muß, muß auch ihr Beyspiel werden, und da sie von dem unsterblichen Glanze eines allzeit so ordentlichen und unsträflichen Lebens gerühret werden, so müssen sie sich bestreben, desselben ganze Schönheit in dem Ihrigen anzuwenden.

Ach! es ist eine seltene Sache, meine Herren, ich sage es nochmals, es ist eine seltene Sache, diese Reinigkeit unter den Sterblichen zu finden. Allein es ist besonders eine seltene Sache sie bey den Grossen anzutreffen. Diese, sagt der heilige Johannes, welche mit langen weißen Kleidern bekleidet sind, sind diejenige, welche aus einer großen Trübsaal gekommen sind. Offenb. 7. 13. 14. um uns zu verstehen zu geben, daß diese göttliche Farbe gemeiniglich unter dem Kreutze, und selten bey dem Glanze der menschlichen Hoheiten, welche den Versuchungen nur

aar

gar zu sehr unterworffen sind, erhalten wird.

Unterdessen ist es doch wahr, meine Herren, daß es GOtt gefällt, diese reinen Seelen auch unter den Königen durch ein Wunder seiner Gnade zu erwählen. Eine solche war der Heil. Ludewig, der von seiner Kindheit an allezeit rein, allezeit heilig gewesen; und Maria Theresia, seine Tochter erhielte von ihm dieses kostbare Erbtheil.

Betrachten wir, meine Herren, die Absichten der Vorsehung, und bewundern wir die Güte GOttes, welche sich in der Vorherbestimmung dieser Prinzeßinn über uns und über alle Völker ergiesset. GOtt hat sie auf den Gipfel der menschlichen Hoheit gesetzet, um die Reinigkeit und beständige Gleichheit ihres Lebens desto ansehnlicher und nützlicher zu machen. Auf diese Weise wurden ihr Leben und ihr Tod, welche zugleich voll Heiligkeit und Gnade waren, ein Unterricht des menschlichen Geschlechtes. Unser Jahrhundert konnte nichts vollkommeners erhalten, weil, wohin man immer sein Auge wendet, man keine gleiche Reinigkeit in einem so hohen Range siehet: und diese seltene und bewundernswürdige

dige Vereinigung wird der Gegenstand seyn, den wir in den zween Theilen dieser Rede zu betrachten haben.

Sehen sie, meine Herren, alles was ich von der frömmsten Königinn in wenig Worten sagen muß, und dieses ist der würdige Innhalt ihres Lobes. Nichts als Majestät ist in ihrer Person, nichts als Reinigkeit in ihrem Leben. Eilet ihr Völker, kommet die seltne und majestätische Schönheit einer allezeit beständigen Tugend in der höchsten Würde der Welt zu betrachten. Bey einem so gleichförmigen Leben, achtet es diese Prinzeßinn nicht, wo der Tod anklopft; man sieht keinen schwachen Ort, wo sie befürchten könnte überfallen zu werden; und da sie allezeit wachsam, allezeit auf GOtt und ihr Heil aufmerksam war, so hatte der in Ansehung unser so eilfertige und erschreckliche Tod nichts gefährliches für sie. Daher wird Ihre Größe zu nichts andern dienen, als um dem ganzen Erdkreise, gleichsam von dem erhabensten Orte, den er in seinem Umfange einschließt, diese wichtige Wahrheit zu zeigen: daß unter den Menschen nichts gründliches noch wahrhaft großes ist, als die Sünde vermeiden, und daß die ganze Behutsamkeit

wider

wider die Anfälle des Todes in der Unschuld des Lebens bestehet. Dieses, meine Herren, ist der Unterricht, welchen uns die durchlauchtigste, großmächtigste und allerchristlichste Prinzeßinn, Maria Theresia von Oesterreich, Infantinn von Spanien, Königinn von Frankreich und Navarra, aus ihrem Grabe, oder vielmehr von der Höhe des Himmels ertheilet.

Es ist nicht nöthig zu sagen, daß GOtt derjenige ist, von welchem die hohe Geburt, erhabene Ehebündniße, Kinder und Nachkommenschaft herrühren. Er hat zum Abraham gesagt: Und sollen auch Könige aus dir herkommen. 1. Buch Mos. 17. 6. und dem David hat er von seinem Propheten verkündigen lassen: Der HErr wird dir ein Haus machen. 2. B. Kön. 7. 1. GOtt, welcher wie der Heil. Paulus sagt, das ganze menschliche Geschlecht aus einem einzigen Menschen bilden, und selbes von dieser gemeinen Quelle über den ganzen Erdkreis verbreiten wollen, hat von Ewigkeit her die Bündniße und Theilungen gesehen und bestimmet, indem er die Zeiten bemerket; der Wohnung der Menschen die Grenzen angewiesen, und

end=

endlich allen Dingen einen ordentlichen Lauf bezeichnet. GOtt ist also derjenige, welcher die Königinn durch eine erhabene Geburt zu einer erhabenen Ehe hat erhöhen wollen, damit wir sie vor allen Frauen ihres Jahrhunderts dadurch geehret sehen möchten, daß sie von dem größten unter den Menschen geliebet, hochgeschätzet, und leider! nur gar zu frühe beklaget worden.

Wie sehr verachte ich jene Philosophen, welche indem sie die Rathschläge GOttes nach ihrem Dünkel abmessen, ihn nur zu einem Urheber einer gewissen allgemeinen Ordnung machen, aus der sich das übrige, nach seiner Möglichkeit, nachmals entwickelt: gleichsam als wenn er wie die Menschen nur allgemeine und verwirrte Einsichten hätte; gleichsam als wenn der höchste Verstand die einzelen Dinge, welche allein wirklich bestehen, in seinen Absichten nicht begreiffen könnte. Zweifeln wir nicht daran, meine Herren, GOtt hat die ersten Familien, die der Ursprung der Völker sind, und bey allen Völkern die herrschenden Eigenschaften, welche derselben Glück machen müssen, in seinem ewigen Rathschluße zubereitet.

Weiter hat er bey den Völkern die sonderbaren Familien, aus denen sie zusammen gesetzet sind, aber besonders, welche sie beherrschen sollen, geordnet, und in diesen Familien hat er hauptsächlich alle Menschen bestimmet, durch welche sie sich entweder erheben, oder erhalten, oder zu Grunde richten sollen.

Gemäß diesen Rathschlüssen, hat GOtt die zwey mächtigen Häuser, Frankreich und Oesterreich, entstehen lassen, aus welchen die Königinn hervorkommen sollte; und deren er sich bedienet, die menschlichen Dinge, bis zu einer gewissen Stuffe und Zeit, welche er weis, und die uns verborgen sind, im Gleichgewichte zu erhalten.

Man bemerket in der Heil. Schrift, daß GOtt den königlichen Häusern gewisse Charaktere gegeben. So legten die Sirier den Königen von Israel, obwohl sie derselben Feinde waren, diesen mit folgenden Worten bey: Wir haben gehöret, daß die Könige des Hauses Israel gütig sind. 3. B. Kön. 30. 31.

Ich werde hier die besondern Charaktere nicht untersuchen, welche man dem Hause Frankreich und Oesterreich gegeben, und ohne zu sagen, daß man die Rath-

schlä-

schläge des Hauses von Oesterreich mehr befürchtet, und mehr Tapferkeit in den Waffen und dem Muthe des Hauses von Frankreich gefunden: zween Charaktere, welche sich nun zu unserm Vortheile so sichtbar durch eine besondere Gnade vereiniget; so werde ich alleine jenes bemerken, was das Vergnügen der Königin ausgemacht, nämlich daß GOtt diesen beyden Häusern, aus denen sie entsprungen, die Frömmigkeit zu einem Erbtheile gegeben; dergestalt, daß nachdem sie geheiliget, verstehen sie es wohl, meine Herren, nachdem sie nach der Lehre des Heiligen Pauli der Heiligkeit durch ihre Geburt gewidmet worden, sie mit diesem Apostel sagen konnte: GOTT, dem mein Haus allezeit gedienet. 1. Kor. 8. 14. bin ich von meinen Aeltern eingeweihet worden. 2. Tim. 1. 3.

Wenn wir uns nun auf das durchlauchtigste Haus von Oesterreich ins besondere einlassen wollen, was kann man herrlichers als ihre unmittelbare Abkunft sehen, wo man durch einen Zeitraum von vierhundert Jahren, nichts als Könige und Kaiser, und eine so große Menge königlicher Häuser mit so vielen Staaten und Königreichen findet, daß man von langer Zeit vorgesehen, daß es derselben Bürde tragen werde?

Was kann man hier von dem allerchristlichsten Hause von Frankreich sagen, welches durch ihr edles Gesetz nicht fähig ist, einem auswärtigem Hause unterworfen zu seyn, das allezeit in seinem Oberhaupte herrschet; das sich alleine, auf dem Erdkreise, und in allen Jahrhunderten nach siebenhundert Jahren eines errichteten königlichen Thrones (ohne dasjenige herzurechnen, was die Größe eines so hohen Ursprunges die vorwitzigen Erforscher des Alterthumes entweder erfinden oder erdichten lassen) daß sich allein noch, nach so vielen Jahrhunderten, in ihrer alten Kraft und allezeit in dem Besitze des glänzendsten Reiches sieht, das jemals unter der Sonne vor GOtt und den Menschen gewesen: vor GOtt wegen der unveränderlichen Reinigkeit seines Glaubens: vor den Menschen wegen einer so hohen Würde, daß es das Kaiserthum verlieren können, ohne seine Herrlichkeit oder seinen Rang zu verlieren.

Die

Die Königinn nahm Theil an dieser Hoheit, nicht nur allein durch das reiche und kriegerische Haus von Burgund, sondern auch durch Isabellen von Frankreich, ihre Mutter, diese würdige Tochter Heinrichs des Großen, und durch den Beyfall Spaniens beste, und geliebteste Königinn, welche dieses Königreich noch jemals auf dem Throne gesehen. Unglückliche Vergleichung dieser Prinzeßinn mit ihrer durchlauchtigsten Tochter! Sie hatte kaum zwey= und vierzig Jahre erreicht, als sie von Spanien beweinet worden; und das Leben Mariä Theresiens hatte zu unserm Unglücke nur einen wenig längern Lauf. Allein die weise, die beherzte, die gottselige Isabelle war eines ihre Ehre dem Unglücke Spaniens schuldig, für welches sie, wie man weis, das Hülfsmittel mit einem solchen Eifer und solchen Rathschlägen fand, welche die Großen, das Volk, und wenn man es sagen kann, den König selbst ermunterten.

Beklagen wir uns nicht, meine Herren, daß die Königinn ihre Tochter, in einem weit ruhigern Zustande unsern Reden keinen so lebhaften Gegenstand verschaffet;

fet; und begnügen wir uns, zu gedenken, daß wir eben jene Hoffnung von ihr bey ganz unglücklichen Zufällen hätten fassen können, wenn uns GOtt vor selben nicht geschützet hätte.

Mit welchem Fleiße, mit welcher Zärtlichkeit hatte sie nicht Philipp der vierte, ihr Vater erzogen? Sie wurde in Spanien nicht als eine Infantinn, sondern als ein Infant betrachtet: denn diesen Namen erhält auch die Prinzeßinn, welche für die Erbinn so vieler Reiche erkennet wird. In dieser Absicht versammelte sich alles um sie, was immer Spanien tugendhaftes und glänzendes hatte. Sie sah sich, um so zu sagen, von ihrer Kindheit an, ganz von der Tugend umgeben; und die schönen Eigenschaften dieser jungen Prinzeßinn erschienen weit zahlreicher, als die Kronen, die sie erwarteten. Also erzog sie Philipp für seine Staaten; und GOtt der sie liebte, bestimmte sie für Ludwigen.

Höret auf, ihr Fürsten und Mächte, das Vorhaben eines solchen Ehebandes durch eure Forderungen zu hintertreiben. Die Liebe selbst, welche es scheint stören zu wollen, muß weichen. Die Liebe kann zwar das Herz der Helden dieser Welt bewegen, sie kann Ungewitter erregen, und Erschütterungen verursachen, welche die Staatsklugen zittern machen, und den Thörichten eine Hofnung geben; allein es giebt Seelen, welche über die Gesetze der Liebe hinweg sind, und denen sie keine Gesinnungen einflössen kann, die ihre hohe Würde schänden. Es giebt Maaßregeln, die der Himmel genommen, und welche sie nicht über den Haufen werfen kann; und die Infantinn ist nicht alleine durch ihre erhabene Geburt, sondern auch durch ihre Tugend und ihren Nachruhm, Ludwigs einzig würdig.

Sie war jenes kluge Weib, welche der HErr eigenthümlich gegeben, wie der Weise sagt. Allein warum drückt er sich also aus; nachdem der HErr derjenige ist, der alles giebt? und was ist dieses für ein bewunderungswürdiger Vortheil, welcher verdienet, der göttlichen Güte auf ein so besondere Weise beygeleget zu werden? um dieses zu begreiffen, hat man nur jenes zu betrachten, was die gemäßigte Klugheit einer weisen Frau in den Familien beytragen kann, um sie zu unterstützen, die wahre Weisheit in der Frömmigkeit daselbst in Flor zu bringen, und die heftigen

Lei=

Leidenschaften zu beruhigen, welche ein ſtarker Widerſtand nur mehr aufbringen würde.

Inſel des Friedens, wo ſich die Streitigkeiten zweyer großen Reiche, denen du zur Gränze dienſt, endigen müßen! du wirſt ewig wegen der Unterhandlung zweener großen Staatsmänner in unſerm Angedenken verbleiben, wo man alle Kunſtgriffe und Geſinnungen einer ſo verſchiedenen Staatskunſt geſehen; wo ſich einer durch ſeine Langſamkeit ein Anſehen verſchaffet, und der andere durch ſeinen ſcharfen Verſtand erhoben: herrlicher Tag, an welchem zwo kriegeriſche Nationen, die lange Zeit widereinander feindſelig waren, und nun von Maria Thereſien vereiniget wurden, gegen ihre Grenzen zogen, und ihre Könige nicht zum Streite, ſondern zur Umarmung an ihrer Spitze hatten; an welchem dieſe zween Könige und ihre Hofſtaat durch ihre ſo verſchiedene Hoheit, Höflichkeit, Pracht und Art, ſich ſelbſt und dem ganzen Erdkreiſe ein ſo herrliches Schauſpiel waren: geheiligte Feyerlichkeiten, glückſelige Vermählung, hochzeitlicher Schmuck, Einweihung, Opfer! könnte ich heute eure Pracht und Herrlichkeit, mit diesem Trauergepränge und den Gipfel der Hoheit mit ihrem Verfalle verknüpfen!

Damals verlohr Spanien, was wir gewonnen; nun verlieren wir beyde alles; und Maria Theresia geht dem ganzen Erdkreise zu Grunde. Spanien weinte allein; nun aber da Frankreich und Spanien ihre Thränen vermischen, und ganze Ströme vergiessen, wer wird ihnen Einhalt thun können? Allein wenn Spanien seine Infantinn betrauerte, die es doch auf den herrlichsten Thron der Welt steigen sah, wie werden unsere Seufzer bey dem Anblicke dieses Trauergerüsts beschaffen seyn, wo wir alle nichts anders als das unvermeidentliche Nichts der sterblichen Grösse sehen.

Doch schweigen wir, ich fordere keine Thränen von ihren Augen, meine Herren. Ich lege nur den Grund zu jenen Unterweisungen, die ich ihrem Herzen eindrücken will: dann die Eitelkeit menschlicher Dinge, welche auf diesem Rednerstuhl schon so oft dargethan worden, zeigt sich von sich selbst, ohne die Beyhülfe meiner Stimme, nur allzusehr in jenem Zepter, welcher einer so königlichen Hand so bald entfallen,

und

und in einer so erhabnen Majestät, die so
eilends verschwunden.

Allein was ihr den lebhaftesten Glanz
verschaffet, hat man noch nicht gesehen.
Eine durch so viele Titel so große Königinn wurde täglich durch die heldenmäßigen Thaten des Königs, und durch den
beständigen Wachsthum seines Ruhmes
noch größer. Frankreich hat unter ihm erlernet sich selbst zu erkennen. Es findet nun
jene Kräfte in sich, die den verlaufenen
Jahrhunderten unbewust waren. Die Ordnung und Kriegszucht wachsen mit den
Kriegsheeren. Wenn die Franzosen alles
unternehmen können, so geschieht es nur,
weil ihr König allenthalben ihr Heerführer ist; und da er sich einmal den ersten
Ort erwählet, den er durch seinen Muth
beleben muß, so wirket er von allen Seiten durch den Nachdruck seiner Tapferkeit.

Niemals hat man den Krieg mit mehr
Hitze geführet, indem er, durch die Verachtung der Jahrszeiten, die Feinde so gar
der Vertheidigung beraubet. Die Soldaten, die er nach den Erfordernissen der
Noth schonet, und aussetzet, ziehen unter seinen Fahnen mit Vertrauen einher;
kein Fluß hält sie auf, keine Festung er-

schreckte sie. Man weis, daß Ludewig seine Donner eher auf die Städte loß schlagen läßt, als er sie belagert: alles steht seiner Macht offen.

Die Staatsklugen wagen sich nicht mehr, seine Absichten zu durchdringen. Wenn er geht, so glaubt alles bedroht zu werden; eine ruhige Reise wird seinen Feinden unversehens ein erschrecklicher Feldzug. Gent fällt, ehe man auf dessen Befestigung denkt. Ludewig gelangt daselbst nach langen Umwegen an; und die Königinn, welche ihn in der Mitte des Winters begleitete, vereinigte mit dem Vergnügen ihm zu folgen, auch jenes, seinen Absichten heimlich zu dienen.

Durch die Sorgfalt eines so großen Königs ist Frankreich, so zu sagen, nichts mehr als eine Festung, die sich von allen Seiten furchtbar zeiget. Da sie in ihrem ganzen Umfange bedecket ist, so ist sie nicht allein fähig, in ihrem Schooße den Frieden mit Sicherheit zu erhalten, sondern auch den Krieg allenthalben anzuzünden, und sein Schwert sowohl in der Nähe als Ferne mit einer gleichen Macht herrschen zu lassen. Unsere Feinde können es bestens sagen, und [unsere Bundesgenossen, so

ent-

entfernt sie auch sind, haben es erfahren, wie kräftig die hülfliche Hand Ludwigs ist.

Vor ihm durchschnitt Frankreich, gleichsam ohne Schiffe, umsonst zwey Meere: nun sieht man sie vom Aufgange biß zum Niedergange von unsern siegreichen Flotten bedecket, und der französische Muth trägt allenthalben den Schrecken mit dem Namen Ludwigs herum. Algier, du reicher Aufenthalt der Beute des Christenthumes! du wirst weichen, oder unter diesem Ueberwinder fallen. Du sagtest in deinem geizigen Herzen: das Meer stehet unter meinen Gesetzen, und die Völker sind meine Beute. Die Geschwindigkeit deiner Schiffe machte deine Zuversicht aus; allein du wirst dich in deinen Mauren angegriffen sehen, wie ein Raubvogel, den man in seinen Felsen und in seinem Neste aufsucht, wo er den Raub mit seinen Jungen theilet. Du lieferst bereits deine Sklaven aus. Ludwig hat die Fessel zerbrochen, mit denen du seine Unterthanen beladen, welche gebohren sind, unter seiner berühmten Herrschaft frey zu seyn. Deine Häuser sind nichts als ein Steinhaufen. Du kehrest dich in deiner thierischen Wuth wider dich selbst, und du weist nicht

mehr

mehr deinen ohnmächtigen Grimm zu ersättigen. Allein wir werden das Ende deiner Räubereyen sehen. Die Steuermänner werden inskünftige erstaunnt aufruffen: Welche Stadt ist wie Tyrus die mitten im Meer verstummet. Ezech 27. 32. und die Schiffahrt wird fernerhin durch die Waffen Ludewigs sicher seyn.

Die Beredsamkeit hat sich erschöpfet, um die Weisheit seiner Gesetze und die Ordnung seiner Einkünfte zu preisen. Was hat man nicht von seiner Standhaftigkeit gesagt, von der wir so gar die Wut der Zweykämpfe weichen sehen? Die strenge Gerechtigkeit Ludewigs, und seine wohlthätigen Neigungen machen, daß Frankreich die Macht liebt, unter welcher es glücklich vereiniget, ruhig und siegreich ist. Wer zu wissen verlangt, welchen Antheil die Vernunft bey seinen Rathschlägen hat, darf nur seine Aufmerksamkeit anwenden, wenn es ihm gefällt, derselben Beweggründe vorzutragen. Ich könnte hier die weisen Meister auswärtiger Höfe zum Zeugen nehmen, welche seine Reden eben so überzeugend, als seine Waffen schreckbar halten. Seine edlen Ausdrücke kommen von dem Adel seiner Gesinnungen her; und seine

ne gemeßnen Worte sind das Bild der Richtigkeit, die in seinen Gedanken herrschet. Indessen daß er mit so großem Nachdrucke redet, so öffnet ihm eine erstaunliche Anmuth alle Herzen, und giebt der Majestät, die es mäßiget, gleichsam einen neuen Glanz.

Vergessen wir dasjenige nicht, was die Freude der Königinn ausmachte. Ludewig ist die Stütze der Religion: dieser müssen seine zu Wasser und Lande gefürchteten Waffen dienen. Allein gedenken wir, daß er sie von aussen nur darum allenthalben befestiget, weil er sie in dem Innersten seines Herzens herrschen läßt. Hier bestreitet er weit schrecklichere Feinde, als jene sind, welche so viele Mächte, die über seine Größe eifersüchtig sind, und ganz Europa wider ihn aufbringen können. Unsere wahren Feinde sind in uns selbst; und Ludewig schlägt diese vor allen andern.

Sie sehen, meine Herren, die Tempel der Ketzereyen von allen Seiten niederstürzen; allein was er in seinem Innersten zu Boden wirft, ist ein weit angenehmers Opfer; und das Werk des Christen ist die Leidenschaften zerstören, welche aus unserm Herzen einen Götzentempel bauen würden.

würden. Was würde es Ludwigen nützen, seinen Ruhm so weit verbreitet zu haben, als sich das menschliche Geschlecht erstrecket? Er hält es für nichts, ein Mensch zu seyn, den die andern Menschen bewundern! er will mit David ein Mann nach dem Herzen GOttes seyn. Und dieses ist die Ursache warum ihn GOtt geseegnet.

Das ganze menschliche Geschlecht stimmt darinnen über ein, daß nichts grösers ist, als was er gethan, wenn man nicht jenes, was er nicht thun wollen, und die Gränzen, welche er seiner Macht gesetzet, noch größer nennen will. Bethen sie also, großer König! denjenigen an, der sie herrschen, der sie siegen läßt; und welcher ihnen bey dem Siege, unerachtet des Stolzes, welchen dieser einflößt, so sittsame Gesinnungen giebt. Möchte das Christenthum die Augen eröffnen, und den Rächer erkennen, den ihm GOtt zuschickt. Indessen, (o Elend! o Schande! o gerechte Strafe unserer Sünden!) indessen, sage ich, daß es von den Ungläubigen, welche bis in ihr Eingeweide dringen, verwüstet wird, warum verweilet es, sich der Hülfe Candiens und der berühmten Schlacht bey Raab zu erinnern, wo

Ludewig in dem Herzen der Ungläubigen die alte Meynung, die sie von den ihrer Tyranney so gefährlichen Waffen Frankreichs hatten, erneuert, und durch unerhörte Unternehmungen ein Schutz Oesterreichs wird, dessen Schrecken er zuvor war.

Oeffnet also die Augen, ihr Christen, bewundert diesen Helden, von welchem wir jenes sagen können, was der Heil. Paulinus von dem großen Theodosius gesagt, daß wir in Ludwigen nicht einen König, sondern einen Diener JEsu Christi und einen Prinzen sehen, welcher sich über alle Menschen weit mehr durch seinen Glauben, als durch seine Krone erhebet. *

Mit einem solchen Helden, meine Herren, mußte Maria Theresia die Ehre auf eine besondere Art theilen, indem sie nicht allein nicht zu frieden war, als eine Mitgefährtin seines Thrones einen Theil daran zu haben, sondern auch nicht aufhörte, selbe durch die Beständigkeit ihrer Wünsche zu befördern.

Indeß

---

* In Theodosio non Imperatorem sed Christi servum, nec regno, sed fide Principem prædi:t.

Indessen, daß sie dieser große König zu der erhabensten unter den Königinnen machte, so machten sie sie, Durchlauchtigster, zu der glückseligsten der Mütter. Ihre Ehrfurcht und Dienstbezeigungen haben sie über den Verlust ihrer andern Söhne getröstet. Ja sie haben sie ihr zurückgegeben: sie hat sich in jenen Prinzen, der so wohl ihre als unsere Freude ist, von neuem belebt gesehen, und eine ihrer würdige Tochter in jener Prinzeßinn gefunden, welche durch ihr seltnes Verdienst, und durch die Rechte eines geheiligten Bandes mit ihnen Durchlauchtigster, nichts als ein Herz ausmachet.

Wenn wir sie von dem Augenblicke an bewundert haben, indem wir sie gesehen; so hat der König unsere Meynung mit seinem Beyfall bekräftiget; und da sie nun, wider ihr Verlangen, die erste Zierde eines Hofes geworden, dessen Stütze ein so grosser König ist, so ist sie der Trost des ganzen Frankreichs.

Auf diese Weise war unsere Königinn, durch ihre Geburt, welche sie gleichsam zur Erbinn so wohl der Frömmigkeit als Hoheit machte, durch ihre heilige Auferziehung, durch ihre Ehe, durch den Ruhm und die Liebe eines so großen Königes, durch das Verdienst und den Gehorsam ihrer Söhne, und durch die Hochachtung aller Völker glücklich: sie sah auf dem ganzen Erdkreise nichts, was nicht unter ihr wäre. Erhebe nun, o HErr! meine Gedanken und meine Stimme. Möchte ich dieser ansehnlichen Versammlung die unvergleichliche Schönheit einer Seele vorstellen können, in der du allezeit gewohnet; einer Seele, welche deinen heiligen Geist niemals betrübet, und den Geschmack des himmlischen Geschenckes verlohren: damit wir unglücklichen Sünder einmal anfangen, einen Strom der Thränen über uns selbst zu vergiessen, und von den keuschen Reizungen der Unschuld gerühret, niemals aufhörten, den Verlust derselben bitterlich zu beweinen.

In Wahrheit meine Herren, wenn man in dem Evangelio das verlohrne Schaaf der ganzen übrigen Heerde von dem guten Hirten vorgezogen siehet; wenn man daselbst die glückliche Zurückkunft des verlohrnen Sohnes, und die übermäßige Freude eines zärtlichen Vater liest, welcher seine ganze Familie in Vergnügen setzt; so hat man Ursache zu glauben, daß die

Busse

Büsse, der Unschuld selbst vorgezogen werde und der wiedergefundene Verschwender größere Gnaden empfangen, als der erstgebohrne Sohn, welcher sich niemals von dem väterlichen Hause entfernet. Nichts desto weniger ist er der Erstgebohrne, und die wenigen Worte, die sein Vater zu ihm spricht, geben ihm genug zu verstehen, daß er seine Vorrechte nicht verlohren. Mein Sohn, sagt er ihm, du bist allezeit mit mir, und alles, was mein ist, ist dein. Luk. 15. 31. Diese Worte werden fast niemals auf dem geistlichen Rednerstuhle ausgeleget, weil man fast niemals jene unverletzliche Treue in den Sitten findet. Unterdessen erklären wir sie, da uns unser herrlicher Gegenstand dazu Anlaß giebt, und sie eine vollkommene Gleichheit mit unserm Texte haben. Eine vortrefliche Lehre des Heil. Thomas läßt uns ihren Verstand einsehen, und erörtert alles.

GOtt bezeigt dem allezeit treuen Gerechten eine größere Liebe; allein er bezeigt auch keine geringere dem versöhnten Sünder; jedoch auf zwo verschiedene Arten. Einer scheint ein größerer Liebling zu seyn, wenn man jenes betrachtet, was er ist, und der andere, wenn man bemerkt, was

K 2 er

er verlassen. GOtt hält dem Gerechten eine größere Gabe bevor; GOtt befreyet den Sünder von einem größern Uebel. Der Gerechte scheint GOtt angenehmer zu seyn, wenn man sein Verdienst abmißt, der Sünder geliebter, wenn man seine Unwürdigkeit ansieht. Der Vater des verlohrnen Sohnes erklärt das Geheimniß selbst: Mein Sohn, du bist allezeit bey mir, und alles, was ich habe, ist dein, sagt er zu jenem, dem er ein größeres Geschenke bestimmet. Ich mußte aber frölich seyn, denn dieser dein Bruder war todt, und ist wieder lebendig geworden. Luk. 15. 31. 32. sagt er von dem andern, den er einem größern Abgrunde des Uebels entreißt.

Auf eine ähnliche Weise wird das Herz von einer unverhofften Freude überrascht, wenn ein schöner Tag mitten in dem Winter unerwartet erscheinet, welcher das Angesicht der Erde, nach einer regnerischen Zeit, gählings ergötzet; allein man zieht ihm nichts destoweniger die beständige Heiterkeit einer gelinden Witterung vor; und wenn es mir erlaubet ist, die Gesinnungen des Erlösers durch menschliche Gesinnungen zu erklären, er wird über die bekehrten

Sün-

Sünder, die seine neue Beute sind, empfindlicher gerühret; allein er hat für die Gerechten eine süßere Vertraulichkeit, die er einer langen und beständigen Freundschaft würdiget: indem wenn er von dem verlohrnen Sohne spricht: Bringet das beste Kleid hervor; so sagt er nicht zu ihm: Du bist allezeit bey mir; oder wie sich der Heil. Johannes in seiner Offenbarung ausdrückt: Sie folgen dem Lamme und sind unsträflich vor dem Throne GOttes. Offenb. 14. 4. 5.

Sie werden es, meine Herren, in der Königinn sehen, wie man eine solche Reinigkeit in diesem Wohnplatze der Versuchungen und unter den Blendwerken der Hoheiten dieser Welt erhalte. Sie ist von denjenigen, von welchen der Sohn GOttes in der geheimen Offenbarung sagt: Wer den Sieg erhält, den will ich zum Pfeiler machen im Tempel meines GOttes. Offenb. 3. 12. Er wird deßselben Zierde, er wird desselben Stütze; zugleich erhaben und dauerhaft seyn.

Sehen sie bereits eine schwache Schilderung der Königinn. Er soll nicht mehr hinaus gehen. Eben unbeweglich wie ei=

Säule wird er seinen beständigen Aufenthalt in dem Hause des HErrn haben, und von selbem von einem Laster niemals entfernet werden. Ich werde ihn machen, sagt JEsus Christus, und dieses ist das Werk meiner Gnade. Allein wie wird er diese Säule befestigen? Hören sie, meine Herren, das Geheimniß: Ich will auf ihn schreiben, fährt der Heiland fort, ich werde die Säule erhöhen, aber zugleich eine merkwürdige Inschrifft darauf setzen. Ach HErr! was wirst du darauf schreiben? Drey Namen alleine, damit die Inschrift so wohl kurz als prächtig sey. Ich will auf ihn schreiben, sagt er, den Namen meines GOttes, den Namen der Stadt meines GOttes, der neuen Stadt Jerusalem, und meinen Namen den neuen.

Eben die Folge zeigt, daß diese Namen einen innerlichen lebendigen Glauben, die äußerlichen Handlungen der Gottseligkeit in den heiligen Gesetzen der Kirche und einem öffteren Gebrauch der heiligen Sacramente; drey Mittel die Unschuld zu erhalten, und der Inhalt des Lebens unserer heiligen Prinzeßinn. Wir würden sie auf der Säule geschrieben sehen, und die Urſachen ihrer Standhaftigkeit in ihrer Inſchrift leſen, und Anfangs ſagt er, will ich den Namen meines GOttes auf ihn ſchreiben, indem ich ihr einen lebhaften Glauben einflöße. Vermöge eines ſolchen Glaubens, meine Herren, iſt der Name GOttes in unſern Herzen eingedrücket. Ein lebendiger Glaube iſt der Grund der Dauerhaftigkeit, die wir bewundern: denn woher entſtehen jene Unbeſtändigkeiten als von unſerm wankenden Glauben? Weil dieſer Grund wenig geſichert iſt, ſo ſcheuen wir uns darauf zu bauen, und gehen auf dem Wege der Tugend mit zweyfelhaften Schritten einher. Der einzige Glaube kann unſern wankenden Verſtand befeſtigen. Denn hören ſie nur die Eigenſchaften, welche ihm der heilige Paulus beylegt: Der Glaube, ſagt er, iſt ein Weſen, eine ſichere, eine ſtarke Grundfeſte. Allein wovon? Von dem was man in der Welt ſieht? Allein wie kann man dieſem flüchtigen Schatten einen Beſtand, oder um mich des Ausdruckes des Heil. Pauli zu bedienen, ein Weſen, und einen Leib geben? Der Glaube iſt alſo eine Grundfeſte, allein der Dinge, die man hoffen muß. Und was ſetzt er noch hinzu? Der Glaube iſt eine vollkommene Uberzeugung der Dinge, welche nicht geſehen werden. Hebr. 11. 1.

Der Glaube muß eine gewiße Uberzeugung in ſich haben. Wir haben ſie nicht, ſagen ſie, meine Herren: ich weis deſſen Urſache; ſie iſt, weil ſie ſich ſcheuen, ſelbe zu haben, an ſtatt daß ſie ſie von GOtt, der ſie giebt, begehren ſollten. Dahero gehen ihre Sitten zu Grunde, und ihre Sinnen, welche nur gar zu geneigt ſind, ſich zu zerſtreuen, ſchleppen ſo leicht ihre unſchlüßige und ungewiße Vernunft nach ſich. Und was will jene vollkommene Uberzeugung, von der der Apoſtel redet, anders ſagen, als wie er an einem andern Orte ſpricht, eine Unterweiſung eines gefangen genommenen Verſtandes gegen das Anſehen GOttes, welcher redet?

Betrachten ſie, meine Herren, die Königinn vor den Altären; ſehen ſie ſie von der Gegenwart GOttes erfüllet: man erkennet ſie nicht aus ihrem Gefolge, ſondern aus ihrer Aufmerkſamkeit, und jener ehrfurchtvollen Unbeweglichkeit, welche ihr nicht einmal erlaubt, die Augen aufzuheben. Das anbethenswürdige Sacrament nähert ſich; ach! der Glaube des Hauptmanns,

manns, welchen der Weltheiland selbst bewundert, war nicht lebhafter, noch sagte er mit größerer Demuth: Ich bin nicht würdig. Matth. 8. 8. Bemerken sie, wie sie an ihre unschuldige Brust klopfet, wie sie sich von den geringsten Sünden anklagt, wie sie ihr erhabnes Haupt zur Erde neigt, vor welchem sich der Erdkreis beuget. Die Erde ihr Ursprung und Grab, ist nicht geringe genug, um sie zu empfangen: sie wünscht, sich ganz vor der Majestät des Königs der Könige zu vernichten. GOtt drückt dem Innersten ihres Herzens, durch einen lebhaften Glauben jenes ein, was Isaias gesaget: Gehe zum Felsen hinein, und verbirg dich in einer Höhle unter der Erde, vor dem Anschauen der Furcht GOttes und vor der Herrlichkeit seiner Majestät. Is. 2. 10.

Verwundern wir uns also nicht, meine Herren, wenn sie auf dem Throne so demüthig ist. O bewunderswürdiger Anblick, welcher Himmel und Erden in Erstaunen setzt! sie werden nun eine Königinn, sehen, welche, nach dem Beyspiele Davids, ihre eigene Größe und den ganzen Stolz, den sie einflößet, allenthalben bestreitet; sie werden in den Worten dieses großen Königs das lebhafte Bild der Königinn sehen, und in selbem alle Gesinnungen erkennen. HErr, mein Herz ist nicht aufgeblasen. Pſ. 130. 1. Sehet da den Stoltz in seinem Ursprunge angegriffen. Und meine Augen sind nicht erhoben. Ebenda. Sehet die Praleren und den Hochmuth unterdrucket. Ach HErr, ich habe jener Verachtung niemals gefolget, welche den Menschen seine Augen auf Sterbliche von gemeinem Haufen nicht werfen läßt, und einer stolzen Seele die Worte eingiebt: Außer mir ist keine andere auf Erden. Iſ. 11. 7.

Wie sehr waren der frommen Königinn nicht allezeit jene hochmüthigen Blicke verhaßt? und wer sah bey einer so erhabenen Größe die geringste Gesinnungen des Stolzes oder das mindeste Zeichen der Verachtung? David fährt fort: Ich habe nicht gewandelt in großen noch in wunderbaren Dingen die über mich sind. Pſ. 130. 1. Sie bestreitet hier die Ausschweifung in welche die Großen gemeiniglich fallen. Der Stolz welcher immer höher steigt, nachdem er sich bereits auf alles jenes erstrecket, was in der menschlichen Größe das gründlichste, oder besser zu reden zum wenigſten vergänglich iſt, treibt ſeine Abſichten bis zur Ausſchweifung, und verfällt aus Verwägenheit auf unbeſonnene Entwürffe; wie jener hochmüthige König, dieſes würdige Bild des aufrühriſchen Engels gethan, da er in ſeinem Herzen ſagte: Ich will hinauf ſteigen in den Himmel, und meinen Stuhl über die Sterne Gottes erhöhen = ⸗ = und will dem Allerhöchſten gleich ſeyn. Iſ. 14. 14.

Ich verliehre mich nicht, ſagt David, in ſolche Ausſchweifungen; und ſehen ſie, meine Herren, den Stolz in ſeinen Irrthümern verachtet. Allein nachdem er ihn auf dieſe Weiſe von allen Seiten, wo er ſich erhöhen wollte, zurück getrieben, ſo ſtürtzet ihn David auf einmal mit dieſen Worten zu Boden: Bin ich nicht demüthig geweſen. v. 2. oder wie der Heil. Hieronymus überſetzt: Wenn ich meine Seele nicht ſchweigen heiſſen; wenn ich jenen ſchmäuchleriſchen Gedanken, welche unſere Herzen ohne Unterlaß erheben, kein Stillſchweigen aufgeleget: und endlich beſchließt er dieſen ſchönen Pſalm: Wie ein Säugling von den Brüſten ſeiner Mutter entwöhnet wird, ſo iſt meine Seele entwöhnet worden. Ebend. Ich habe mich selbst den Annehmlichkeiten der menschlichen Ehre entzogen, welche nicht fähig genug sind, mich zu unterstützen und meinem Geiste eine gründliche Nahrung zu geben. Auf diese Weise beherrscht eine erhabne Seele allenthalben diese gebietherische Hoheit, und läßt ihr fernerhin keinen Platz übrig. David hat niemals einen schönern gewagt. Nein, meine Brüder, die geschlagenen Philister und die von seinen Händen zerrissenen Bären sind nichts in Vergleichung seiner Größe, die er bezwungen. Allein die heilige Prinzeßinn, deren Lob wir vortragen, ist ihm in der Ehre eines so schönen Sieges gleich gekommen.

Unterdessen wußte sie sich der Welt mit aller der Hoheit zu nähern, welche ihre Würde erforderte. Die Könige haben gleich der Sonne, den Glanz der sie umgiebt, nicht vergebens empfangen. Dieses ist dem menschlichen Geschlechte nothwendig; und sie müssen so wohl zur Ruhe als zur Zierde der Welt eine Majestät unterstützen, welche nur ein Strahl der Majestät GOttes ist. Es fiel der Königinn leicht, sich einer Hoheit zu bedienen, welche ihr natürlich war. Sie war an einem Hofe, wo sich die Majestät in ihrer ganjen Pracht sehen läßt, und von einem Vater gebohren, welcher so wohl mit einer Anmuth als besondern Eifersucht jenes zu behaupten wußte, was man in Spanien die Sitten des Adels und die Wohlanständigkeiten des Pallastes nennet. Allein sie wollte vielmehr die Majestät mäßigen, und vor GOtt vernichten, als vor den Menschen glänzen lassen. Daher sah man sie zu den Altären eilen, um eine demüthige Ruhe mit dem David zu kosten, und sich in ihrer Kapelle verbergen, wo sie, mitten unter dem Geräusche des Hofes, den Karmel des Elias, die Wüste des Johannis, und jenen Berg antraf, welcher ein Zeuge der Seufzer des HErrn JEsus war.

Der Heil. Augustinus lehrt uns, daß eine Seele, welche auf sich aufmerksam ist, sich selbst eine Einsamkeit verschaffe. * Allein, meine Brüder, schmäucheln wir uns nicht: wir müßen uns selbst einige Stunden einer wahren Einsamkeit geben, wenn wir die Kräfte der Seele erhalten wollen. Und hier müssen wir die unverletzliche Treue bewundern, welche die Königinn

---

* Gignit enim sibi ipsam mentis intentio solitudi-

uiginn dem HErrn erwiesen. Weder die Ergötzungen, noch die Beschwerden der Reise, noch andere Geschäfte konnten ihr jemals jene besondern Stunden entziehen, die sie der Betrachtung und dem Gebethe bestimmte. Würde sie wohl in dieser Uebung so beharrlich geblieben seyn, wenn sie nicht das verborgene Manna geschmecket hätte, welches keiner erkennt, als jener, der dessen Süßigkeit erfahren? Hier sagte sie mit David: Dein Knecht hat sein Herz gefunden. 2. B. Kön. 7. 27. Wohin gehet ihr, ihr irrenden Herzen? Wie? Eure Einbildungskraft schweifet so gar zur Zeit des Gebethes herum! Eure ehrgeizigen Gedanken kehren vor dem Angesichte GOttes zurück? Sind diese der Gegenstand eurer Gebether? Eben dieselbe Begierde, welche euch von euren Foderungen vor den Menschen reden heißt, treibt euch an, auch vor GOtt von selben zu reden, um euren Vortheilen Himmel und Erde dienen zu lassen. Auf diese Weise erhitzt sich euer Ehrgeitz, den das Gebeth ersticken sollte: ein Feuer, welches von jenem sehr unterschieden ist, von dem David in seiner Betrachtung aufgebrennet. Ach! könntet ihr vielmehr mit diesem großen Könige

nige und der gottseligen Königinn, die wir hier beehren, sagen: Dein Knecht hat sein Herz gefunden. Ich habe diesen Flüchtling zurückberufen, und siehe ihn, o HErr, ganz vor deinem Angesichte.

Heiliger Engel, der du bey dem Gebethe dieser heiligen Prinzeßinn gegenwärtig warst, und dieses Rauchwerk über die Wolken trugest, um es auf dem Altare, welchen der Heilige Johannes in dem Himmel gesehen, anzuzünden: erzähle uns die Innbrunst dieses von der göttlichen Liebe getroffenen Herzens; zeige uns jene Thränenbäche, welche die Königinn über ihre Sünden vor dem HErrn ausgegoßen. Wie? so haben also auch unschuldige Seelen Seufzer und Zähren der Buße? Ja ohne Zweifel, weil geschrieben steht, daß auf der Erde nichts rein ist, und daß jener, der sagt, er habe keine Sünde sich selbst betrüget 1. Joh. 1. 8. Allein dieß wird nur von geringen Sünden gesagt: ich gestehe es von geringen Sünden in Vergleich anderer, von geringen Sünden in sich selbst; aber unsere Königinn kennt keine von dieser Gattung. Dieses ist der Charakter einer jeden Seele, die unschuldig ist. Man bemerkt den geringsten Schatten auf jenen Kleidern, welche noch niemals besudelt worden, und ihr lebhafter Glanz entdecket alle Flecken. Ich finde die Christen in diesem Punkte sehr unterrichtet. Ihr wisset genugsam den Unterschied derer läßlichen und tödtlichen Sünden. Allein, ist vielleicht der [all]gemeine Name der Sünde nicht hinlänglich, daß ihr sowohl die einen als die andern verabscheuet? Wisset ihr, daß die Sünden, welche gering scheinen, durch ihre Menge und wegen der traurigen Folgen, die sie im Gewissen hinterlassen, schwer werden? Dieses lehren nach dem Heil. Augustinus und Gregorius einstimmig alle Heiligen Väter. Wisset ihr, daß Sünden, welche wegen ihres Gegenstandes geringe seyn würden, durch eine allzugroße Zuneigung gegen dieselben tödtlich werden können? So werden unschuldige Ergötzungen tödtlich, nach der Lehre der Heiligen; und diese haben den boßhaften Reichen verdammen können, weil er sie zu sehr genossen. Und wer ist derjenige, der die Stuffe weis, wo ihnen der tödtliche Gift eingeflößet wird? und ist dieses nicht eine von den Ursachen wenn David ausruft: **Wer versteht die Uebertretung?** Ps. 18. 13.

O wie

O wie sehr verabscheue ich also euer eitles Wissen, und eure boßhafte Spitzfindigkeit, verwegene Seelen, die ihr so kühn entscheidet, daß die Sünde, die ihr begehet, ausser Zweifel eine erläßliche Sünde seye. Eine wahrhaft reine Seele ist nicht so gelehrt: die Königinn wußte überhaupt, daß es erläßliche Sünden giebt, weil dieses der Glaube lehrt; allein der Glaube lehrte sie nicht, daß ihre dergleichen wären. Zwey Dinge werden die erhabene Stuffe ihrer Tugend zeigen. Wir wissen es, meine Herren, und wir sind nicht hier, um ihr falsche Lobeserhebungen vor diesen geheiligten Altären abzulegen. Sie sagte öfters mit jener seligen Einfalt, welche allen Heiligen gemein ist, daß sie nicht begreiffe, wie ein Christ, eine einzige Sünde so gering sie auch seyn mag, freywillig begehen könne. Sie sagte also nicht: dieses ist eine erläßliche Sünde; sie sagte alleine: dieses ist Sünde; und ihr unschuldiges Herz empörte sich darüber. Allein da die menschliche Gebrechlichkeit allezeit in eine Sünde fällt, so sagte sie niemals: dieses ist geringe; sondern, ich widerhole es noch einmal, sie sagte: dieses ist Sünde: und alsdenn wurde sie über ihre Sünden zerknirschet,

schet, und klagte sich alleine an, wenn ihrer Person, ihrem Hause, dem Staate ein Unglück aufstieß. Allein, werden sie sie sagen, meine Herren, was für ein Unglück bey einer solchen Hoheit, und bey einer so langen Reihe der Glückseligkeiten? So glauben sie also, daß der Verdruß und die tödtlichsten Schmerzen, sich nicht unter dem Purpur verbergen? oder daß ein Königreich ein allgemeines Mittel wider alle Uebel, ein Balsam, der sie lindert, eine Reizung, die sie hemmet, sey? Es ist dieses ein Rathschluß der göttlichen Vorsehung, welche den erhabensten Ständen ihr Gegengewicht zu geben weiß, daß diese Hoheit, welche wir von weiten als eine Sache, die über den Menschen hinaus ist, betrachten, jenen, der in selben gebohren ist, weniger rühret, oder durch ihren Ueberfluß verwirrt macht, oder es entstehet bey selber eine neue Art der Empfindlichkeit gegen die Unglücksfälle, derer Streich desto bitterer fällt, je weniger man bereitet ist, ihn zu übertragen.

Es ist wahr, daß man diese unglückliche Zärtlichkeit bey tugendhaften Seelen weniger verspüret. Man hält sie für unempfindlich, weil sie nicht allein zu schweigen.

gen, sondern auch ihre geheimen Plagen aufzuopfern wissen. Unterdessen findet der himmlische Vater sein Wohlgefallen daran, wenn er sie in dieser geheimen Qual sieht, und da er ihnen das Kreutz zubereitet, so mißt er ihnen auch den Lohn ab. Glauben sie wohl, meine Herren, daß die Königinn in jenen berühmten Feldzügen ruhig seyn konnte, welche uns so viele wunderbare Nachrichten ohne Unterlaß hinterbrachten? Nein, meine Herren: sie zitterte allezeit, weil sie allezeit jenes kostbare Leben, von dem ihres abhieng, so leicht in Gefahr sah. Sie haben ihr Schrecken gesehen. Sollte ich von ihrem Verluste, und von dem Tode ihrer geliebten Kinder reden? Alle diese haben ihr Herz zerrissen. Stellen wir uns jenen jungen Prinzen vor, welchen die Grazien mit ihren Händen gemacht zu haben schienen. Verzeihen sie mir, meine Herren, diesen Ausdruck. Es deucht mir noch, daß ich diese Blume fallen sehe. Damals war ich ein trauriger Bothe eines so schmerzlichen Zufalls und zugleich ein Zeuge, da ich den König und die Königinn einerseits unter den lebhaftesten Schmerzen, und andrerseits unter den heftigsten Seufzern erblick=

te. Ich sahe eine außerordentliche Betrübniß, unter verschiedenen Gestalten; allein ich sahe auch beyderseits einen siegreichen Glauben, ich sah so wohl das angenehme Opfer einer unter der Hand GOttes gedemüthigten Seele, als zwey königliche Schlachtopfer, welche ihr eigenes Herz einstimmig dargaben.

Kann ich nun jene erschreckliche und drohende Hand des erzürnten Himmels betrachten, welche so lange Zeit schiene einen Streich auf eben diesen Dauphin, unsere geliebteste Hofnung, führen zu wollen? Verzeihen sie mir, meine Herren, verzeihen sie mir, wenn ich ihre Schrecken erneure. Es ist nothwendig, und ich muß es gestehen, daß ich mir selbst Gewalt thue, da ich die Standhaftigkeit nur durch dieses Mittel zeigen kann. Wir sahen damals in dieser Prinzeßinn mitten unter dem Schrecken einer Mutter den Glauben einer Christinn. Wir sahen einen Abraham, der bereitet war, den Isaak zu schlachten, und einige Züge der heiligen Maria, als sie ihren JEsus geopfert. Scheuen wir uns nicht es zu sagen, nachdem ein GOtt alleine Mensch geworden, um in sich die Beyspiele für alle Stände auszudrücken. Die

Köni-

Königinn, welche voll des Glaubens war, stellte sich kein geringeres Muster als Maria vor. GOtt gab ihr auch ihren einzigen Sohn zurück, den sie ihm zwar mit einem wehmüthigen aber gehorsamen Herzen dargebracht, und wollte, daß wir ihm ein so großes Geschenke noch einmal schuldig seyn sollten.

Man betrügt sich nicht, meine Herren, wenn man alles dem Gebethe zuschreibt. GOtt, der uns zu selbem antreibt, kann ihm nichts abschlagen. Ein König, sagt David, wird nicht erhalten durch große Macht und ein Riese wird nicht gerettet durch die Größe seiner Stärke. Ps. 32. 16. Also muß man auch den guten Fortgang der Sachen den weisen Rathschlägen nicht zuschreiben. In dem Herzen eines Manns, sagt der Weise, sind viele Gedanken: sehen wir hier, meine Herren, die Verwirrung, und die Ungewißheit der menschlichen Rathschläge. Aber, fährt er fort, des HErrn Wille wird bleiben. Sprüchwör. 19. 21. und indessen die Menschen berathschlagen, so führt er nichts aus, als was er selbst beschloßen. Der Schreckliche, der Mächtige, welcher, wenn es ihm gefällt, den

Geist der Fürsten hinwegnimmt, läßt'ihnen auch selben, wenn er will, um sie mehr zu beschämen, und in ihren eitlen Scharfsinnigkeiten zu fangen. Denn es ist keine Weisheit, es ist keine Vorsichtigkeit, es ist kein Rath wider den HErrn. Sprüchw. 21. 30. Die Makkabäer waren tapfer; dennoch liest man, daß sie mehr durch ihr Gebeth als mit ihren Waffen gestritten, indem sie durch das Beyspiel des Moses versichert waren, daß Hände, welche gen Himmel erhoben sind, weit mehr feindliche Schaaren über den Haufen werfen, als welche das Schwert führen. Da alles Ludwigen wich, und da wir glaubten, daß die Zeit der Wunderwerke zurückkehre, in welcher die Mauren auf den Schall der Trompeten niederstürzten, warfen alle Völker ihre Augen auf die Königinn und glaubten, den Donner, der so viele Städte zerschmieß, aus ihrer Kapelle hervorbrechen zu sehen.

Wenn nun aber GOtt dem Gebethe das zeitliche Glück zugestehet, um wie viel mehr wird er ihm die wahren Güter, ich will sagen, die Tugenden ertheilen? Diese sind die natürliche Frucht einer Seele, welche mit GOtt durch das Gebeth verknüpfet ist. Das Gebeth, welches uns selbe erhält, lehrt uns auch, sie in Uebung zu bringen, nicht nur allein als nothwendig, sondern auch als Gnaden, welche wir von dem Vater des Lichts empfangen, von dem jede vollkommene Gabe herabsteiget; und dieses ist der Gipfel der Vollkommenheit, weil es der Grund der Demuth ist. Auf diese Weise hat Maria Theresia ihrer Seele alle Tugenden durch das Gebeth zugezogen. Von ihrer ersten Jugend auf war sie unter den Bewegungen eines damals sehr verwirrten Hofes, der Trost und die Stütze des schwachen Alters ihres durchlauchtigsten Vaters. Die Königinn, ihre Stiefmutter, fand in ihr, unerachtet dieses verhaßten Namens, nicht allein eine Ehrfurcht, sondern auch eine Zärtlichkeit, welche weder die Zeit noch die Entfernung schwächen konnten. Eben so weint sie auch ohne Unterlaß, und will keinen Trost annehmen. Welches Herz, welche Ehrfurcht, welche Unterwürfigkeit hatte sie nicht dem Könige bezeiget? Sie war für diesen großen König allezeit lebhaft, für seine Ehre allezeit eifersüchtig, für die Vortheile seines Staates alleine besorget, auf den Reisen unermüdet, und glücklich, wenn sie ihn nur begleiten konnte, eine Gemahlin endlich, in welcher der Heil. Paulus ein Bild der Kirche hätte erkennen können, welche allezeit mit JEsu Christo beschäftiget, und durch ein ewiges Wohlgefallen mit seinem Willen vereiniget ist.

Wenn wir uns getrauen, diesen grosßen Prinzen, welcher ihr hier die letzten Pflichten mit so großer Frömmigkeit abstattet, zu fragen, was er für eine Mutter verlohren, so würde er uns durch seine Seufzer antworten, und ich sage ihnen, meine Herren, an statt seiner, was ich mit Freuden gesehen, was ich mit Verwunderung wiederhole, daß die unbeschreibliche Zärtlichkeit Marien Theresiens alleine dahin zielte, um ihm den Glauben, die Frömmigkeit, die Furcht GOttes, einen unveränderlichen Eifer für den König, eine innigste Barmherzigkeit gegen die Unglücklichen, eine immerwährende Beständigkeit in allen seinen Pflichten, und allezeit jenes einzuflössen, was wir an diesem Prinzen preisen. Sollte ich von der Güte der Königinn, welche ihre Diener so oft erfahren, reden, und das Geschrey ihres betrübten Hauses, auch vor diesen Altären erschal-

wegen welcher sie alleine die Nachricht nicht ertragen konnte, daß ihre Schätze erschöpfet sind, ihr hauptsächlich freywillige Armen, Opfer JEsu Christi, Ordensmänner, geheiligte Jungfrauen, reine Seelen, derer die Welt nicht würdig war; und ihr Armen, was ihr immer für einen Namen traget, öffentliche Arme, heimliche Arme, ohnmächtige Kranke, Gestümmelte, Ueberbleibsel der Menschen, damit ich mit dem Heil. Gregorius von Nazianz rede, den die Königinn verehrte die Merkmäler des Kreuzes JEsu Christi in euch allen: ihr also, denen sie mit so großer Freude unter die Arme gegriffen; die sie mit einer so heiligen Sorgfalt besuchet, welchen sie mit einem so lebendigen Glauben gedienet, da sie sich glücklich geschätzt, eine entlehnte Majestät von sich zu legen, und die herrliche Armuth JEsu Christi in eurer Niedrigkeit anzubethen: was für eine bewundrenswürdige Lobrede würdet ihr von dem Ruhme dieser Prinzeßinn mit euren Seufzern machen, wenn es mir erlaubt wäre, euch vor diese ansehnliche Versammlung zu bringen?

nes Glaubens, diese Dienerinn der Armen nach deinem Beyspiele, welche würdig war, in ihnen nicht mehr die Engel, sondern JEsum Christum selbst zu finden. Was sollte ich noch mehr sagen? Hören sie alles, meine Herren, mit einem Worte: Als eine Tochter, Gemahlin, Mutter, Frau, Königinn, so wie sie immer unsre Wünsche hätten machen können, und vor allen als eine Christinn erfüllte sie alle ihre Pflichten ohne Stolz, und war demüthig nicht nur allein bey ihrer ganzen Größe, sondern auch bey allen ihren Tugenden.

Ich werde die zween übrigen Namen, welche wir auf der geheimnißvollen Säule der heimlichen Offenbarung und in dem Herzen der Königinn geschrieben sehen, mit wenig Worten erklären. Sie sehen wohl, meine Herren, daß wir unter dem Namen der heiligen Stadt GOttes, des neuen Jerusalems, den Namen der katholischen Kirche, dieser heiligen Stadt, verstehen müssen, deren Steine alle lebendig sind, deren Grund JEsus Christus ist; dieser Stadt, welche mit ihm von dem Himmel gestiegen, weil sie in ihm, als ihrem Haupte verschlossen ist, von dem alle Glieder ihr Leben empfangen; dieser Stadt, welches

che sich über die ganze Erde verbreitet, und bis zu dem Himmel erhebet, um ihre Einwohner dahin zu übertragen. Bey dem einzigen Namen der Kirche erwachte der ganze Glaube der Königinn. Allein eine wahre Tochter der Kirche ist nicht zu frieden, derselben heilige Lehre zu ergreifen, sondern liebt auch ihre Gesetze, in welchen der größte Theil der äußerlichen Uebungen der Frömmigkeit besteht.

Die Kirche, welche von GOtt erleuchtet, und von den heiligen Aposteln unterrichtet ist, hat das Jahr dergestalt eingetheilet, daß wir in selbem, mit dem Leben, den Geheimnißen, den Predigten und der Lehre JEsu Christi, die wahre Frucht aller dieser Dinge, aus den bewunderungswürdigen Tugenden seiner Diener und aus den Beyspielen seiner Heiligen sammeln, und endlich einen geheimnißvollen Auszug des alten und neuen Bundes und der ganzen Kirchengeschichte finden. Auf diese Weise sind alle Jahrszeiten den Christen fruchtbar; alles ist von JEsu Christo erfüllet, welcher nach dem Ausspruche des Propheten, nicht allein in sich selbst, sondern auch in seinen Heiligen wunderbarlich ist. In dieser Verschiedenheit, welche

alles

alles auf die heilige Einigkeit, die JEsus Christus so sehr anbefohlen, bezieht, findet eine unschuldige und fromme Seele eine gründliche Nahrung mit himmlischen Vergnügen, und eine beständige Erneuerung ihres Eifers. Die Faste ist in die gehörige Zeit eingerücket, damit sich die Seele, welche allezeit der Versuchung und Sünde unterworfen ist, durch die Buße stärke und reinige. Alle diese heiligen Gebräuche hatten bey der Königinn die glückliche Wirkung, welche die Kirche verlanget: sie erneuerte ihren Geist an allen Festtagen; sie opferte sich selbst bey jedem Fasten, bey allen Enthaltungen auf. Spanien hat hierinnen Gebräuche, denen Frankreich nicht folgt; allein die Königinn bequemte sich bald zum Gehorsam; die Gewohnheit vermochte nichts wider die gemeine Richtschnur, und die äußerste Genauigkeit unserer Königinn legte die Zärtlichkeit ihres Gewissens an Tag. Wer hat jemals diese Worte besser in Ausübung gebracht! Wer euch höret, der höret mich? Luk. 10. 16. JEsus Christus lehret in diesen, die vortrefliche Weise, auf den Wegen Gottes unter der besondern Anführung derjenigen zu gehen, welche ſeine Gewalt in der Kirche tragen. Die Beichtväter dieſer Prinzeßinn vermochten alles über ſie in der Ausübung ihres Amtes, und es war keine Tugend, zu welcher ſie nicht durch ihren Gehorſam konnte erhoben werden. Welche Ehrfurcht hatte ſie nicht gegen den Staathalter JEſu Chriſti und die Stände der Kirche? Wer kann ſagen, welche Thränen, die allezeit zu langen Spaltungen, und derer Ende man mit nicht genugſamen Seufzern verlangen kann, aus ihren Augen gelocket? Selbſt der Name und Schatten einer Spaltung erregten jenen Schröcken bey der Königinn, welche er bey jeder frommen Seele verurſachet. Allein niemand betrüge ſich hierüber: der heilige Stuhl kann Frankreich nicht vergeſſen, und Frankreich kann den heiligen Stuhl niemals verlaſſen. Und jene, welche ſich aus Eigennutze und nach den Regeln ihrer Staatsklugheit mit dem Vorwande der Frömmigkeit umhüllen, und ſcheinen, daß ſie den heiligen Stuhl wider ein Reich aufbringen wollen, welches allezeit deſſelben erſte Stütze auf Erden geweſen; jene, ſage ich, müßen bedenken, daß ein ſo erhabener Stuhl, welchem JEſus Chriſtus ſo viel Gewalt beygeleget, von den Menſchen nicht Schmäucheleyen, ſondern Ehre nach dem göttlichen Befehle, Ehre mit einer tiefen Unterwerfung erwarte; daß er gemacht ſey, um den ganzen Erdkreyß zur Einigkeit zu bringen, und alle Ketzer am Ende zurück zu beruffen; und daß alles, was ausſchweiffend iſt, an ſtatt reizend zu ſeyn, nicht einmal das gründlichſte und dauerhaffteſte ſey.

Mit dem heiligen Namen GOttes, und der heiligen Stadt des neuen Jeruſalems, ſehe ich, meine Herren, den neuen Namen des Erlöſers in dem Herzen der frommen Königinn. Allein, o HErr, was iſt dein neuer Name? Iſt es nicht jener, den du dir ſelbſt beylegeſt, wenn du ſagſt: Ich bin das Brod des Lebens, und mein Fleiſch iſt wahrhaftig eine Speiſe. Joh. 6. 35. 56. und: Nehmet hin und eſſet, das iſt mein Leib. Matth. 26. 26. Dieſer neue Name des Erlöſers iſt der Name der Euchariſtie, ein Name, der ſeinen Urſprung von der Güte und Gnade nimmt, und uns ein Wunderwerk der Liebe, ein Denkmal und einen Innhalt aller Gnaden, und das Wort ſelbſt ganz in Gnade und Süße für ſeine Gläubigen verwandelt in dieſem anbethenswürdigſten

Sacramente zeiget. Alles ist in diesem Geheimniße neu: es ist der neue Bund des Heylandes, und man fängt daselbst an, jenen neuen Wein zu trinken, von welchem das himmlische Jerusalem mit Vergnügen überschwemmet ist. Allein um ihn in diesem Wohnplatze der Versuchung und Sünde zu trincken, muß man sich durch die Buße zubereiten. Die Königinn empfieng diese zwey Sacramente mit einem allezeit neuen Eifer. Diese demüthige Prinzeßinn war in ihrem natürlichem Zustande, wenn sie als eine Sünderinn bey den Füßen eines Priesters lag, und die Barmherzigkeit und Lossprechung JEsu Christi erwartete. Allein das göttliche Abendmahl war ihre Liebe: so sehr sie nach diesem himmlischen Brode verlangte, so sehr zitterte sie, wenn sie es empfieng; und obwohl sie es niemals so oft genießen konnte, als ihre Begierde war, so hörte sie doch nicht auf, sich mit Demuth und Eingezogenheit, über die häufigen Genießungen dieses Sacramentes zu beklagen, die ihr anbefohlen würden. Und wer würde wohl der Unschuld dieses Mahl der Liebe, und einem so lebendigen und reinen Glauben, JEsum Christum haben versagen können?

Die Regel, welche der Heil. Augustinus giebt, ist, daß man den Genuß dieses Sacraments mäßige, wenn es einen Ekel verursacht. Hier sahe man allezeit einen neuen Eifer, und jene vortrefliche Uebung, die beste Zuberitung, so wohl als die vollkommenste Danksagung in der Comunion selbst zu suchen. Unter diesen bewunderungswürdigen und gottseligen Handlungen näherte sich die Königinn ihrer letzten Stunde, ohne daß sie vonnöthen gehabt hätte, sich für jenen erschröcklichen Weg durch eine andere Zubereitung anzuschicken, als die Zubereitung ihres heiligen Lebens war; und die Menschen, welche allezeit verwägen sind, von andern zu urtheilen, ohne die Großen davon auszunehmen (denn man nimmt niemand als sich selbst von seinen Urtheilen aus) die Menschen, sage ich, von allen Ständen, und sowohl fromme Männer als weltlich gesinnte Seelen haben die Königinn in ihrem besten Alter so plötzlich hinweggenommen gesehen, ohne dabey die mindeste Unruhe über ihr Heil zu verspühren.

Lernet also, meine Brüder, ihr besonders, die ihr euch an den Gedanken des Todes nicht gewöhnen könnet, biß daß ihr jenen

jenen verachtet, den JEsus Christus über:
wunden, oder aber jenen liebet, welcher
ein Ende unserer Sünden macht, und uns
zu dem wahren Leben führet, lernet ihn
auf eine andere Art entwaffnen, und er:
greiffet den kostbaren Gebrauch, wo es ge:
nug ist, sich der Heiligung des Lebens zu
befleißen, ohne die Mühe anzuwenden,
den Tod zu bestreiten.

Frankreich sah zu unsern Tagen zwo
Königinnen, welche weit mehr durch ihre
Frömmigkeit, als durch das Geblüte ver:
bunden waren, und derer Tod, obwohl
unter verschiedenen Umständen, vor GOtt
gleich kostbar, und für die ganze Kirche
besonders erbaulich war. Sie verstehen
mich wohl, meine Herren, daß ich von
Annen von Oesterreich und von Marien
Theresien ihrer geliebten Nichte, oder viel:
mehr Tochter zu reden gedenke. Anna,
in einem höhern Alter, und Maria The:
resia in ihren besten Jahren, allein beyde
von so glücklicher Beschaffenheit, welche
uns das schöne Schicksal, sie ein ganzes
Jahrhundert zu besitzen, versprach, wur:
den uns wider unsere Hoffnung, die erste
von einer langwierigen Krankheit, die zwey:
te von einem unversehenen Zufalle entrissen.

Anna, welche ein so wohl grausames als unheilbares Uebel von weitem ermahnte, sah den Tod mit langsamen Schritten und unter einer Gestalt heran nähern, welche ihr allezeit die erschrecklichste geschienen. Maria Theresia, welche zu einer Zeit von dem Uebel betroffen und geraubet wurde, fand sich lebendig und zugleich unter denen Armen des Todes von allen aufgelöset, ohne ihm so zu sagen in das Gesicht gesehen zu haben. Anna vereinigte voll des Glaubens alle Kräfte, die sie sich durch lange Uebungen der Gottseligkeit gesammelt, und betrachtete alle Umstände des Todes, ohne verwirrt zu werden. Sie demüthigte sich unter der Hand GOttes, und sagte ihm Dank, daß er sie also ermahnet; sie vermehrte ihre allezeit beständigen Andachtsübungen; sie unterwarf mit einer neuen Aufmerksamkeit ihr Gewissen einer allezeit genauen Untersuchung. Mit welcher Erneuerung des Glaubens und Eifers sahen wir sie den heiligen Zehrpfennig empfangen? Marien Theresien ist in dergleichen Handlungen ihr gewöhnlicher Eifer genug: sie ermunterte ihre Frömmigkeit von sich selbst, ohne hierzu des Todes bedürftig zu seyn,

und

und fand derselben beständigen Wachsthum in ihrem Innersten.

Was werden sie, meine Brüder, von diesen zwo Königinnen sagen? Durch eine lehrt uns GOtt, wie wir die Zeit zu unserm Vortheile anwenden müßen, und durch die andere zeigt er uns, daß ein wahrhaft geistliches Leben derselben nicht gebraucht. In der That, was erwarten wir? Es ist schändlich für einen Christen, sich wider den Tod nicht eher als in jenem Augenblicke zu bewaffnen, wo sich selber bereits zeiget, um ihn hinweg zu raffen. Ein Christ, welcher allezeit aufmerksam ist, seine Leidenschaften zu bestreiten, stirbt alle Tage mit dem Apostel. Ein Christ lebt nicht mehr auf Erden, weil er allezeit abgetödtet ist, und die Ertödtung ist ein Versuch, eine Einleitung, ein Anfang des Todes. Leben wir, meine Brüder, leben wir? Jenes Alter, das wir zählen, wo alles was wir zählen, nicht mehr uns angehöret, ist dieses ein Leben? Ist es möglich, jenes nicht zu bemerken, was wir beständig mit den Jahren verliehren? Sind vielleicht die Ruhe und Nahrung nicht schwache Mittel wider die beständige Krankheit, die uns unterdrückt? Und was ist jene Krankheit, welche wir die letzte nennen, um eigentlich zu reden anders, als ein Verdoppelung des Uebels, das wir mit uns selbst auf die Welt gebracht? Was für eine Gesundheit würde der Tod von der Königinn entfernet haben, den sie in ihrem Busen trug? Wie nahe war nicht das Drohen und der Streich? Und was würde aus dieser großen Königinn mit aller der Majestät die sie umgab, geworden seyn, wenn sie weniger wäre bereitet gewesen? Unversehens sah man den erschrecklichen Augenblick heranrücken, wo die Erde keine andere Hülfe als Thränen verleihen konnte. Was nützten so viel treue Diener, welche um ihr Sterbebett standen? Ja was konnte der König thun? Er meine Herren, er welcher selbst dem Schmerzen bey allem seinen Muthe und bey seiner ganzen Macht unterlegen war? Alles, was um diesen Prinzen herum war, quälte ihn. Seine königliche Familie kam, mit ihm seine Schmerzen zu theilen, und sie vermehrten selbe durch die ihrigen. Und was vermochten sie anders, Durchlauchtigster, als seine Brust durch ihre Seufzer zu durchdringen? Er hatte sie bereits genug durch das zarte Angedenken einer Liebe durchbohret,

wel-

welche nach einem Lauffe von drey und zwanzig Jahren, allezeit gleich lebhaft war. Man seufzt, man trauert; dieses ist alles, was die Welt für eine so geliebte Königinn thun kann; und sehen sie meine Herren, was wir ihr zu geben fähig sind: nämlich unnütze Klagen und Thränen.

Allein ich betrüge mich: wir haben Gebethe, wir haben jenes heilige Opfer, welches die Linderung unserer Peinen, und Versöhnung unserer Unwissenheiten, und Ueberbleibsel der Sünden ist. Allein betrachten wir daß dieses Opfer eines unendlichen Werths, in welchem das ganze Kreuz JEsu verschloßen ist, der Königinn würde unnütz gewesen seyn, wenn sie nicht durch ihr gutes Leben verdienet hätte, daß sich die Wirkung desselben, bis auf sie erstreckte: denn was wirket sonst, sagt der Heil. Augustinus, dieß Opfer? Keine Hülfe für die Todten, und einen schwachen Trost für die Lebenden. Auf diese Weise hängt die Seligkeit von diesem Leben ab, dessen eilende Flucht uns allezeit hintergeht. Ich werde kommen, sagt JEsus Christus, wie ein Dieb. Offenb. 3. 3.

Er hat nach seinem Worte gethan; er hat die Königinn zu einer Zeit überraschet, da wir sie am gesündesten glaubten, und sie sich für die glücklichste hielt. Gott verfähret immer so; er findet so viele Versuchungen und einen solchen Gift in unsern Ergözungen, daß er so gar die unschuldigsten unter seinen Auserwählten darinnen störet. Allein er kömmt wie ein Dieb, dessen Ankunft allezeit unerwartet ist, und dessen Anschläge nicht können begriffen werden. Er selber rühmt sich deshalben in seiner heiligen Schrift. Allein wie ein Dieb, wird man sagen, was für eine unwürdige Vergleichung ist diese? Laßen wir sie immerhin seiner unwürdig seyn, wenn sie nur uns erschreckt und erschreckend rettet. Zittern wir also, meine Brüder, zittern wir jeden Augenblick vor ihm: denn wer wird ihn entweder vermeiden, wenn er sich klar zeigt, oder entdecken können, wenn er verborgen ist? Sie assen, sagt er, und tranken, sie kauften und verkauften, sie pflantzten und baueten, sie nahmen Weiber, in den Tagen des Lots. Luk. 17. 27. 28. und ein unversehener Umsturz überfiel sie. Sie assen, sie tranken, sie stifteten Ehen: dieses waren unschuldige Beschäftigungen. Was wird es aber seyn, wenn wir unversehens bey dem letzten Ta-

ge

ge anlangen, da wir doch nichts als unsere unreinen Begierden befriedigen; unsere Rache und geheime Eifersucht immer weiter treiben, die Schätze der Ungerechtigkeit in unsern Küsten häufen, ohne jemals das Fremde von dem Unsrigen absondern zu wollen, uns selbst durch unsere Ergetzungen, durch unsere Spiele, durch unsere Gesundheit, durch unsere Jugend, durch den guten Fortgang unserer Geschäfte, durch unsre Schmäuchler, unter welche man vielleicht auch jene treulosen Gewissensführer rechnen kann, die wir erwählet, um uns zu verblenden, und endlich durch unsere falsche Buße hintergehen, auf welche niemals eine wahre Besserung unsrer Sitten folgt? der Ausspruch wird von oben herab erschallen: **Das Ende kömmt, es kömmt das Ende. Ezech. 7. 2. Itzt kömmt das Ende über dich. v. 3.**

Alles endiget sich in einem Augenblick in Ansehung unser. Machet den Schluß. v. 23. stümmelt, fället den unfruchtbaren Baum, welcher alleine zum Feuer dienet. Hauet den Baum nieder, und hauet seine Zweige ab, schlaget seine Blätter ab, und zerstreuet seine Früchte. Dan. 4. 11. verderbet durch einen Streich

alles, was er in sich hat. Damals werden uns tödtliche Schrecken und das Zähnklappern, ein Vorspiel der Peinen der Hölle überfallen. Ach! meine Brüder, erwarten wir nicht diesen erschröcklichen Streich. Das Schwerdt, welches die Tage der Königinn gekürzet, stehet noch über unserm Haupte; unsere Sünden haben seine furchtbare Schneide geschärfet. Das Schwerdt, welches ich in der Hand halte, sagt der HErr unser GOtt, ist geschärft und geschliffen: es ist geschärft, daß es Opfer soll schlachten, und geschliffen, daß es blincken soll. Ezech. 21. 9. 10. Der ganze Erdkreis hat diesen hellen Glanz gesehen. Schwert des HErrn! was für einen Streich hast du gethan? Die ganze Erde ist darüber erstaunt. Allein wozu dienet uns dieser Glanz, der uns betäubt, wenn wir dem Streiche, der verwundet, nicht zuvorkommen? Suchen wir uns, meine Brüder, wider selben mit der Busse zu bewaffnen. Wer sollte nicht von einem solchen Schauspiel gerührt werden? Allein was wirken diese taglangen Rührungen der Seele? nichts als eine endliche Verhärtung, in-

dem

dem je mehr man unnütz gerühret wird, destoweniger ist man fähig, von einem andern Gegenstande gerührt zu werden. Fühlen wir eine Regung des Herzens bey dem Elende welches Hungarn und Oesterreich verwüstet? Sind vielleicht ihre Einwohner, welche der Schärfe des Schwerts übergeben worden, und eben hierdurch glücklich sind, da die Gefangenschaft so viel Mühseligkeiten, so wohl für den Leib, als die Seele mit sich bringt, sind vielleicht diese betrübten Einwohner keine Christen, keine Katholiken? Sind sie nicht unsere Brüder, unsere eigene Mitglieder, Kinder eben derselben Kirche, und von eben demselben Tische des Brods des Lebens ernähret? GOtt erfüllet sein Wort; er fängt das Gericht von seinem Hause an, und das übrige Haus erzittert nicht?

Ergebet euch, meine Brüder, thut Buße, versöhnet GOtt durch eure Thränen. Höret die fromme Königinn, welche ihre Stimme über alle Prediger erhebet: höret sie, ihr Fürsten, höret sie, ihr Völker, und hören sie sie besonders Durchlauchtigster. Sie saget ihnen durch meinen Mund, und durch meine Stimme, die ihnen bereits bekannt ist, daß die Größe ein Traum, die Freude ein Irrthum, die Jugend eine verwelkende Blume, und die Gesundheit ein betrüglicher Name sey. Sammlen sie also jene Güter, welche nicht zu Grunde gehen können. Gönnen sie ihre Ohren den nachdrücklichen Worten, welche der Heil. Gregorius von Nazianz an die Fürsten und das regierende Haus gerichtet. Ehret, sagte er ihnen, euern Purpur; ehret die Macht die euch von GOtt kömmt, und wendet sie nur zum Guten an. Erkennet was euch anvertrauet worden, und das große Geheimniß, das GOtt in euch erfüllet hat: er behält sich allein die himmlischen Dinge vor, und theilet mit euch die Verwaltung des Irrdischen. Zeiget euch also den untergebenen Völkern als Götter, da ihr die göttliche Güte und Freygebigkeit nachahmet *

Dieses ist, Durchlauchtigster, was die Wünsche aller Völker, was jene immerwährenden Lobeserhebungen, und alle jene Blicke, die sie stäts begleiten, von ihnen verlangen. Begehren sie mit dem Salomon die Weisheit von GOtt, welche sie

der

der Liebe der Völker, und des Thrones ih=
rer Ahnen würdig machen wird; und wenn
sie an ihre Pflichten gedenken, so unter=
lassen sie nicht zu betrachten, wozu sie die
unsterblichen Thaten Ludewigs des Großen
und die unvergleichliche Frömmigkeit
Mariens Theresiens ver=
binden.

Trauerrede

Auf ihre Durchlauchten, Frau Anna von Gonzaga, und Cleve, Pfalzgräfinn am Rhein, welche in der Kirche der Karmeliter in der Vorstadt zum Heil. Jakob, den 9. August 1685. in Gegenwart des Herzogs und der Herzoginn von Anguien und des Herzogs von Bourbon gehalten worden.

Ich habe dich angegriffen vom Ende der Erde, und habe dich aus einem fernen Land beruffen = = Ich habe dich auserwählet, und habe dich nicht verworffen: fürchte dich nicht, denn ich bin mit dir. Isai. 41. 9. 10.

Durchlauchtigster!

Ich wünschte, daß alle von GOTT entfernte Seelen, daß alle, welche glauben, daß der Mensch weder sich selbst überwinden, noch seine Stands=

haftigkeit unter den Versuchungen und
Schmerzen erhalten könne; daß endlich alle jene, welche entweder an ihrer Bekehrung oder Beharrung verzweifeln, in dieser Versammlung gegenwärtig wären. Diese Rede würde ihnen zeigen, daß sich eine
Seele, welche der Gnade getreu ist, unerachtet der unüberwindlichsten Hindernißen,
zu der erhabensten Vollkommenheit erhebt.
Da die Prinzeßinn, welcher wir diese letzten Pflichten abstatten, die Tagzeiten nach
ihrer Gewohnheit bethete, so las sie die
Worte des Isaias, welche ich angeführet.
Wie vortreflich ist es nicht, die Heil. Schrift
zu betrachten; wie wohl weis GOtt durch
selbe nicht nur allein zur ganzen Kirche,
sondern auch zu jedem Glaubigen, nach ihren Bedürfnißen zu reden! Indessen daß sie
diese Worte überlegt (so erzählt sie es selbst
in einem vortreflichen Briefe, gab GOtt
ihrem Herzen ein, daß er sie zu ihr richtete. Sie glaubte eine süße und väterliche
Stimme zu hören, welche ihr sagte: Ich
habe dich vom Ende der Erde ergriffen, und von dem Aeußersten beruffen:
von jenen verworrenen Wegen, auf denen
du dich verlohren, wo du deinem Eigensinne überlassen, und von dem himmlischen

Vaterlande, und dem wahren Leben, welches JEsus Christus ist, so weit entfernet gewesen. Da du in deinem aufrührischen Herzen sagtest: ich kann kein Sklave seyn; so legte ich meine mächtige Hand auf dich, und sagte: du wirst meine Dienerinn seyn; Ich habe dich von Ewigkeit her erwählet, und habe deine stolze und widerspänstige Seele nicht verworfen.

Sie sehen, meine Herren, mit welchen Worten ihr GOtt den Zustand, aus dem er sie gezogen, zu erkennen giebt. Allein hören sie auch, wie er sie ermuntert, und welchen Muth er ihr unter den harten Prüfungen ertheilet, an die er ihre Geduld wagt. Fürchte dich nicht unter den Uebeln, von denen du unterdrücket wirst, denn ich bin dein GOtt, der dich stärcket; weiche nicht ab von dem Wege, auf den ich dich setze, denn ich bin mit dir. Ich werde nicht aufhören dir beyzuspringen, und die rechte Hand meines Gerechten, den ich in die Welt geschicket, der Erbarmungsvolle Heyland, der Bischof, welcher Mitleiden trägt, hat dich angenommen.

Sehen sie, meine Hrrren, die ganze Stelle des heiligen Propheten, von welcher ich nur die ersten Worte angeführet. Kann ich ihnen die Absichten GOttes über diese Prinzeßinn besser als mit jenen Worten vor Augen stellen, deren er sich bedienet, ihr die Geheimniße seiner wunderbaren Rathschläge zu entwickeln? Kommet nun, ihr Sünder, wer ihr immer seyd, in was für eine entfernte Gegend euch immer der Sturm eurer Leidenschaften verschlagen, wenn ihr auch in jenen finstern Oertern, von denen die Schrift meldet, und in den Schatten des Todes gerathen: kommet, wenn euch noch ein Mitleiden gegen eure unglückliche Seele übrig ist, und sehet, woraus die Hand GOttes die Prinzeßinn gezogen, sehet, wie sehr sie die Hand GOttes erhöhet.

Wenn man dergleichen Beyspiele in einer Prinzeßinn von so hohem Range sieht, in einer Prinzeßinn, welche eine Nichte einer Kaiserinn, und durch dieses Band mit so vielen Kaisern verknüpfet war, in einer Schwester einer mächtigen Königinn, einer Gemahlin eines königlichen Sohnes, einer Mutter zwoer großen Prinzeßinnen, derer eine die Zierde des königlichen Hauses von Frankreich, und die andere ein Wunder des mächtigen Hauses von Braunschweig

ist

iſt; in einer Prinzeßinn endlich, derer Verdienſt über ihre Geburt iſt, obwohl ſie von einem durchlauchtigſten Vater und ſo vielen Vorfahren herſtammet, und in ſich das Blut der Paläologer, des Hauſes Lothringens und Frankreichs durch ſo viele Linien mit dem Blute des Hauſes Gonzaga und Cleve verknüpfet; wenn GOtt, ſage ich, mit dieſen Eigenſchaften einen gleichen Ruhm verewiget, und eine Perſon von ſo hellem Schimmer erwählet, um der Gegenſtand ſeiner ewigen Barmherzigkeit zu ſeyn; ſo hat er keine andere Abſicht als die Welt zu unterrichten.

Ihr alſo, meine Brüder, welche er in dieſem Orte verſammelt, und ihr beſonders, Sünder, derer Bekehrung er mit ſo großer Langmuth erwartet, verhärtet nicht eure Herzen, und glaubet nicht, daß es euch erlaubt ſey, dieſer Rede allein ein vorwitziges Ohr zu gönnen. Alle eure eiteln Entſchuldigungen, unter die ihr eure Unbußfertigkeit verhüllet, werden euch entzogen werden. Die Pfalzgräfin wird entweder eure Augen erleuchten, oder die Rache GOttes, wie einen Feuerregen auf euch herabkehren. Meine Rede, über welche ihr euch jetzt vielleicht als Kunſtrichter

ter aufwerfet, wird euch am jüngsten Tage richten; sie wird über euch eine neue Bürde seyn, wie die Propheten reden; und wenn ihr nicht christlicher davon gehet, so werdet ihr doch strafbarer davon gehen.

Fangen wir also das Wort GOttes mit Vertrauen an. Erlernen wir vor allen andern, uns von der Glückseligkeit nicht verblenden zu lassen, welche das menschliche Herz weder durch die schönen Eigenschaften, die es nicht verbessern, noch durch die Tugenden erfüllet, von denen die Hölle voll ist, welche die Sünde und Unbußfertigkeit ernähren, und den heilsamen Abscheu verhindern, welchen eine sündliche Seele vor sich selbst haben würde. Weiter betrachten wir aufmerksam die Wege der göttlichen Vorsehung, und fürchten wir uns nicht unsere Prinzeßinn in den verschiedenen Ständen, in denen sie sich befand, erscheinen zu lassen. Jene mögen sich scheuen die Fehler heiliger Seelen zu entdecken, welche nicht wissen, wie mächtig der Arm GOttes ist, um diese Gebrechlichkeiten nicht nur allein zu seiner Ehre, sondern auch zur Vollkommenheit seiner Auserwählten gereichen zu lassen.

Was uns betrifft, meine Brüder, die wir wissen, wozu dem Heil. Petrus seine Verläugnung, dem Heil. Paulus die Verfolgungen, welche die Kirche von ihm erlitten, dem Heil. Augustinus seine Irrthümer, und allen heiligen Büßern ihre Sünden gedienet: scheuen wir uns nicht, die Pfalzgräfin in diese Reihe zu setzen, und ihr, biß zu ihren Unglauben in den sie endlich gefallen, nachzufolgen. Wir werden sie von dannen voll Herrlichkeit und Tugend hervortreten sehen, und die Hand, die sie herausgezogen, mit ihr segnen. Glückselig, wenn das Betragen GOttes gegen sie eine Frucht der Gerechtigkeit, die uns in unserer Macht läßt, und eine Begierde der Barmherzigkeit, die uns aus selber erlöset, in uns erreget. Dieses ist, meine Herren, was die durchlauchtigste und großmächtigste Prinzeßinn Anna von Gonzaga und Cleve, Herzoginn von Mantua und Montferat, und Pfalzgräfinn am Rhein von ihnen verlanget.

Niemals ist noch eine Pflanze mit mehr Sorge gepfleget, oder geschwinder mit Blüthe und Frucht gekrönet worden, als die Prinzeßinn Anna. Sie verlohr ihre fromme Mutter, Catharinen von Loth-
rin-

ringen in ihren zarteſten Jahren. Karl, Herzog von Cleve und nachmaliger Herzog von Mantua, ihr Vater fand eine neue, die ihrer würdig war. Dieſes war die gottſelige Mutter Franciſca von Chaſtre, Aebtißinn von Faromontier, derer Gedächtniß glückſelig und heilig iſt, welche wir mit Fuge eine Erneuerin der Regel des heiligen Benedictus, und ein Licht des klöſterlichen Lebens nennen können. In dieſer heiligen Einöde von St. Fare, welche ſo weit von den Wegen der Welt entfernet iſt, als ſie ihre glückliche Lage von allem Umgange der Welt abſondert; auf dieſem heiligen Berge, welchen GOtt vor tauſend Jahren erwählet, wo die Bräute JEſu Chriſti die Schönheit der alten Tage wieder aufleben laſſen, wo die irrdiſchen Freuden unbekannt ſind, und keine Fußſtapfen der Weltmenſchen, der Vorwitzigen, der herumflatternden Geiſter erſcheinen; unter der Anführung der heiligen Aebtißinn, welche den kleinen ſo wohl die Milch zu reichen, als den Starken das Brod zu brechen wußte, floſſen die Jahre der Prinzeßinn Anna glücklich dahin. Die Geheimniße wurden ihr geoffenbaret; die Heil. Schrift wurde ihr bekannt; ſie wurde in dem Lateine unterrichtet, weil es die Sprache der Kirche war, und die geistlichen Tagzeiten machten ihr Vergnügen aus. Sie liebte alles in dem geistlichen Leben, auch so gar die Strengheiten und Demüthigungen desselben; und durch den Lauf von zwölf Jahren die sie im Kloster gestanden, entdeckten sich in ihr so viele Eingezogenheit und Klugheit, daß man nicht wußte, ob sie zum Gebiethen oder Gehorchen geschickter wären. Allein die weise Aebtißinn, welche sie fähig glaubte, ihre Verbesserung zuerhalten und zu unterstützen, bestimmte sie zur Regierung; und sie war schon in die Zahl der Prinzeßinnen eingerücket, welche diese berühmte Abtey angeführet, als ihre Familie, welche allzu sorgfältig war, diese gottselige Absicht auszuführen, selbe unterbrach.

Wird es mir erlaubt seyn zu sagen? Die Prinzeßinn Maria, welche damals voll des Geistes der Welt war, glaubte nach der Gewohnheit hoher Häuser, daß ihre jüngern Schwestern ein Schlachtopfer ihrer weitläuftigen Absichten seyn müßten. Wer weiß nicht, wie weit ihr seltenes Verdienst und ihre berühmte Schönheit, ein allezeit betrüglicher Vortheil, ihre Hoffmung erſtrecket? Beynebens werden nicht in mächtigen Häuſern die Theilungen, als eine Art des Verluſtes angeſehen, durch welche ſie ſich ſelbſt verderben? So ſehr iſt mit ihnen das Nichts verbunden!

Die Prinzeßinn Benedicta, die jüngſte von den dreyen Schweſtern, war die erſte, welche man dieſen eigennützigen Abſichten der Familie aufopferte. Sie ward Aebtißinn, ohne daß ſie in einem ſo zarten Alter wußte, was ſie thäte; und das Zeichen einer ſo ehrenvollen Würde war gleichſam ein Kinderſpiel in ihren Händen. Ein gleiches Schickſal war der Prinzeßinn Anna beſtimmet. Wenn es ihr wäre erlaubt geweſen, ihre Freyheit zu empfinden, ſo hätte ſie ſich ihrer entſchlagen können; und man hätte ſie zum Guten anleiten, aber nicht gleichſam hineinſtürzen ſollen. Dieſes zerſtörte unverſehens die Abſichten wegen Fáramontier. Artonai ſchien eine freyere Luft zu haben, und die Prinzeßinn Benedicta trug ihrer Schweſter einen ſehr angenehmen Ort zur Entfernung an.

Was für ein Wunder der Gnade! die junge Aebtißinn wird ein Muſter der Tugend, ungeachtet ihr Beruff ſo wenig regelmäßig war. Ihr angenehmer Umgang stellte jenes in dem Herzen der Prinzeßinn Anna wieder her, was die ungestümen Sorgen daraus verbannet. Sie verlieh GOtt ihr Ohr von neuem, der sie mit so vielen Reizungen zum geistlichen Leben berief; und der Ort, den sie gewählet, um ihre Freyheit zu beschützen, wird ein unschuldiger Fallstrick, sie gefangen zu nehmen. Man bemerkte in beyden Prinzeßinnen eben denselben Adel der Gesinnungen, eben denselben Witz, und. erlauben sie mir, meine Herren, mich also auszudrücken, eben dieselbe einnehmende Art in den Unterredungen; eben dieselben Begierden in dem Innersten, eben dieselbe Anmuth in dem äußern Betragen, mit einem Worte, niemals waren zwo Schwestern, mit süssern und mächtigern Banden verstricket.

Ihr Leben würde in der ewigen Vereinigung glückselig gewesen seyn, und die Prinzeßinn Anna hatte weiter keine Wünsche, als für die Glückseligkeit, eine demüthige Nonne unter einer Schwester zu seyn, deren Tugend sie bewunderte. Zu dieser Zeit starb der Herzog von Mantua, ihr Vater; die Geschäfte berieffen sie nach Hofe; die Prinzeßinn Benedicta welche ihr Erbtheil in dem Himmel hatte, wurde

tauglich gehalten, die Zwiſtigkeiten ihres
Hauſes zu vereinigen. Allein, o betrüb‐
ter Streich für die Prinzeßinn Anna! die
fromme Aebtißinn ſtarb unter dieſer edlen
Bemühung und in der Bluͤthe ihres Alters.
Ich habe nicht noͤthig meine Herren, ihnen
zu ſagen, wie tief der Tod das zaͤrtliche
Herz der Prinzeßinn Anna verwundet. Un‐
terdeſſen war dieſes nicht ihre groͤßte Wun‐
de. Sie wurde Frau ihrer Begierden;
ſie ſah die Welt und wurde von ihr geſe‐
hen; ſie vermerkte bald, daß ſie gefiel:
und ſie koͤnnen, meine Herren, den feinen
Gift, der ſich in ein jugendliches Herz mit
dieſen Gedanken einſchleicht. Jene ſchoͤ‐
nen Entwuͤrfe, wurden gar bald in Ver‐
geſſenheit geſtellt. Indeſſen daß eine ſo
hohe Geburt, ſo viele Schaͤtze und An‐
nehmlichkeiten, mit denen ſie ausgeſchmuͤ‐
cket war, die Augen des ganzen Europens
auf ſie gezogen, ſo verdiente ſie Prinz
Eduard von Bayern, ein Sohn Fridrichs
des fünften Kuhrfuͤrſten und Pfalzgrafen
am Rheine: ein junger Prinz, der unter
den ungluͤcklichen Zufaͤllen ſeines Hauſes
die Flucht nach Frankreich ergriffen. Sie
ſetzte den Reichthuͤmern, die Tugend die‐
ſes Prinzen, und jene edle Verbindung vor,

bey welcher man allenthalben nichts als Kö=
nige antrifft. Die Prinzeßinn lud ihn ein,
sich unterrichten zu lassen, und er erkanute
gar bald die Irrthümer, in welche ihn
seine letzten Ahnen gebracht, die den alten
Glauben verlassen. Glückliche Vorbedeu=
tungen für das pfälzische Haus! Seiner
Bekehrung folgte die Bekehrung der durch=
lauchtigsten Louise, seiner Schwester, de=
ren Tugenden die Ehre des heiligen Klo=
sters zu Maubuisson durch ganz Europen
verbreiten: und diese glückseligen Erstlin=
ge zogen einen solchen Segen auf das pfäl=
zische Haus, daß wir nun endlich auch des=
selben Haupt katholisch sehen. Die Ver=
mählung der Prinzeßinn Anna war ein
glücklicher Anfang eines so großen Werkes.

Allein alles was sie liebte, mußte leider!
nur kurze Zeit dauren. Ihr durchlauchti=
ger Gemahl wurde von dem Tode hinweg=
geraubet, und unterließ ihr drey Prin=
zeßinnen, derer zwo, die noch im Leben
sind, ihr beste Mutter beweinen, und nir=
gends einen Trost, als in dem Angeden=
ken ihrer Tugenden finden. Allein es ist
noch nicht Zeit von diesen zu reden. Die
Prinzeßinn ist in dem gefährlichsten Zu=
stande ihres Lebens. Wie wenig sieht

man von jenen Wittwen, von welchen der Heil. Paulus redet, welche wahrhaftig Wittwen und untröstlich sind; die sich selbst, um so zu reden, in die Gräber ihrer entrißnen Gatten verscharren; alle menschliche Liebe mit jener geliebten Asche unter die Erde bringen, die Welt bereits mit Eckel ansehen, ihre ganze Hofnung auf ihn setzen, und Tag und Nacht im Gebethe zubringen! Dieses ist der Stand einer christlichen Wittwe nach den Gesetzen des Heil. Paulus; ein Stand, welcher bey uns in Vergessen gerathen; wo man das Wittsthum nicht mehr als einen Stand der Betrübniß, denn diese Worte versteht man nicht mehr; sondern als einen reizenden Stand betrachtet, in welchem man von allem Joche befreyet wird, und nun nichts mehr sucht, als sich selbst zu befriedigen, ohne auf jenen erschröcklichen Ausspruch des Heil. Paulus zu gedenken: Die Wittwe welche in Wollüsten lebet, bemerket, meine Brüder, er sagt nicht, die Wittwe, welche in Sünden lebet, sondern er sagt: Die Wittwe, welche in Wollüsten lebet, die ist lebendig todt. 1. Tim. 5. 6. weil sie das immerwährende Trauren, und das Kennzeichen der Betrübniß, welches gleichfals das Kennzeichen und die Ehre ihres Standes ist, aus denen Augen setzt, und sich den Ergötzlichkeiten der Welt überläßt.

Wie viele müßen wir also von jenen jungen und scherzenden Wittwen als todt beweinen, welche doch die Welt für so glücklich hält! Allein, wenn man JEsum Christum erkennet hat, und seiner Gnaden theilhaftig geworden; wenn man das göttliche Licht empfangen, und sich dennoch in die Wege der Welt mit offnen Augen versenket; wie wird es einer Seele ergehen, welche von einem so hohen Stande fällt, alle Unbilden der Juden wider JEsum Christum, und wider den erkannten und verkosteten JEsum Christum erneuert, und ihn zum zweytenmale an das Kreutz heftet? Ihr verstehet die Sprache des Heil. Paulus, meine Brüder. Vollende also, großer Apostel, und sage uns, was wir von einem so beweinenswürdigen Falle zu erwarten haben. Es ist unmöglich, sagt er, daß eine solche Seele zur Buße wiederum erneuert werde. Hebr. 6. 4. 6. Unmöglich? Welches Wort! Entweder, meine Herren, heißt es, daß die Bekehrung dieser vorhin begünstigten Seele alles

Maaß der gemeinen Gnaden übersteigt, und so zu sagen, die äusserste Bestrebung der göttlichen Macht verlangt: oder diese Unmöglichkeit, von der der heilige Paulus redet, will sagen, daß in der That jene ersten Süßigkeiten nicht mehr zurückkehren, die eine unschuldige Seele einmal erfahren, da sie ihnen mit Kenntniß abgesaget; dergestalt, daß sie nicht mehr die Gnade, als durch rauhe Wege und ungemeine Beschwerden gelangen kann. Nehmen wir was immer für eine Erklärung an, meine Herren: beyde sind bey der Pfalzgräfinn durch die Wahrheit bekräftiget worden. Um sie in der Liebe der Welt gänzlich zu versenken, war noch dieses letzte Unglück vonnöthen: und was für eines? Die Gunst des Hofes. Der Hof verlangt alzeit die Ergötzungen mit den Geschäften zu verbinden. Durch eine außerordentliche Vereinigung, trift man nirgends mehr ernsthaftes und zugleich aufgewecktes als hier an. Betrachten wir den innern Zustand: wir finden allenthalben verborgenen Eigennutz, feine Eifersucht, welche eine äußerste Empfindlichkeit verursachet; bey einem heftigen Ehrgeize, Sorgen, und eine eben so traurige als eitle Ernsthaftigkeit. Alles ist mit einer muntern Mine bedeckt, und man sollte sagen, daß man bey Hofe nichts anders denkt, als sich zu ergötzen. Unsere Prinzeßinn war zu den Ergötzungen und Geschäften gleich geschickt. Der Hof sah nichts verbindlichers, und ohne von ihrer Scharfsinnigkeit und Fruchtbarkeit in ihren Anschlägen zu reden, so wich alles dem geheimen Reize ihrer Unterredungen. Was sehe ich zu dieser Zeit? Was für eine Verwirrung! was für ein erschröckliches Schauspiel stellet sich hier meinen Augen vor? Das Königreich bis im Grunde erschüttert, den bürgerlichen und auswärtigen Krieg, das Feuer von innen und aussen; die Hülfsmittel allerseits gefährlicher als das Uebel, die Prinzen mit grosser Gefahr gefangen, und mit noch grösserer befreyet; jener Prinz, den man für den Helden seines Jahrhundertes gehalten, seinem Vaterlande, dessen Stütze er war, unnütz, und nachmals wider selbes, ich weis nicht wie, wider seine eigene Neigung bewaffnet; ein verfolgter Minister, und welcher nicht nur allein durch die Wichtigkeit seiner Dienste, sondern auch seine Unglücksfälle, mit welchen die höchste Gewalt verknüpfet war, nothwendig geworden.

Was

Was sollte ich sagen? War dieses eines von jenen Ungewittern, derer sich der Himmel einmal entladen muß; und mußten vielleicht diese Stürme vor der tiefen Stille unserer Tage gehen? vielleicht waren dieses die letzten Bestrebungen einer aufrührischen Freyheit, welche der rechtmäßigen Gewalt das Feld überläßt? oder waren dieses gleichsam die Geburtsschmerzen Frankreichs, welches das bewunderungswürdige Reich Ludwigs hervorbringen sollte? Nein, nein; es war GOtt, welcher zeigen wollte, daß er derjenige sey, welcher tödtet und erwecket; welcher bis in die Hölle hinabstürzet, und nachmals daraus befreyet; der die Erde erschüttert und beweget, und in einem Augenblicke ihre Spaltungen zusammenfüget.

Hier machte die Pfalzgräfinn ihre Treue berühmt, und legte die Schätze ihres Geistes an Tag. Ich sage nichts als was bekannt ist. Da sie dem Staate und der großen Königinn Anna von Oesterreich allezeit getreu war, so besaß sie nebst dem Geheimniße dieser Prinzeßinn, auch alle Geheimniße der Partheyen: so durchdringend war sie; so sehr verschafte sie sich Vertrauen, so natürlich war sie, die Herzen zu gewinnen! Sie erklärte den Häuptern der Partheyen, wie weit sie sich mit ihnen einlassen könnte; und man glaubte sie recht fähig zu betrügen oder betrogen zu werden. Allein ihr besonderer Charakter war, die entgegengesetzten Vortheile zu vereinigen, und da sie über selbe die Oberhand erhielt, den geheimen Ort und gleichsam den Knoten zu finden, dnrch den sie konnten verknüpfet werden. Wozu dienten ihre seltenen Gaben? wozu diente es ihr, daß sie die innigste Vertraulichkeit des Hofes verdienet? daß sie einen zweymal verbannten Minister wider sein misgünstiges Glück, wider sein eigenes Schrecken, wider die Boßheit seiner Feinde, und endlich wider seine zertheilten, oder unschlüßigen, oder ungetreuen Freunde unterstützet? Was wurde ihr nicht bey diesen dringenden Nothfällen verheißen? Allein was für eine andere Frucht hatte sie davon, als daß sie nun aus eigner Erfahrung die Schwäche der großen Staatsmänner, ihre veränderten Meynungen oder betrüglichen, die verschiedene Gestalt der Zeiten, das Eitle der Verheissungen, die Verblendung der Freundschaften dieser Welt, welche mit den Jahren und Vortheilen vorübergehen; und

endlich jene tiefe Dunkelheit des menschlichen Herzens erkannte, welches niemals weis, wohin sein Wille gehen wird, das oft nicht begreift was es will, und nicht minder gegen sich selbst, als andere verhalten und betrügerisch ist?

O ewiger König der Zeiten, der du allein die Unsterblichkeit besitzest, sieh was man dir verzieht; sieh was die Seelen verblendet, die man groß nennt! Unter diesen beweinungswürdigen Irrthümern hatte die Pfalzgräfinn Tugenden, so die Welt bewundert, und welche machen, daß sich eine verführte Seele selbst bewundere: sie war unbeweglich in ihren Freundschaften, und unfähig eine Pflicht dieser Welt zu unterlassen. Die Königinn ihre Schwester erhielt einen Beweis dessen zu einer Zeit, da eben ihre Herzen uneinig waren. Ein neuer Eroberer stand in Schweden auf. Man sah einen andern Gustav, welcher nicht minder stolz, kühn und kriegerisch war als jener, dessen Name Deutschland noch zittern macht. Karl Gustav zeigte

jene fürchterliche Reiterey, welche man so geschwind als ein Adler auf den Feind loß= brechen sah? Wo sind jene kriegerischen Herzen, jene so berühmten Streithämmer, und jene Bögen, welche niemals vergebens gespannet worden? Allein weder die Pfer= de sind behende, noch die Menschen eilfer= tig, als um vor dem Ueberwinder zu flie= hen. Eben damals sah sich Pohlen von den aufrührischen Kosaken, von den treu= losen Moskoviten, und noch mehr von dem Tartar überschwemmet, den es in der Ver= zweiflung zur Hülfe geruffen: alles schwam im Blute, alles fiel nur auf Leichen dahin. Die Königinn hatte keinen Ort mehr, wo sie sich hinflüchtete, sie verließ das R ich. Der König war nach einigem tapfern aber eiteln Widerstande gezwungen ihr nachzu= folgen. Sie nahmen ihre Flucht in Schle= sien, wo ihnen auch die nöthigsten Dinge mangelten, und nichts anders übrig war, als zu beobachten, wohin jener große Baum, den so viele Hände erschütterten, und so viele Streiche an der Wurzel fällten, um= stürzen, oder wer die zerstreuten Aeste sam= meln würde. GOtt hat alles anders verord= net. Pohlen war seiner Kirchen nöthig, und er mußte ihr einen Rächer geben. Er

sah

sah sie mit Mitleiden an, seine mächtige Hand führte den stolzen Schweden zurück, so erzürnt er auch darüber war. Er rächete sich an Dännemarck, dessen unversehene Ueberfallung ihn zurück beruffen, und das er bereits aufs äußerste gebracht. Allein das deutsche Reich und Holland erhoben sich wider einen Eroberer, der dem ganzen Norden die Knechtschaft drohte. Insdessen daß er neue Kräfte sammelte, und neue Niederlagen überdachte, donnerte GOtt von der Höhe des Himmels; der fürchterliche Feldherr fiel in der schönsten Zeit seines Lebens, und Pohlen war befreyet. Allein der erste Strahl der Hoffnung kam von unserer Prinzeßinn. Sie schämte sich zwar, dem Könige und der Königinn von Pohlen nicht mehr als hundert tausend Pfund zu schicken, allein sie schickte sie dennoch mit einer unglaublichen Eilfertigkeit. Was hatte man an dieser That am meisten zu bewundern? daß eine solche Hülfe so gelegen gekommen? oder daß sie eine Hand mitgetheilet, von der man sie nicht erwartet? oder aber, daß sich die Pfalzgräfinn aller Dinge beraubet, um einer Schwester zu dienen, die sie nicht liebte, ohne daß sie in dem unglückseligen

Zustande, in dem ihre Sachen waren, Entschuldigungen suchte? Diese zwo Prinzeßinnen waren ferner nichts als ein Herz: die Königinn zeigte sich wahrhaft als eine Königinn durch eine Güte und Pracht, derer Ruf sich durch den Erdkreis ausgebreitet; und die Pfalzgräfinn verband eine ewige Dankbarkeit mit der Ehrfurcht, welche sie für eine ältere Schwester von einer so erhabnen Würde, und so großem Verdienste hatte.

Was für eine Blindheit ist nicht diese bey einer Christlichen Seele, und wer kann sie begreiffen, daß es ihr unmöglich fällt, den Menschen treuloß zu werden, daß sie sich aber nicht scheuet, GOtt zu verlassen, gleichsam als wenn der Dienst Gottes nicht auch einen Rang unter den Pflichten hätte. Erzählen sie nun also, meine Herren, sie die es wissen, alle großen Eigenschaften der Pfalzgräfinn; zeigen sie wenn es möglich ist, alle die Annehmlichkeiten jener süßen Beredsamkeit, welche sich in die Herzen auf eine so neue nnd natürliche Art ein

heftete. In allen diesen sehe ich nichts als den Verschwender des Evangeliums welcher sein Erbtheil besitzen, und seiner selbst und der Güter geniessen wollte, die ihm sein Vater überlassen, der sich so viel es möglich ist, von dem väterlichen Hause in ein entferntes Land begiebt, wo er so viele Schätze verschwendet; wo er mit einem Worte der Welt alles jenes zueignet, was GOtt von ihm haben will. So lange die Pfalzgräfinn die Welt und sich selbst befriedigte, so war sie nicht glückselig, und das Leere der menschlichen Dinge ließ sich allenthalben in ihrem Herzen fühlen. Sie war nicht glückselig, weder da sie, nebst der Hochachtung der Welt, nach der sie sich so sehr sehnte, auch die Hochachtung des Königs selbst erhielt, weder da sie die Freundschaft und das Vertrauen Philipps und der zwo Prinzeßinnen, welche nacheinander die zweyte Zierde des Hofes mit ihm ausmachten; Philipps, sage ich, jenes großen Prinzen, welcher weder seine Geburt, weder seine Tapferkeit, noch der

ohne Schmerzen erinnern, und die andere nicht ohne Verwunderung nennen kann.

Allein vielleicht macht eine ſichere Beſeſtigung des Hauſes unſerer Prinzeßinn ihre Glückſeligkeit vollkommen? Nein, ſie war weder dadurch glückſelig, daß ſie die Prinzeßinn Anna, ihre geliebte Tochter und die Freude ihres Herzens, neben ſich hatte, noch daß ſie ſelbe in ein Haus brachte, in welchem alles groß iſt. Was ſollte ich weiter erklären? Man ſagt alles, wenn man alleine die Namen Ludewigs von Bourbon, Prinzen von Conde, und Heinrichs Julius von Bourbon, Herzogs von Anguien nennet. Wenn GOtt ihr Leben nur noch eine kurze Zeit gefriſtet hätte, ſo würde ſie die großen Gnaden und den erſten Sterblichen geſehen haben, welcher von dem, was die Welt nach ihm am meiſten bewundert, gerühret wurde, und dem es gefiel, ſelbes auf eine würdige Art zu erkennen. Dieſes mußte ſie von der Vermählung der Prinzeßinn Anna erwarten.

Die Prinzeßinn Benedicta, war nicht weniger glücklich; ſie vermählte ſich mit Johann Friderichen, Herzog von Braunſchweig und Hannover, einem mächtigen Fürſten, welcher die Weisheit mit der

Tap-

Tapferkeit, die katholische Religion mit
den Tugenden seines Hauses, und was die
Freude unserer Prinzeßinn vollkommen
machte, den Dienst, den er dem deutschen
Reiche schuldig ist, mit den Vortheilen
Frankreichs verbunden. Alles war groß
in ihrer Familie, und die Prinzeßinn Maria hatte weiter nichts als ein längeres Leben zu wünschen. Wenn sie nun aber bey
so großem Schimmer der Ruhe und Annehmlichkeit nöthig hatte, so fand sie in
einem Prinzen, welcher sonsten so groß ist,
als der diese Versammlung beehret, bey
den großen Eigenschaften auch jene, welche ihren feinen Geschmack befriedigen
konnten: und in der Herzoginn, ihrer
geliebten Tochter, ein Naturell, wie es ein
Herz, als ihres war, verlangte, einen
Witz, der überall hervorblickte, ohne glänzen zu wollen, eine Tugend, welche die
Hochachtung der Welt bald erzwingen,
und wie ein schneller Strahl eine schöne aber
düstre Wolke mit großem Schimmer auf
einmal durchdringen mußte. Dieses beglück-

bewundert, in welchem der aufmerksame
Erdkreis nichts mehr sieht, was ihm man=
geln könnte, und erstaunlich ist, alle Tu=
genden in einem einzigen Menschen zu fin=
den. Was war ihr also nöthig, und was
gebrach dem Glücke unsrer Prinzeßinn?
GOtt, den sie erkannt, und alles mit ihm.
Diesem hat sie einmal ihr Herz gegeben.
Die himmlischen Süßigkeiten, welche sie
in dem Schooße von St. Fare geschme=
cket, waren zu ihrem Geiste zurückgekehret.
Sie begab sich auf das Land, sie entfernte
sich von der Welt, und beschäftigte sich
alleine drey Jahre lang, um ihr Gewissen
und ihre Geschäffte in Ordnung zu brin=
gen. Eine Million, die sie aus dem Her=
zogthum Rothel zog, diente ihr, ihre gu=
ten Werke zu verdoppeln, und ihr erstes
war, ihre Schulden, mit einer gewissen=
haften Genauigkeit zu bezahlen, ohne sich
jene so fein geschmincken Vergleichungen
zu erlauben, welche öfters nichts anders,
als unter einem köstlichen Namen verbor=
gene Ungerechtigkeiten sind.

Sind wir also hier bey jener glücklichen
Wiederkehr, welche ich schon so lange ver=
sprochen? Nein, meine Herren, sie wer=
den diesesmal nichts als einen noch beweis

nenswürdigern Fall sehen. Weder die Rathschläge der Vorsehung, noch der Zustand der Prinzeßinn liessen zu, daß sie ihr Herz nur im geringsten theilte: eine Seele, wie ihre ist, verträgt dergleichen Theilungen nicht; sie muß entweder mit der Welt gänzlich brechen, oder sich mit ihr gänzlich wieder verbinden. Die Geschäfte beriefen sie wiederum dahin; ihre Frömmigkeit zerstreute sich noch einmal; sie erfuhr, was JEsus Christus nicht vergebens gesagt: Und werden also die letzten Dinge deßelbigen Menschen ärger denn die ersten. Luk. 11. 26.

Zittert ihr versöhnten Seelen, die ihr so oft die Gnade der Buße wieder verwerfet; zittert, da ein jeder Fall neue Abgründe unter euren Schritten gräbt; zittert endlich bey dem erschröcklichen Beyspiele der Pfalzgräfinn. Der erzürnte Heil. Geist, zieht sich auf diesem Zufalle zurück; die Finsternisse nehmen überhand; der Glaube verlischt.

Ein heiliger Abt, dessen Gelehrsamkeit und Leben eine Zierde unsers Jahrhunderts sind, wurde von einer so wunderbaren und vollkommenen Bekehrung, als die Bekehrung unserer Prinzeßinn war, äusſerſt gerühret, und befahl ihr, ſelbe zur Erbauung der Kirche zu verzeichnen. Sie fängt dieſe Erzählung an, indem ſie ihren Irrthum bekennet. Du, o HErr! deſſen unendliche Güte den Menſchen nichts kräftigers mitgetheilet, um ihre Sünden zu tilgen, als die Gnade ſie zu erkennen, nimm dieſes demüthige Bekenntniß deiner Dienerinn auf, und wenn ihr nach einer ſo langen Buße, noch etwas auszuſöhnen übrig, ſo laß ſie heute, in Anſehung dieſes Opfers deine Erbarmungen erfahren.

Sie bekennet alſo, meine Herren, daß ſie das Licht des Glaubens dermaſſen verlohren, daß wenn man von den Geheimnißen der Religion ernſthaft redete, ſie ſich Gewalt anthun mußte, jenes verachtende Gelächter inne zu halten, welches einfältige Menſchen erregen, wenn man ſie unmögliche Dinge glauben ſieht: Und, fährt ſie fort, es würde für mich das gröſſte Wunder geweſen ſeyn, wenn man mich zu einem feſten Glauben des Chriſtenthums gebracht hätte. Was würde ſie nicht gegeben haben, um dieſes Wunder zu erhalten. Allein die Stunde, welche die Vorſehung beſtimmet, war noch nicht gekommen. Dieſes war die Zeit, in

wel-

welcher sie ihrer eignen Willkühr mußte überlassen werden, um nachmals den wunderbaren Sieg der Gnade besser zu erkennen. So seufzte sie in ihrem Unglauben, den sie zu überwinden nicht Macht genug hatte. Es fehlte wenig, daß sie nicht bis zur Verlachung geschritten, welches die äusserste Ausschweifung und gleichsam der Triumph des Stolzes ist; es fehlte wenig, daß sie nicht unter jene Spötter gerathen, denen nach dem Ausspruch des Weisen die Gerichte nahe sind. Beweinungswürdige Blindheit! GOtt hat unter uns ein Werk gemacht, welches da er es von einer jeden andern Ursache abgesondert, und selbes ihm alleine angehöret, alle Zeiten und Orte erfüllet, und durch den ganzen Erdkreis das Merkmahl seines Ansehens mit dem Eindrucke seiner Hand trägt. Dieses ist JEsus Christus und seine Kirche. In dieser Kirche hat er ein Ansehen festgesetzet, welches alleine fähig ist, den Stolz herunter zu machen, und die Einfalt zu erheben, und welches da es so wohl den Gelehrten als Ungelehrten gleich gemessen ist, beyden eine gleiche Ehrfurcht einflößt. Wider dieses Ansehen sträuben sich die Freygeister mit einer verachtenden Mine. Allein was haben diese seltnen Köpfe gesehen? was haben sie mehr als andere gesehen? wie groß ist ihre Unwissenheit! wie leicht wäre es sie zu beschämen, wenn diese schwachen und vermessenen Geister nicht befürchteten unterrichtet zu werden! Denn denken sie wohl, daß sie die Schwierigkeiten besser eingesehen, weil sie denselben unterliegen, und weil andere, die sie gleichfals gesehen, selbe verachtet? Sie haben nichts gesehen; sie verstehen nichts, sie haben keinen Grund; ihr Nichts, auf welches sie nach diesem Leben hoffen, fest zu setzen; und dieses elende Erbtheil ist nichts weniger als gesichert. Sie wissen nicht, ob sie einen gütigen oder feindseligen GOtt finden werden. Wenn sie ihn gegen die Tugend und das Laster ganz gleichgültig machen, was für eine abscheuliche Gottheit! und wenn er sich würdiget, jenes zu richten, was er erschaffen, und besonders was er einer guten und übeln Wahl fähig erschaffen; wer wird ihnen sagen, was ihm gefällt, was ihn beleidiget, was ihn versöhnet? Wodurch haben sie es errathen, daß alles, was man von diesem ersten Wesen denkt, gleichgültig sey, und daß alle Religionen, die man auf Erden sieht, vor

ihm

ihm einen gleichen Grad der Güte haben? Folget wohl daraus, daß keine wahrhaft sey, weil es falsche giebt; oder daß man den aufrichtigen Freund nicht mehr erkennen könne, weil man von Betrügern umgeben ist? Sind vielleicht alle, welche irrgehen, blos aus Unwissenheit und nicht aus Boßheit auf dem üblen Wege? Kann sich der Mensch etwa nicht selbst nach seiner Gewohnheit täuschen? Allein welche Strafe verdienen nicht jene Hindernisse, welche er dem reinsten Lichte durch seine Vorurtheile in Weg setzt? Wo hat man erlernet, daß die Strafe und Belohnung nur für die weltlichen Gerichte seyn, und daß man in GOtt keine Gerechtigkeit finde, von welcher jene ein Funke ist, die wir besitzen? Wenn nun aber eine so unumschränckte und folglich unvermeidlich, eine so göttliche und folglich unendliche Gerechtigkeit ist; wer wird uns sagen, daß sie nicht nach ihrer Natur handle, und daß eine unendliche Gerechtigkeit nicht endlich eine unendliche, und ewige Strafe ausübe? Wo sind denn nun die Gottlosen, und welche Versicherung haben sie wider eine ewige Rache, die ihnen drohet? Werden sie endlich, da ihnen ein beßerer Zufluchtsort mangelt, in

den

den Abgrund der Gottesverläugnung stützen, und ihre Ruhe in einer Wut setzen, welche in den Herzen kaum einen Ort findet? Wer wird ihnen jene Zweifel entwickeln, nachdem sie ihnen einmal diesen Namen beylegen wollen? Ihre Vernunft, welche sie zum Führer annehmen, stellet ihrem Verstande nichts anders vor als Muthmassungen und Verwirrungen. Die Ungereimtheiten, in die sie fallen, da sie die Religion verläugnen, können noch weniger behauptet werden, als jene Wahrheiten, deren Hoheit sie betäubet; und weil sie unbegreifliche Geheimnisse nicht glauben wollen, so nehmen sie nacheinander unbegreifliche Irrthümer an.

Allein was ist endlich, meine Herren, ihr Unglaube anders, als ein Irrthum ohne Ende, eine Verwägenheit, welche alles in Gefahr setzet, eine freywillige Betäubung, mit einem Worte, ein Stolz, welcher kein Mittel, ich will sagen, welcher keine rechtmäßige Gewalt ertragen kann? Glauben sie ja nicht, daß man alleine durch die Unmäßigkeit der Sinnen verführet werde; die Unmäßigkeit des Geistes betreugt nicht minder. Eine so wohl als die andere macht sich ihre geheimen Ergötzungen,

und

und widersetzt sich dem Gebothe. Jener Hochmüthige glaubt sich über alles und über sich selbst zu erheben, wenn er sich, wie es ihm scheint, über die Religion erhebt, die er so lange Zeit verehret; er setzt sich in die Zahl erleuchter Männer, er spottet die schwachen Geister in seinem Herzen, welche weiter nichts thun, als daß sie andern folgen, ohne etwas von sich selbst zu erfinden; und da er der einzige Gegenstand seiner Gedanken geworden, so bildet er seinen GOtt aus sich selbst.

Bey diesem tiefen Abgrunde war die Pfalzgräfinn ihrem Untergange nahe. Es ist wahr, sie wünschte eifrig die Wahrheit zu erkennen. Allein wo ist die Wahrheit ohne den Glauben, der ihr unmöglich schien, wenn ihn nicht GOtt ihr durch ein Wunder einflößte? Was nützte es ihr, die Erkenntniß der GOttheit beybehalten zu haben? Auch die ausgelassensten Geister verwerfen dessen Begriff nicht, damit sie nicht gehalten wären, sich selbst eine allzuhandgreifliche Blindheit zu verweisen. Ein GOtt, den man sich nach seinem Dünkel, so geduldig und unempfindlich bildet, als es unsere Leidenschaften vonnöthen haben, verursacht keine Unbequemlichkeit;

Die Freyheit, die man sich nimmt, alles zu gedenken, was man will, macht daß man eine neue Luft zu schöpfen glaubt. Man bildet sich ein, seiner selbst, und seiner Begierden zu genießen; und vermöge des Rechts, das man zu erlangen vermeint, da man sich nichts versagt, glaubt man alle Güter zu besitzen, und verkostet sie vorhinein.

O! meine Brüder, was bleibt unserer Prinzeßinn in diesem Zustande übrig, wo der Glaube selbst verlohren, das ist, die Grundfeste eingeworfen ward? Was bleibt einer Seelen übrig, welche aus einer gerechten Strafe Gottes, aller Gnaden entblößet, und durch kein einziges Band mit JEsu Christo verbunden war? Was blieb ihr anders übrig, meine Brüder, als was der H. Augustinus sagt? Es blieb ihr ein großes Elend und eine große Barmherzigkeit übrig*; es blieb ihr jener geheime Blick einer erbarmnißvollen Vorsehung übrig, welche sie von den äußersten Grenzen der Welt zurück beruffen wollte. Und sehen sie, meine Herren, den Anfang ihrer Bekehrung. Vergönnen sie mir ihre

---

* Restabat magna miseria & magna misericordia. In Ps. 50.

Aufmerksamkeit, er hat etwas außerordentliches an sich.

Dieser war ein wunderbarlicher Traum, einer von denenjenigen, welche GOTT selbst, durch den Dienst der Engel, von dem Himmel sendet, derer Bilder so genau, und gereiniget sind, und in denen man ich weis nicht was himmlisches findet. Vernehmen sie ihn, und erinnern sie sich besonders, die Ordnung der göttlichen Ermahnungen, und das Betragen der Gnade nicht mit Verachtung anzuhören. Es schien der Prinzeßinn, wie sie es selbst dem heiligen Abte erzählt, es schiene, sage ich,
„ der Prinzeßinn; daß da sie alleine in ei-
„ nem Walde gieng, sie in einer Hüt-
„ te einen Blinden gefunden hätte.
„ Sie näherte sich ihm, um zu fra-
„ gen, ob er von Geburt, oder durch
„ einen Zufall blind wäre. Er ant-
„ wortete ihr, daß er blind gebohs
„ ren wäre. Du weißt also nicht,
„ wiedersetzte sie, was das so schöne
„ und angenehme Licht, noch was
„ die Sonne sey, welche so vielen
„ Schimmer und eine so große Schön-
„ heit hat? Ich, sagte er, habe
„ niemals diesen schönen Gegenstand

„ genossen, und bin nicht fähig mir
„ einen Begriff zu machen. Ich glau-
„ be dennoch, fuhr er fort, daß sie
„ von einer ungemeinen Schönheit
„ sey. Der Blinde schien damals sei-
„ ne Stimme und sein Gesicht zu ver-
„ ändern, und einen gebietherischen
„ Ton anzunehmen: Mein Beyspiel
„ sagte er, muß dich lehren, daß es
„ vortrefliche und bewunderungswür-
„ dige Dinge gebe, welche unsern
„ Verstand überschreiten, allein da-
„ rum nicht aufhören wahrhaft und
„ reitzend zu seyn, obwohl man sie
„ weder begreifen noch sich einbilden
„ kann.

In der That, den Ungläubigen mangelt ein Sinn wie dem Blinden; und GOtt
ist derjenige, der ihn ertheilet; wie der
Heil. Johannes sagt: Er hat uns Verstand gegeben, damit wir den wahrhaftigen GOtt erkennen, und in seinem
wahrhaftigen Sohne seyn. 1. Joh. 5.
20. Unsere Prinzeßinn empfieng ihn. Zu
eben derselben Zeit, mitten unter einem so
geheimnißvollen Traume; machte sie die
„ Anwendung des schönen Gleichni-
„ ßes von dem Blinden auf die Wahr-

„ heiten der Religion und des andern
„ Lebens: Dieses sind ihre eigenen
Worte.

GOtt, welcher weder der Zeit, noch
weitläuftiger Reden nöthig hat, um sich
zu verstehen zu geben, öffnet ihr unversehens die Augen. Damals, fährt sie fort
zu reden; war sie durch diesen unerwar-
„ teten göttlichen Strahl dermaßen
„ erleuchtet, und vor Freuden auf-
„ ser sich, daß sie jenes gefunden,
„ was sie so lange gesuchet, daß sie
„ sich nicht enthalten konnte, den
„ Blinden zu umarmen, dessen Wor-
„ te ihr ein weit schöners Licht ent-
„ decket, als jenes ist, welches ihm
„ gebricht. Und, sagt sie, es ergoß
„ sich eine so süße Freude, und ein so
„ empfindlicher Glaube in meinem Her-
„ zen, daß ich nicht Worte habe, wel-
„ che fähig wären, sie auszudrücken.

Ihr erwartet, meine Brüder, wie sie
beschaffen gewesen, da sie von diesem so
wunderbarem und süßem Schlafe erwachet.
Höret, und gestehet, daß dieser Traum
wahrhaft göttlich gewesen. „ Sie er-
„ wachte darüber, und befande sich
„ in eben dem Zustande, in welchem

„ sie bey diesem wunderbaren Trau=
„ me gewesen, das ist, so sehr verän=
„ dert, daß sie Mühe hatte, es zu
„ glauben. Das Wunder, welches sie
erwartet, ist angekommen; jene, welche den
Glauben für unmöglich ansah, ist gläu=
big; GOtt verändert sie durch ein gött=
liches Licht und einen Traum, der eine Art
von Entzückung war. Alles was bey ihr
darauf erfolgte, war von gleicher Stärke.
„ Ich stand, fährt sie fort, in großer
„ Eile auf; meine Handlungen waren
„ mit einer außerordentlichen Freude
„ und Behändigkeit vermischet. Sie
vermerken es wohl, meine Herrrn, diese
Lebhaftigkeit, welche ihre Handlungen be=
seelte, läßt sich so gar in ihren Worten ver=
„ spüren. Alles, was ich von der Re=
„ ligion las, rührte mich bis zu den
„ Thränen: Ich befand mich bey der
„ Meße in einem weit andern Zustan=
„ de, als ich sonst ihr beyzuwohnen
„ pflegte. Denn unter allen Geheim=
nißen schien ihr dieses am wenigsten glaub=
„ würdig zu seyn: Allein damals schien
„ es mir, die wahrhafte Gegenwart
„ unsers Heilands so sehr zu empfin=
„ den, als man sichtbare Dinge füh=
„ let,

„ let, von denen man nicht zweifeln
„ kann.

Auf diese Weise gieng sie unversehens aus einer tiefen Finsterniß zu einem hellen Lichte. Die Wolken ihres Gemüthes sind zerstreuet: ein Wunder, das eben so sehr zu erstaunen ist, als jenes, durch welches JEsus Christus die Schuppen von den Augen eines bekehrten Saulus in einem Augenblicke hinweggenommen hat. Wer sollte also bey einer so unerwarteten Veränderung nicht aufrufen: Dieß ist der Finger GOttes. 2. B. Mos. 8. 19. Die Folge läßt es nicht zu, daß man daran zweifle; und die Wirkung der Gnade erkennt man aus ihren Früchten. Von diesem glücklichen Augenblicke an, war der Glaube der Prinzeßinn unbeweglich; und so gar die fühlbare Freude, die sie in ihrem Glauben erfahren, dauerte noch einige Zeit fort. Allein mitten unter diesen himmlischen Süßigkeiten wollte sich auch die göttliche Gerechtigkeit zu erkennen geben. Die demüthige Prinzeßinn glaubte nicht, daß es ihr erlaubet wäre, sich den heiligen Sacramenten so geschwind zu nähern. Drey Monate wurden von ihr angewendet, ihre unter so vielen Blendwerken hingelaufenen Jahre mit Thränen zu untersuchen, und sich zur Beichte zu bereiten. Da sich der gewünschte Tag bereits näherte, an dem sie hoffte, von ihren Sünden loßgebunden zu werden, fiel sie in eine Ohnmacht, welche ihr weder Farbe, weder Athem, noch Pulsschlag hinterließ. Sie erholte sich endlich aus einer so langen und seltnen Schwachheit; allein sie sah sich von einem weit größerm Uebel beladen; und nach den fürchterlichen Bildern des Todes fühlte sie alle Schrecken der Hölle: eine würdige Würkung der Sacramente der Kirche, welche wenn sie ertheilet oder verschoben werden, eine Seele die Barmherzigkeit GOttes oder die ganze Last seiner Rache empfinden lassen. Ihr Beichtvater, welchen sie berufen, fand sie ohne Kraft; sie war einer Aufmerksamkeit unfähig, und vermochte kaum einige gebrochene Worte vorzubringen; er war gezwungen die Beichte auf den folgenden Tag zu verschieben. Laßen wir die Prinzeßinn selbst erzählen wie sie die Nacht in dieser Erwartung zugebracht. Wer weis ob nicht die Vorsehung eine irrige Seele hieher gebracht, welche durch diese Erzählung muß gerühret werden? „Es ist unmög-

„ lich, sagt sie, sich die außerordent-
„ lichen Aengstigkeiten meines Geistes
„ vorzustellen, ohne sie selbsten erfah-
„ ren zu haben. Ich befürchtete je-
„ den Augenblick die Zurückkunft mei-
„ ner Ohnmacht, das ist, meinen Tod
„ und meine Verdammung. Ich be-
„ kannte zwar, daß ich keiner Barm-
„ herzigkeit würdig wäre, die ich so
„ lange vernachläßiget; und sagte zu
„ GOtt in meinem Herzen, daß ich
„ kein Recht hätte, mich über seine
„ Gerechtigkeit zu beklagen; allein ich
„ würde ihn endlich, o unerträglicher
„ Gedanke! ich würde ihn endlich
„ nicht mehr sehen: ich würde ewig
„ unter seinen Feinden, ewig ohne ihn
„ zu lieben, ewig seines Hasses wür-
„ dig seyn. Ich empfand auf das äuſ-
„ serste dieses Mißfallen, und emp-
„ fand es so, daß es von den andern
„ Peinen der Hölle ganz abgesondert
„ war.

Sehet, geliebte Schwestern, die ihr es wohl verstehet, sehet jene reine Liebe, welche GOtt selbst in den Herzen mit allen seinen Zärtlichkeiten, und in seiner ganzen Wahrheit ausgeußt. Sehet jene

P 3 Furcht,

Furcht, welche die Herzen verändert, nicht jene knechtliche Furcht, welche die Ankunft eines verhaßten Herrn, sondern jene Furcht einer keuschen Braut, welche sich fürchtet, das Geliebte zu verlieren. Diese zärtlichen Gesinnungen, welche mit Thränen und Schrecken vermischt waren, verschlimmerten ihr Uebel auf das äußerste. Niemand entdeckte die Ursache desselben, und diese Bewegungen wurden dem Fieber zugeeignet, von dem sie gequälet wurde. Unterdessen, da sie sich in diesem mitleidenswürdigen Zustande, als verworfen, und fast ohne Hoffnung des Heils betrachtete; so fuhr GOtt fort, welcher seine Wahrheiten auf eine Art, und unter jenen Bildern zu erkennen giebt, welche ihm gefallen, sie noch ferner zu unterrichten, wie er mit dem Joseph und Salomon gethan, und unter dem Schlummer, welchen ihr die Ueberfallung des Uebels verursachet, stellte er ihrem Geiste jenes Gleichniß vor, welches demjenigen, das im Evangelium vorkömmt, so ähnlich ist. Es schien ihr, jenes zu sehen, was JEsus Christus sich gewürdiget, uns als eine Abbildung seiner Zärtlichkeit zu geben; ich will sagen, eine Henne, welche für ihre Jungen sorgfältig war,

die

die sie begleitete. Unsere Kranke sah eines, das sich von den übrigen entfernte, von einem hungrigen Hunde überfallen. Sie lief hinzu, und entriß ihm dieses unschuldige Thierchen. Eben damals rief ihr anderseits eine Stimme zu, daß sie es dem Räuber zurückstellen sollte, dessen Zorn sie nur stärker anreitzen würde, wenn sie ihm die Beute entzöge. Nein, sagte sie, ich werde es niemals zurückstellen. In diesem Augenblicke erwachte sie, und machte in ihrem Geiste die Anwendung des Bildes, welches sie gesehen, gleichsam als wäre ihr gesagt worden: Wenn du, die „du doch boßhaft bist, dich nicht ent= „schließen kannst, dieses Thierchen, „das du gerettet, zurückzustellen: „warum glaubst du, daß dich GOtt, „welcher unendlich gütig ist, dem „Teufel zurück geben werde, nach= „dem er dich einmal seiner Macht ent= „rissen? Hoffe nur und fasse Muth. Bey diesen Worten gerieth sie in eine Ruhe und Freude, die sie nicht ausdrücken konnte; „gleichsam, sind ihre Worte, „gleichsam als wenn ihr ein Engel „gesagt hätte, daß sie GOtt nicht „verlassen hätte.

Auf diese Weise legte sich unversehens die Wut der Winde und Wellen, welche sie bedrohten, auf die Stimme JEsu Christi, und das Wunder, welches er in der Seele unserer heiligen Büßerinn gewirket, war nicht geringer, indem er sie, unter dem Schrecken eines zitternden Gewissens und dem Schmerzen der Hölle, die Erlassung ihrer Sünden, und jenen Frieden, welcher allen Verstand überschreitet, durch ein lebhaftes Vertrauen empfinden ließ. Ihre Sinnen wurden damals von einer himmlischen Freude überschwemmet? und die gedemüthigten Gebeine frohlockten. Erinnern sie sich, geheiligte Diener JEsu Christi, wenn sie das heilige Schlachtopfer, welches die Sünden der Welt tilget, in ihren Händen halten werden, erinnern sie sich dieses Wunders seiner Gnade. Und ihr heilige Priester kommet, ihr heilige Jungfrauen, ihr Christen, auch ihr Sünder kommet: fangen wir den Lobgesang der Befreyung einstimmig an, und hören wir nicht auf mit dem David zu wiederholen: Lobet den HErrn, denn er ist gut; denn seine Barmherzigkeit währet ewiglich! Ps. 135. 1.

Man muß so großen Gnaden nicht ermangeln, noch sie mit Trägheit annehmen. Die Pfalzgräfinn veränderte sich in einem Augenblicke; man sah keine andere Pracht als die Einfalt; keine andere Zierde als die Eingezogenheit. Sie zeigte sich dießmal der Welt; aber um ihr anzudeuten, daß sie den Eitelkeiten derselben entsaget. Denn was für ein Irrthum wäre es für eine Christinn, und für eine büßende Christinn, jenes auszuschmücken, was allein der Verachtung würdig ist; den Abgott der Welt zu mahlen, und zu verschönern; jene Annehmlichkeiten, welche mit der Zeit entfliehen, gleichsam mit Gewalt, und mit tausend so wohl unwürdigen als unnützen Kunstgriffen zurück zuhalten? ohne sich vor jenem zu schrecken, was man sagen würde, ohne jenes eitle Gespenst schwacher Geister, vor dem die Großen noch mehr als alle andere zittern, wie vorhin zu fürchten, erschien die Pfalzgräfinn bey Hofe, so sehr von sich selbst unterschieden: und von dieser Zeit an, entäußerte sie sich von allen Ergötzungen und unschuldigsten Spielen, indem sie sich den strengen Gesetzen einer christlichen Buße unterwarf, und auf nichts anders gedachte, als einer Freyheit den Zaum anzulegen, und sie zu bestrafen, welche sich in ihren Gränzen nicht halten konnte. Zwölf Jahre der Beständigkeit unter den beschwerlichsten Prüfungen, haben sie zu einer erhabnen Stafel der Heiligkeit gebracht.

Die Regel, die sie sich den ersten Tag vorgeschrieben war unveränderlich; eine Regel, die von ihrem ganzen Hause gehalten wurde, wo man nichts als ein Werk der Gottseligkeit nach dem andern vornahm. Die Stunde des Gebethes wurde niemals verändert, noch unterbrochen; ja die Kranckheiten selbst hatten nicht einmal ein Recht dazu. Sie wußte, daß alles bey dieser heiligen Unterredung darinnen bestünde, daß man sich unter die Hand GOttes demüthigte, und weniger gäbe als empfienge: oder aber, um vielmehr nach dem Gebothe JEsu Christi zu reden, so war ihr Gebeth immerwährend, um ihrer Nothdurft gleich zu seyn. Die Lesung des Evangeliums und der heiligen Bücher gaben ihr den Stoff dazu; und wenn es die Arbeit zu unterbrechen schien, so geschah es nur, um selbes auf eine andere Art fort zu setzen. Durch die Arbeit wurde der Ekel vertrieben, die Zeit nützlich zugebracht,

die

die Ermüdung der Trägheit gehoben, die schädlichen Einbildungen des Müßigganges verbannt. Der Geist ruhete aus, da indessen die Hände emsig beschäfftiget waren, und sich in Werken übten, zu denen die Frömmigkeit Anlaß gab: dieses waren entweder Kleider für die Armen, oder Zierrathen für die Altäre. Die Psalmen vertraten die Stelle der scherzenden Lieder der Welt. Wenn es nicht nöthig war zu reden, so beobachtete die weise Prinzeßinn das Stillschweigen. Die Eitelkeit und die Verläumdungen, welche alle Unterredungen der Welt ausmachen, verursachten, daß sie allen Umgang scheuete, und nichts schien ihr angenehmer als die Einsamkeit. Wenn sie von GOtt redete, so theilte sich die innere Wolluſt, von der alle Worte entsprangen, allen mit, die mit ihr umgiengen; und die edlen Ausdrücke, die man in ihren Reden und Schriften entdecket, kamen von dem hohen Begriffe, den sie sich von den göttlichen Dingen gebildet. Ihr Glaube war nicht weniger einfältig als lebhaft; unter den berühmten Zwistigkeiten, welche die Ruhe unserer Tage so verschieden verwirret, erklärte sie sich öffentlich, daß sie keinen andern Antheil daran haben wollte, als den Gehorsam gegen die Kirche. Wenn sie das Glück der Herzoge von Nevers ihrer Ahnen gehabt hätte, so würde sie derselben gottselige Pracht überstiegen haben; obwohlē hundert berühmte Tempel, derer Herrlichkeit bis zu dem Himel erheben, und die Kirchen der Heiligen, ihre Allmosen verkündigen.

Ihr durchlauchtigster Vater hatte eine Stiftung gemacht, von welcher jährlich sechszig Mädchen sollten verheirathet werden: ein reiches Opfer, ein angenehmes Geschenke. Die Prinzeßinn seine Tochter verheirathete davon jährlich, so viel sie konnte, weil sie die Freygebigkeit ihrer Ahnen nicht genug zu ehren glaubte, wenn sie sie nicht nachahmete. Man kann die Thränen nicht einhalten, wenn man sieht, wie sie ihr Herz einigen alten und armen Frauen, die sie ernähret, zugewendet. So zärtliche Augen machten ihr Vergnügen aus jenen gerunzelten Gesichtern, aus jenen unter der Last der Jahre erkrümmten Glieder. Hören wir nur was sie dem getreuen Diener ihrer Liebeswerke schreibt; und lernen wir daraus die Christliche Einfalt und Liebe zu verkosten: Ich bin ganz getröstet, sagte sie, daß die Sache unsrer guten Alten so weit gebracht worden. Vollen=

lenden wir es bald im Namen des HErrn; schaffen wir jene gute Frau aus dem Stalle, in dem sie liegt, und tragen wir sie in eines jener Bettchen. Was für eine Lebhaftigkeit folgt auf jene, welche die Welt einflößt! GOtt wird mir die Gesundheit geben, um dieser Gichtbrüchigen zu dienen: wenigstens werde ich es durch meine Aufmerksamkeit thun, wenn mir die Kräfte gebrechen, und da ich meine Uebel mit den ihrigen vereinigen werde, so will ich sie GOtt desto herzhafter aufopfern. Berichtet mir, wie viel für die Nahrung und das Hausgeräth dieser armen Frauen nöthig ist: nach und nach wollen wir sie mit allem versehen.

Ich fühle ein Vergnügen, wenn ich alle die Worte wiederhole, obwohlen sie zärtlichen Ohren eckeln; sie verdunkeln die prächtigsten Reden, und ich wünschte mir keine andere Sprache als diese jemals zu sprechen. Wenn eine außerordentliche Noth vorfiel, so gewann ihre Liebe neue Kräfte. Der rauhe Winter der letzten Jahre hörte endlich auf, sie desjenigen zu berauben, was ihr noch überflüßig war; alles wurde in ihrem Hause und an ihrer

Person arm; sie sah die Ueberbleibsel einer irdischen Pracht mit einer empfindlichen Freude verschwinden; und das Allmosen lehrete sie, sich selbst täglich etwas neues zu entziehen. In der That die wahre Gnade des Allmosens besteht darinnen, daß indem man der Nothdurft der Armen abhilft, man bey uns andere Nothwendigkeiten vermindert; ich verstehe jene schändlichen Nothwendigkeiten, welche sich unsere Eigenliebe einbildet, gleichsam als wenn die Natur von Nothwendigkeiten noch nicht genug überladen wäre.

Was erwartet ihr, meine Brüder, um euch zu bekehren, und warum verzweifelt ihr an eurem Heile? Ihr sehet die Vollkommenheit, zu der sich eine büssende Seele erhebet, wenn sie der Gnade Folge leistet: befürchtet keine Krankheit, keinen Ekel, keine Versuchungen, keine Peinen, wenn sie auch noch so grausam wären. Eine so empfindliche und zärtliche Person, welche den Namen der Uebel nicht einmal vertragen konnte, erduldete zwölf ganzer Jahre und gleichsam ohne Unterlaß, so wohl die lebhafteste Schmerzen, als Schwachheiten, welche so wohl ihren Geist als Leib abzehrten! und dennoch hatte sie durch die se ganze Zeit, und unter den unerhörten Qualen ihrer letzten Kranckheit, wo ihre Uebel so übermäßig anwuchsen, nichts zu bereuen, als daß sie einmal einen sanftern Tod gewünschet. Allein auch diese schwache Begierde unterdrückte sie, indem sie also gleich das Gebeth des Geheimnißes des Gartens (so nennte sie das Gebeth, welches der bis in Tod betrübte Heiland an seinen Vater richtet) mit JEsu Christo sagte: Vater, nicht mein sondern dein Wille geschehe. Luk. 22. 42.

Ihre Kranckheiten benahmen ihr den Trost, nach dem sie sich so sehr gesehnet, ihre ersten Absichten zu erfüllen, und ihre Tage unter der Zucht und in dem Ordenskleide von St. Fare zubringen zu können. Ihr Herz, welches sie diesem Kloster gegeben, oder vielmehr zurückgestellet, nachdem sie daselbst die ersten Gnaden geschmecket, legte ein Zeugniß ihrer Begierde ab; und ihr Wille war ein vollkommenes Opfer vor den Augen GOttes. Es würde für eine Seele als die ihrige war, ein großes Vergnügen gewesen seyn, große Wercke durch den Dienst GOttes vollkommen zu machen; allein sie wurde durch einen andern Weg geführet, welcher mehr genauer

an

an das Kreutz schlägt, und einen muthigen Geist, ohne ihn etwas unternehmen zu laſſen, unter dem ſtrengen Geſetze des Leidens unterdrückt, und vernichtet. Wenn es GOtt wenigſtens gefallen hätte, jenen empfindlichen Geſchmack der Gottſeligkeit, den er im Anfange ihrer Buße, in ihrem Herzen erneuert, in ihr zu erhalten! Allein, nein! alles wurde ihr entzogen; ſie wurde von unerträglichen Peinen beſtändig gequälet.

O HErr! ſagte der heilige Mann Job, du peinigeſt mich wunderlich. Job. 10. 16. Und er wollte hierdurch ſagen, ohne von ſeinen andern Schmerzen zu reden, daß er in dem Innerſten ſeines Herzens eine lebhafte und beſtändige Furcht, GOtt zu mißfallen herumtrüge. Er ſah einerſeits ſeine heilige Gerechtigkeit, vor welcher die Engel ſelbſt kaum ihre Unſchuld behaupten können. Er ſah ihn, alle die Wege mit jenen von Ewigkeit her geöffneten Augen beobachten, alle Schritte eines Sünders abzählen, und ſeine Sünden gleichſam unter einem Siegel bewahren, um ſie ihm an dem jüngſten Tage vorzuzeigen; andrerſeits empfand er jenes, was das menſchliche Herz verderbtes in ſich enthält:

hält: Ich war in Furcht, sagt er, wegen aller meiner Werke. Job. 9. 28. Allein was sehe ich? Die Sünde! allenthalben die Sünde? und ich rief Tag und Nacht: O HErr, warum nimmst du meine Sünden nicht hinweg? Job. 7. 21. und warum verkürzest du nicht einmal jene unglücklichen Tage, in denen man dich alleine beleidiget, damit man nicht sage, daß ich den Reden des Heiligen widerspreche. Job. 6. 10. Dieses war der Grund seiner heimlichen Qualen; und was bey diesen Ausdrücken so heftig scheint, ist entweder die Zärtlichkeit des Gewissens, welches sich selbst befürchtet, oder ein Uebermaß einer Liebe, welche sich scheuet zu mißfallen.

Die Pfalzgräfinn erlitt ähnliche Peinen. Was für eine Strafe für ein gottsfürchtiges Gewissen! Sie glaubte eine Eigenliebe, die die Gestalt der Tugend annimmt, in allen ihren Handlungen zu sehen. Je aufgeklärter sie war, desto mehr wurde sie gepeiniget. Auf diese Weise demüthigte sie GOtt durch jenes, was sonsten den Stolz zu unterhalten pflegt, und machte ihr ein Hülfsmittel, aus der Ursache ihres Uebels. Wer kann jenes Schreiben cken abmahlen, unter welchem sie zu den Wollüsten des heiligen Tisches gelanget? Allein sie verlohr die Zuversicht nicht. Endlich, schreibt sie dem heiligen Priester, welchen ihr GOtt gegeben, um sie in ihrem Schmerzen zu unterstützen; Endlich bin ich zu dem heiligen Gastmahle gelanget. Ich erhob mich frühe, um vor Tages bey der Thüre des HErrn zu seyn; allein er alleine weis, wie viel ich zu streiten hatte. Der Morgen verstrich unter dieser grausamen Uebung. Allein endlich, fährt sie fort, schleppte ich mich, unerachtet meiner Schwachheiten, gleichsam selbst zu den Füßen unsers Erlösers; und erkannte, daß nachdem alles in mir durch die Kraft der göttlichen Gnade gemacht worden, ich dieses höchste und unumschränckte Gut mit einer gewissen Art der Stärke empfienge.

GOtt entdeckte ihr in diesen Peinen die geheime Ordnung der Gerechtigkeit über diejenigen, welche den Gnaden der Busse treulos geworden. Es geziemet sich nicht, sagte sie, daß man flüchtige Sklaven mit Gewalt fange, und gleichsam wider ihren Willen zurückführe, um sie zu zu dem Gastmahle, mit den Kindern des Hauses und Freunden zu setzen; für sie ist genug, wenn es ihnen erlaubt ist, die Brosamen auf der Erde zu sammeln, welche von dem Tische ihrer Herren fallen.

Verwundert euch nicht, meine Brüder, wenn ich als ein schwacher Redner nichts anders als die Worte der Prinzeßinn wiederhole; es geschieht, weil ich in selben das verborgene Manna und den Geschmack der heiligen Schrift entdecke, welche ihr ihre Peinen und ihre Gesinnungen zu verstehen gaben. Wehe mir, wenn ich auf diesem Rednerstuhle vielmehr mich selbst, als euer Heil suche, und wenn ich nicht meinen Erfindungen, obwohl sie euch gefallen könnten, die Erfahrungen dieser Prinzeßinn vorziehe, welche euch bekehren können! Mir misfällt nichts, als was ich unterlasse, und ich kann euch jenes nicht verschweigen, was sie wegen der Versuchungen des Unglaubens geschrieben: Es ist sehr glaubwürdig, sagte sie, daß GOtt, welcher unendlich liebt, Proben giebt, welche seiner unendlichen Liebe und Macht gemäß sind, und daß jenes, was der Allmacht GOttes eigen ist, die Fähig-

keit unsrer schwachen Vernunft weit
übersteigt. Dieses, fährt sie fort, sa=
ge ich mir selbst wenn der Teufel mei=
nen Glauben zu betäuben sucht; und
seit dem es GOtt gefallen, meinem
Herzen einzudrücken, (bemerket meine
Brüder die schönen Worte) daß seine
Liebe die Ursache dessen ist, was wir
glauben, so gilt mir diese Antwort
mehr als jedes Buch.

In der That dieses ist der Auszug al=
ler heiligen Bücher und der ganzen Christ=
lichen Lehre. Geh, ewiges Wort, einzi=
ger Sohn des lebendigen GOttes, geh
aus dem seligen Schooße deines Vaters
hervor, und komme den Menschen das Ge=
heimniß anzukündigen, daß du in ihm siehst.
Er hat es gethan, und durch den Lauf
dreyer Jahre hörte er nicht auf das Ge=
heimniß der Rathschlüße GOttes uns zu
sagen. Allein alles, was er uns hiervon
gesagt, ist in den wenigen Worten seines
Evangeliums enthalten: Also hat GOtt
die Welt geliebt, daß er seinen einge=
bohrnen Sohn gezeben. Joh. 3. 16.
Fragen wir nicht mehr, was in JEsu Chri=
sto den Himmel und die Erde, das Kreuz
und die Hoheiten vereiniget. Also hat

GOtt

GOtt die Welt geliebet. Ist es vielleicht unglaublich, daß GOtt liebt, und daß sich die Güte mittheilet? Zu welchen Unternehmungen treibt nicht die Liebe der Ehre tapfere Seelen, die Liebe der Schätze die pöbelhaftesten Gemüther; alles endlich, was den Namen der Liebe trägt, alle Sterbliche an? Durch sie fürchtet der Mensch weder Gefahr, noch Mühe, noch Schmerzen: und dieses sind die Wunder, derer der Mensch fähig ist. Wenn nun der Mensch, welcher nichts als Schwäche ist, etwas unmögliches versucht, wird nicht GOtt etwas außerordentliches thun, um diese Liebe zu befriedigen? Geben wir also bey allen Geheimnissen diese einzige Ursache an: Also hat GOtt die Welt geliebet.

Dieses ist die Lehre des göttlichen Meisters, und der geliebte Jünger hat sie wohl begriffen. Zu seiner Zeit wolte ein Cerinthus nicht glauben, daß GOtt ein Mensch und ein Opfer für die Sünder habe werden können. Was antwortete dieser jungfräuliche Apostel, dieser Prophet des neuen Bundes, dieser Adler, dieser vortrefliche Gottesgelehrte, dieser heilige Alte, welcher kein Kraft mehr hatte, als um die Liebe

Liebe zu predigen und zu sagen: **Liebet euch untereinander im HErrn:** Was antwortet er, sage ich, diesem Ketzer? was für eine Formel, was für ein Bekenntniß des Glaubens setzte er dieser aufgehenden Ketzerey entgegen? Hören und bewundern sie es, meine Herren: **Wir haben erkennet,** sagt er, **und geglaubt die Liebe welche GOtt gegen uns hat.** 1. Joh. 4. 16. Dieses ist der ganze Glaube der Christen, dieses ist die Ursache und der Auszug unsrer Glaubensformul. In dieser Stelle fand auch die Pfalzgräfinn die Auflösung aller ihrer Zweifel: GOtt hat geliebt; und dieses ist für sie alles. Wenn er, sagte sie, so große Dinge gethan hat, um seine Liebe in der Menschwerdung zu erklären; was wird er nicht gethan haben, um sie in dem heiligen Abendmahl zu vollenden, um sich selbst nicht mehr der menschlichen Natur überhaupt, sondern einem jeden Gläubigen ins besondere zu geben?

Glauben wir also an die Liebe GOttes mit dem heiligen Johannes: der Glaube wird uns angenehm zu seyn scheinen, da wir ihn auf dieser liebenswürdigen Seite betrachten. Allein glauben wir nicht

zur

zur Hälfte, wie es die Ketzer thun, von denen jener einen, dieser den andern Theil hinwegnimmt; einer das Geheimniß der Menschwerdung der andere das Geheimniß des heiligen Abendmahls; ein jeder, was ihm mißfällt. Sie sind schwache Geister, oder vielmehr enge Herzen, und geschloßne Eingeweide, welche der Glaube und die Liebe nicht genugsam erweitert haben, um den ganzen Umfang der Liebe eines GOttes zu begreifen. Was uns betrift, meine Brüder, so glauben wir ohne Vorenthalt, und nehmen das ganze Hülfsmittel an, wenn gleich unsere Vernunft weit unter selbem ist. Warum will man behaupten, daß die Wunderwerke GOtt so theuer zu stehen kommen? Es ist nur ein einziges Wunder, welches ich heute der Welt verkündige. Ihr Himmel, und du o Erde, erstaunet darüber! Bey so vielen Zeugnißen der göttlichen Liebe giebt es noch so viel Ungläubige, so viel Unbeugsame!

Vermehret ihre Anzahl nicht, meine Brüder; welche von Tage zu Tage anwächst; beruffet euch nicht mehr auf euren unglücklichen Unglauben, und entschuldiget eure Laster nicht. GOtt hat Mittel euch zu heilen; und man bedarf weiter nichts, als sie durch ein anhaltendes Gebeth erlangen. Er hat gewußt das Herz der heiligen Prinzeßinn von der wir reden, durch das Mittel welches ihm gefällig war, zu bekehren, und für euch hat er unendlich andere; und ihr habt nichts zu befürchten, als daß ihr an seiner Güte nicht verzweifelt. Wie? ihr getrauet euch euern Eckel zu nennen, nachdem ihr die erschrecklichen Peinen der Prinzeßinn gesehen? und dennoch wenn sie manchmal gewünschet, ein wenig Ruhe zu haben, so bestrafte sie sich hierüber selbst, und sagte: Ich fange an zu bemerken, daß indem ich JEsu Christo nachfolge, ich das irdische Paradeis suche, da ich vielmehr den Oelberg und die Schädelstäte suchen sollte, durch welche er in seine Herrlichkeit eingegangen.

Dieses war der Nutzen, den sie hatte da sie das Evangelium Tag und Nacht betrachtete, und sich von dem Worte des Lebens ernährte. Eben dieses legte ihr auch die bewunderungswürdigen Worte in den Mund: Daß sie lieber ohne Trost leben, und sterben wollte, als selben ausser GOtt suchen. Diese Gesinnungen erhielt sie bis zu den letzten Zügen;

und

und da sie die Seele schon aushauchen wollte, hörte man sie noch mit einer sterbenden Stimme sagen: Ich werde nun sehen, wie GOtt mit mir handeln wird; allein ich hoffe auf seine Erbarmungen. Diese Worte des Vertrauens trugen ihre heilige Seele in die Wohnung der Gerechten.

Bleiben wir hier stehen; und du, o HErr! lege diesem unwürdigen Diener, der nur dein Wort schwächet, das Stillschweigen auf. Rede, unsichtbarer Redner, in den Herzen, und mache, daß ein jeder zu sich selbst rede. Redet also, meine Brüder, redet; ich bin nur hier, um eure Betrachtungen zu erleichtern. Diese letzte Stunde wird kommen, sie nähert sich, wir sind bereits daran; sie ist hier.

Man muß mit Annen von Gonzaga sagen: Es ist keine Prinzeßinn, keine Pfalzgräfin mehr; diese großen Namen, wegen welcher man sich so eitel erhebet, sind vorüber. Man muß mit ihr sagen: Ich gehe, ich werde von einer unvermeidlichen Macht fortgetrieben; alles fleucht, alles verringert, alles verschwindet vor meinen Augen. Nichts bleibt dem Menschen mehr übrig als sein Nichts und seine Sünde:

das Nichts als sein erbliches, die Sünde als sein erworbenes Gut. Das Uebrige, was man sicher zu haben glaubte, entfähret uns, wie das Eis, dessen schlechter Krystall unter den Händen, die ihn halten, zerfleußt, und sie besudelt. Allein, was das Herz zu Eise machen, die Stimme hemmen, und den Schrecken in allen Adern ausbreiten wird ist, Ich werde sehen wie GOtt mit mir handeln wird; Ich werde in einem Augenblicke unter jenen Händen seyn, von denen der heilige Paulus zitternd schreibt: GOtt läßt sich nicht verspotten, Gal. 6. 7. Und: Erschrecklich ist es in die Hände des lebendigen GOttes fallen: Hebr. 10. 31. unter jenen Händen, wo alles Handlung, alles Leben ist; wo sich niemals etwas schwächet, noch ermüdet, noch verringert. Ich werde sehen, ob diese allmächtigen Hände für mich günstig oder strenge seyn werden; ob ich ewig entweder ihre Geschenke werde genießen, oder ihre Streiche ertragen müssen.

Sehet, lieben Brüder, was man nothwendig mit unsrer Prinzeßinn sagen muß. Allein werden wir mit einem eben so ruhigen Gewißen hinzufügen können: Ich hofſe auf ſeine Erbarmung? Denn was haben wir gethan um ſie zu beugen? Wann haben wir die Stimme des Rufenden in der Wüſten gehöret: Bereitet den Weg des HErrn? und wie? durch die Buße. Allein werden wir wohl mit einer Buße viel zu frieden ſeyn, die man auf dem Sterbebette anfängt; welche niemals geprüfet worden, von der man keine Früchte jemals geſehen; mit einer unvollkommenen Buße, mit einer ungültigen, oder wenn ihr verlangt, zweifelhaften Buße, welche ohne Kraft, ohne Ueberlegung, ohne Muße iſt, ihre Fehler zu verbeſſern? Und iſt dieſes nicht genug, um bis in das innerſte Gebeine von Furcht durchdrungen zu werden? Was jene betrift, von der wir reden, ach! meine Brüder, ſo vereinigen ſich in dieſer letzten Geſinnung, in dieſem letzten Auftritte ihres Lebens alle Tugenden, die ſie ausgeübet: der Glaube, der Muth, die Uebergebung in den Willen GOttes, die Furcht ſeiner Gerichte, und jene Liebe voll des Vertrauens, welche allein die Sünden tilget. Ich verwundere mich alſo nicht mehr, wenn der heilige Prieſter, der ihr in der letzten Krankheit beygeſtanden, und ihre letzten Seufzer geſammelt.

melt, von so vielen Tugenden gerührt, sie so gar auf den Rednerstuhl gebracht, und sich nicht enthalten können, selbe in der Versammlung der Gläubigen zu preisen. Thöricht kluges Jahrhundert! wo man mit Vernunft sündigen will; wo sich die Schwäche ein Ansehen durch Grundsätze zu verschaffen verlangt; wo so viel unbesonnene Seelen ihre Ruhe in dem Untergange ihres Glaubens suchen, und wider sich keine andere Gewalt anwenden, als um ihre Gewissensbiße zu ersticken, da sie ihre Leidenschaften überwinden sollten!

Die Pfalzgräfinn ist als ein Zeichen und Wunder gegeben worden: du wirst sie an dem jüngsten Tage, wie ich dir gedrohet, deine Unbußfertigkeit und deine eitlen Entschuldigungen beschämen sehen. Du wirst sie unter jenen heiligen Jungfrauen, und unter der ganzen Schaar der Heiligen sehen: und wer wird ihr fürchterliches Geschrey ertragen können? Wie erschrecklich aber wird es seyn, wenn sich JEsus Christus selbst diesen Unglückseligen zeigen wird; wenn sie jenen sehen werden, den sie durchstochen, wie der Prophet sagt, dessen Wunden sie von neuen geöffnet; wenn sie ihn mit einer erschrecklichen Stim-

me werden ſagen hören: Warum durch⸗
bohreſt du mich mit deinen Läſterungen,
gottloſes Volk? Oder, wenn ihr es nicht
mit Worten thut, warum thut ihr es durch
eure Handlungen? Oder warum ſeyd ihr
auf meinen Wegen mit verblendtem Schrit⸗
te fortgegangen, als wenn ihr an meinem
Anſehen zweifelte? Treuloſes Geſchlecht,
werdet ihr mich dießmal erkennen? Bin ich
euer König, bin ich euer Richter, bin ich
euer GOtt? Lernet es aus eurer Strafe:
und hier wird jenes ewige Wehklagen, hier
wird jenes Zähnklappern, das kein Ende
nehmen wird, ihren Anfang haben. Unter⸗
deſſen nun die Hochmüthigen beſchämet
werden, werdet ihr Gläubige, die ihr auf
ſein Wort zittert; wo ihr euch immer in
dieſer Verſammlung aufhaltet; ihr, wel⸗
che ihr vor den Menſchen unbekannt, aber
vor GOtt ſehr bekannt ſeyd; ihr werdet
anfangen euer Haupt zu erheben. Wenn
ihr von den heiligen Beyſpielen, die ich
euch vortrage, gerühret werdet, und euer
Herz der Zärtlichkeit nicht verſaget; wenn
GOtt die Mühe ſegnet, mit der ich euch
in JEſu Chriſto zu gebähren ſuche; und
wenn ich nicht ſelbſt, der ich ein allzu un⸗
würdiger Diener ſeiner Rathſchläge bin,

euch

euch zur Hinderniß werde: so werdet ihr die göttliche Güte segnen, welche euch zu dem Leichenbegängniße dieser gottseligen Prinzeßinn geführet, wo ihr vielleicht den Anfang des wahren Lebens gefunden.

Und sie, durchlauchtigster Prinz, die sie ihr, so lange sie auf dieser Erde war, so viele Ehren bezeiget, die sie als ein günstiger Dollmetsch ihrer geringsten Wünsche ihren Schutz und ihre Sorgen, für alles jenes, was ihr lieb war, fortsetzen, und ihr die letzten Denkmähler ihrer Frömmigkeit mit so vieler Pracht und so großem Eifer errichten: sie durchlauchtigste Prinzeßinn, welche sie ihr diese traurige Pflicht unter tausend Seufzern abstatten, und die sie gehoffet, sie in dieser Rede wieder aufleben zu sehen: Was kann ich vortragen, um sie zu trösten? Wie kann ich jenen Strom der Thränen zurückhalten, welchen die Zeit nicht erschöpfet, so noch so viel gerechte Antriebe der Freude vertrocknet?

Erkennen sie hier, Durchlauchtigste, die Welt; erkennen sie, daß ihre Uebel allezeit würcklicher als ihre Güter, und folglich ihre Schmerzen allezeit lebhafter und durchdringender, als ihre Freuden sind. Sie haben jene glückseligen Augenblick-

blicke verlohren, die sie unter den Zärtlich=
keiten einer Mutter, welche ihres gleichen
nicht hatte, genossen; sie haben jene so
reiche Quelle weiser Rathschläge verloh=
ren; sie haben jene Tröstungen verlohren,
welche die Uebel, von denen das gegenwär=
tige Leben niemal frey ist, durch einen ge=
heimen Reiz in Vergessenheit gebracht.

Allein es bleibt ihnen noch das Kost=
bareste übrig, ich will sagen, sowohl die
Hoffnung, sich mit ihr an dem Tage der
Ewigkeit zu vereinigen, als auch hier auf
Erden das Angedenken ihrer Unterweisun=
gen, das Bild ihrer Tugenden, und
die Beyspiele ihres Le=
bens.

Trauerrede

Auf den erlauchten und hochwohlgebohrnen Herrn Michael Tellier, Ritter, Kanzler von Frankreich, welcher den 25. Jänner 1686. in der Pfarrkirche zu St. Gervasius, wo er begraben liegt, gehalten worden.

Bring dir die Weisheit zu wege: sey, daß du die Klugheit erwerbest, ergreif sie, so wird sie dich erhöhen: und wenn du sie umfangen wirst, so wirst du von ihr geehret werden. Sprüchw. 4. 7. 8.

Hochwürdigste! *

Da ich den unvergleichlichen Mann lobe, dessen Leichenbegängnisse diese erlauchte Versammlung beywohnet, und dessen Tugenden sie verehret, so lobe ich die Weisheit selbst; und da ich die

Weis‒

---

* Die Herren Bischöfe, welche in ihren Ordenstrachten gegenwärtig waren.

Weisheit in dieser Rede loben muß, so verstehe ich nicht jene, welche die Menschen erhebet, und die Häuser vergrößert, noch jene, welche die Reiche beherrschet, die den Krieg und Frieden anordnet, welche endlich Gesetze vorschreibt, und Gnaden austheilet. Denn obwohl dieser große Staatsmann, welchen die Vorsehung erwählet, den Rathsversammlungen des Weisesten der Könige vorzustehen, ein würdiges Werkzeug der bestens eingeleiteten Unternehmungen gewesen, welche Europa noch jemals gesehen; obwohl ihn die Weisheit, nachdem sie ihn von seiner Kindheit auf regieret, zu den grösten Ehrenstellen und zu dem Gipfel der menschlichen Glückseligkeit gebracht: so hat uns doch sein Ende gezeiget, daß er ihren Rath nicht dieser Vortheile wegen angehöret. Was wir ihn ohne Mühe verlassen sahen, war der Gegenstand seiner Liebe nicht. Er kannte die Weisheit, welche die Welt nicht kennet; jene Weisheit welche von oben herab kömmt, welche vom Vater des Lichts herabsteiget, und welche die Menschen auf den Wegen der Gerechtigkeit einherführt. Dieses ist jene Weisheit, deren Vorsichtigkeit sich bis in die zukünftige Jahrhunderte erstreckt, und

R die

die ganze Ewigkeit in ihren Absichten einschließt. Diese unsterblichen und unsichtbaren Reizungen rührten ihn; er suchte sie mit Eifer, nach der Ermahnung des Weisen. Die Weisheit wird dich erheben, sagt Salomon, und du wirst von ihr verherrlichet werden, wenn du sie umfangen wirst. Allein dieses wird eine Herrlichkeit seyn, welche die menschliche Vernunft nicht begreifen kann.

Gleichwie dieser weise und mächtige Staatsmann nach dieser Ehre strebte, so zog er sie jener vor, von welcher er sich auf Erden umgeben sah. Dieß machte, daß ihn seine Mäßigkeit allezeit über sein Glück hinaus setzte. Da er unfähig war, von den menschlichen Hoheiten geblendet zu werden, so zeigte er sich unter ihnen eben so ohne Pralerey, gleichwie man ihn ohne Neid sah, und wir bemercken diese drey Eigenschaften einer wahren Weisheit in seinem Betragen: daß nachdem er, ohne darum zu sorgen, zu den ersten Ehrenstellen erhoben worden, er unter selben eben so bescheiden als erhaben gelebet; daß er in seinen wichtigsten Aemtern über allen Eigennutz hinweg gewesen, und nichts als das gemeine Beste zum Augenmerke gehabt, wir

mögen ihn nun entweder als Kanzler mit
der obersten Verwaltung der Gerechtigkeit
beladen, oder in andern Beschäftigungen
einer lange Zeit vertretnen Ministersstelle
betrachten; und daß er endlich in einem glück
lichen Alter, da er schon nahe daran war,
das geheiligte Pfand des Ansehens, wel
ches seinem Fleiße so gut anvertrauet wor
den, mit seiner großen Seele zurück zu
stellen, seine ganze Größe mit dem Leben
verschwinden sehen, ohne einen Seufzer
darüber zu verlieren. In ein so hohes und
dem Tode unzugängliches Ort setzte er sein
Herz und seine Hoffnung: dergestalt, daß
er uns, nach der Verheißung des Weisen,
in einer unsterblichen Herrlichkeit erscheinet,
weil er den Gesetzen der wahren Weisheit
unterworfen gewesen, und dem stolzen Glan
ze der menschlichen Größe die Mäßigkeit
den besondern Vortheilen das allgemeine
Beste, und dem Leben selbst die Begierde
nach ewigen Gütern vorzusetzen gewußt.
Dieses ist die Herrlichkeit, welche sich der
erlauchte und hochwohlgebohrne Herr Mi

Amtes und eines Lebens, das voll der Wunder war. — Unter seiner sichern und behutsamen Anführung hörte die Macht Oesterreich auf, fürchterlich zu seyn, und Frankreich welches von seinen bürgerlichen Kriegen endlich befreyet wurde, fieng an, die Staatsanliegenheiten Europens in Bewegung zu bringen. Man hatte eine besondere Aufmerksamkeit auf Wälschland; und ohne von andern Ursachen zu reden, so war Ludewig der dreyzehende, dessen Angedenken uns herrlich und siegreich ist, seinen Schutz der Herzoginn von Savojen seiner Schwester und ihren Kindern schuldig. Julius Mazarini, dessen Name in unserer Geschichte so groß seyn mußte, und welcher von dem Römischen Hofe zu verschiedenen Geschäften gebraucht wurde, ward unserm Frankreiche mitgetheilet, und da er geschickt war, sich die Herzen seines Volkes durch seinen Witz und seine Unterhandlungen zu verbinden, verschaffte den Rathschlägen des Cardinals Richelieu einen so glücklichen Fortgang, daß sich dieser Minister verpflichtet fand, ihn zu dem Purpur zu erheben. Es schien, daß er hierdurch dem Frankreich seinen Nachfolger angedeutet; und der Cardinal Maza-

rini

rini schritt heimlich zum ersten Range hinan.

Damals stand Michael Tellier, welcher noch Requetenmeister war, als Gerichtsaufseher in Piemont. Mazarini, welcher seiner Geschäffte wegen öfters nach Turin reisete, verwunderte sich, einen Mann von so großer Fähigkeit, und in seinen Verrichtungen so getreuen Verfahren daselbst zu finden; indem die Befehle des Hofes den Gesandten verbanden, sich in allem mit dem Intendanten zu berathschlagen, welchen die göttliche Vorsehung diesen geringen Versuch in den Geschäften des Staats machen lies. Es war genug, diesem scharffichtigen Witze den Eingang zu öffnen, um ihm die Geheimniße der Staatskunst einsehen zu lassen. Allein sein bescheidener Verstand verlohr sich in diesen großen Gedanken nicht; und da er sich nach dem Beyspiele seiner Ahnen, in den ehrwürdigen Aemtern der Gerechtigkeit aufzuhalten beschloß, so warf er nicht einmal einen Blick auf die glänzenden aber auch gefährlichen Würden des Hofes. Es geschah dieses nicht, als wenn er seinen Aemtern nicht allezeit gewachsen zu seyn schien. Seit seiner ersten Jugend, wich alles den

Einsichten seines Verstandes, welcher eben so durchdringend und fein, als ansehnlich und ernsthaft war. Auf den Antrieb seiner Freunde trat er von dem großen Rathe, dieser weisen Gesellschafft, in der sein Name noch lebt, zu dem Amte eines königlichen Procurators über. Diese große Stadt erinnert sich, ihn obwohl jung mit allen Eigenschafften eines großen Richters gesehen zu haben, welcher sich nicht allein den Verwirrungen und der Partheylichkeit, welche die Reinigkeit der Gerechtigkeit verderben, und den Vorurtheilen, welche deren Einsichten verdunkeln, sondern auch den unordentlichen und seltsamen Wegen widersetzet, wo sie das wahre Ansehen ihrer Aussprüche mit ihrer Standhaftigkeit verliert. Mit einem Worte, man sah in ihm den ganzen Geist und das Betragen eines Richters, welcher sich an die Regel hält, und weder seine eignen Gedanken, noch gütige Auslegungen, oder freywillige Schärfe zu dem Gerichtsstuhle bringet, und der verlangt, daß die Gesetze und nicht die Menschen herrschen sollen.

Dieses war der Begriff, den er von einer obrigkeitlichen Stelle hatte. Mit diesem Geiste erschien er im Rathe, wo das

Anse-

Ansehen des Fürsten, welches daselbst mit der unumschrändteſten Gewalt ausgeübet wird, der Gerechtigkeit ein freyes Feld zu öffnen ſcheint; und da er ſich allezeit ſelbſt gleich war, ſo behielt er von derſelben Zeit an eben dieſe Regel bey, welche er nachmals daſelbſt eingeſetzet, als er deſſen Oberhaupt geworden.

Und in der That, meine Herren, ich kan frey geſtehen, daß die Liebe zur Gerechtigkeit mit dieſem ehrwürdigen Richter gleichſam gebohren worden, und von ſeiner Kindheit an mit ihm aufgewachſen. Aus dieſer glücklichen Geburt machte ſich ſeine Beſcheidenheit eine ſichere Bruſtwehr, wider die Lobeserhebungen ſeiner Redlichkeit; und die Liebe, die er zur Gerechtigkeit hatte, ſchien ihm den Namen der Tugend nicht zu verdienen, weil er ſie, wie er ſagte, gleichſam in dem Blute herumtrug. Allein GOtt, welcher ihn beſtimmet hatte ein Beyſpiel der Gerechtigkeit in einer ſo ſchönen Regierung und in dem erſten Orte eines ſo großen Reiches zu ſeyn, ließ ihn die Pflicht eines Richters, zu der er berufen war, als ein beſonders Mittel betrachten, das er ihm gab, um das Werk ſeines Heils zu Stande zu bringen. Dieſes war der

hei=

heilige Gedanke, den er allezeit im Herzen trug, dieses war die schöne Gesinnung, welche er allezeit im Munde führte, und mit diesem gab er genug zu erkennen, wie viel er von dem wahren Geschmack der christlichen Frömmigkeit besitze.

Der heilige Paulus setzet derselben Ausübung nicht in gewissen besondern Handlungen, die ein jeder nach seinem Dünkel unternimmt, und wobey er mehr auf menschliche als göttliche Gesetze sieht; sondern daß man sich in seinem eignen Lebensstande heilige. Ein jeder in dem Berufe darinnen er berufen ist. 1. Kor. 7. 20. Allein wenn man nach der Lehre dieses großen Apostels, die Heiligkeit auch in den niedrigsten Aemtern findet, und wenn sich ein Sklave in dem Dienste eines sterblichen Herrn zur Vollkommenheit hebt, wofern er nur die Ordnung GOttes in selben zu betrachten weis; zu was für einer Vollkommenheit kann sich nicht eine christliche Seele in dem herrlichen und heiligen Amte der Gerechtigkeit erschwingen, in dem nach den Worten der Schrift, in selben nicht das Gericht der Menschen sondern des HErrn selbst gehalten wird.

Hoffnat

Oeffnet eure Augen, meine Brüder, betrachtet diese ehrwürdigen Richterstühle, wo die Gerechtigkeit ihre untrüglichen Aussprüche ertheilt: ihr werdet daselbst mit David die Götter der Erden sehen, die in Wahrheit wie die Menschen sterben; aber welche dessen ungeachtet, ohne Furcht, ohne Leidenschaft, ohne Eigennutz wie die Götter richten müssen; ihr werdet an ihrer Spitze den GOtt der Götter sehen, wie jener große König in seinem göttlichen Psalm mit einem so erhabenen Tone singt: GOtt steht in der Versammlung der Götter; er spricht aber ein Urtheil über die Götter, mitten unter ihnen. Pf. 81. 1.

O ihr Richter, welche Majestät zeigt sich bey euren Stühlen! welches Haupt in euren Versammlungen! aber auch welcher Richter eurer Urtheilssprüche! Unter diesen schreckbaren Augen hörte unser weise Richter den Armen und Reichen mit gleichem Ohre an, und war um so viel reiner und standhafter in Verwaltung der Gerechtigkeit, als er ohne sein Auge auf die erhabnen Würden zu wenden, derer ihn jeder würdig achtete seine Hoheit und seinen Fleiß alleine darinnen setzte, daß er sich in seinem Stande vollkommen machte. Nein, nein! meine Herren, glauben sie nicht, daß die Gerechtigkeit in Seelen wohne, in denen der Ehrgeiz herrschet. Eine unruhige und ehrgeitzige Seele ist keiner Richtschnur fähig. Der Ehrgeitz läßt jene gefährlichen Mittel erfinden, bey welchen ein falscher Richter, der sich hierdurch einem übertünchtem Grabe ähnlich macht, nichts als das Aeußerliche der Gerechtigkeit beobachtet. Reden wir hier von jenen Verderbnißen nicht, derer man sich schämet, sie an sich selbst tadeln zu müßen. Reden wir von der Niederträchtigkeit und Kühnheit einer willkührlichen Gerechtigkeit, welche sich ohne Richtschnur, ohne Maaß nach dem Wohlgefallen des mächtigen Freundes wendet. Reden wir von der Partheylichkeit, welche weder den Anfang eines boßhaften Verfahrens entdecken, noch desselben Fortgang verhindern will. Was sollte ich von jenem gefährlichen Kunstgriffe sagen, durch welchen die Gerechtigkeit nichts als zweifelhafte und betrügliche Aussprüche, wie einsmals der Teufel, thut? Was sollte ich von jeden Schwierigkeiten sagen, die man bey der Vollstreckung erregt, wenn man die Gerechtigkeit einem

all-

allzuklarem Rechte nicht versagen kann. Das Gesetz wird zerrissen, sagte einsmals der Prophet, und das Gericht kömmt nimmer zum Ende. Hab. 1. 4. Wenn der Richter sich einmal vergrößern will, und das strenge und unerbittliche Amt der Gerechtigkeit in Ränke des Hofes verändert, so leidet er Schiffbruch unter diesen Klippen. In seinen Gerichten sieht man nichts als eine unvollkommene Gerechtigkeit, welche (ich scheue mich nicht es zu sagen) der Gerechtigkeit des Pilatus ähnlich ist: eine Gerechtigkeit, welche sich stark zu seyn vorstellt, weil sie mittelmäßigen Versuchungen, und vielleicht dem Schreyen eines erbitterten Volkes widersteht; allein welche fällt, und unversehens vermindert wird, so bald man den Namen des Kaisers, auch ohne Ordnung, und ungereimt, anführt. Was sage ich den Namen des Kaisers? Diese Seelen, welche sich dem Ehrgeize Preiß geben, verkaufen sich nicht um so hohen Werth: wer immer redet, wer sich ihnen immer nähert, verführt sie entweder, oder erschreckt sie, und die Gerechtigkeit entfernet sich von ihnen.

Wenn sich nun diese ein ewiges und unverbrüchliches Heiligthum in dem Herzen des weisen Michael von Tellier erbauet, so war die Ursache, weilen er von den Bestrebungen des Ehrgeitzes frey war, und sich nicht durch seine eigene Bemühung, sondern durch einen sanften Antrieb eines günstigen Windes, oder vielmehr, wie es der Ausgang gerechtfertiget, durch eine besondere Wahl der göttlichen Vorsehung zu den höchsten Ehrenstellen erhoben sah. Der Cardinal Richelieu war todt, und wurde von seinem Prinzen, der sich befürchtete, daß er ihm zu viel müßte zu verdanken haben, wenig bedauert. Die vorige Regierung war verhaßt; der Cardinal Mazarini, welcher unter allen Ministern der nothwendigste und wichtigste war, war auch der einzige, dessen Ansehen sich aufrecht erhielt, und der Staatssecretär beschloß auf einmal sich von dieser hohen Würde herab zu lassen, entweder weil er von den Geschäften, welche ihm der Krieg verursachte, überladen war, oder weil er ein Verfahren, das seiner Hofnung nicht gleich kam, nicht übertragen konnte, oder weil er sich von dem äußerlichen Scheine einer Ruhe, welche er in der Einsamkeit zu finden derglaubte, betriegen ließ; oder weil er sich schmäuchelte, wegen der Nothwendigkeit seiner Dienste noch vortheilhafter zurückberufen zu werden, oder weil ihn endlich, ich weis nicht was für Unruhen peinigten, von denen man sich selbst keine Ursache geben kann. Die Zeit war angelangt, in welcher unser weiser Minister seinem Prinzen und Vaterlande mußte gezeiget werden. Sein Verdienst machte, daß man ihn zu Turin aufsuchte, ohne daß er daran gedachte. Der Cardinal Mazarini, welcher wie wir es sehen werden, weit glücklicher war, ihn gefunden zu haben, als er anfangs glaubte, stellte dem Könige seine guten Dienste vor; und der schnelle Augenblick einer unerwarteten Begebenheit, anstatt den Bestrebungen Platz zu geben, ließ ihm nicht einmal die Wünsche. Ludewig der dreyzehnte, gab seine gerechte und fromme Seele dem Himmel zurück, und es schien, daß unser Minister seinem durchlauchtigsten Sohne vorbehalten war. Dieses war die Ordnung der Vorsehung, und ich sehe hier etwas, was man im Isaias liest. Der Schluß kam von oben herab, und dem Sobna, welcher die höchste Würde besaß, wurde gesagt: Ich will

will dich von deinem Stande ausstoßen, und dich deines Dienstes entsetzen; und es wird seyn an dem Tage: ich will meinen Knecht Eliakim berufen, und will ihm deinen Rock anthun. Allein es ist ihm eine noch größere bestimmet: es wird die Zeit kommen, wo er durch die Verwaltung der Gerechtigtigkeit, denen die zu Jerusalem wohnen, und dem Hause Juda wie ein Vater seyn wird. Ich will ihm auch den Schlüssel zum Hause Davids das ist zum regierenden Hause, auf seine Achsel geben: und er wird aufthun, und niemand wird zuschließen; er wird auch zuschließen; und niemand wird aufthun. Jsai 22. 19. 20. 21. 22. Er wird eine unumschränckte Macht haben, Gerechtigkeit und Gnaden auszutheilen.

Unter diesen herrlichen Aemtern zeigte unser Minister dem ganzen Frankreiche, daß seine Mäßigkeit währender vierzig Jahre die Frucht einer vollkommenen Weisheit war. So lange man in mittelmäßigen Glücksumständen ist, so verbirgt sich der noch zitternde Ehrgeitz so sehr, daß er sich kaum selbst kennet. Wenn man sich aber auf die wichtigsten Stuffen unversehens erhoben sieht, und uns ein ich weis nicht was im Herzen sagt, daß man so große Ehren um so vielmehr verdient, als sie gleichsam von sich selbst zu uns gekommen sind; so ist man nicht mehr Herr über sich selbst: und wenn es mir erlaubt ist, einen Gedanken des heiligen Johannes Chrysostomus vorzubringen: Es ist eine unüberwindliche Arbeit für gemeine Seelen, sich einer so glänzenden Schönheit, die sich uns vorstellet, zu versagen.

Allein unser weiser Minister ließ sich nicht blenden. Wer zeigte sich jemals gleich anfangs so fähig zu großen Geschäften? Wer kannte die Menschen und Zeiten besser? Wer war vorsichtiger, und gab sichrere Mitrel, die Unordnungen zu vermeiden, von denen große Unternehmungen begleitet werden? Allein wer hatte jemals, bey einer so großen Fähigkeit und einem so schönen Ruhme, entweder eine verachtende Mine auf seinem Gesichte, oder den mindesten Stolz in seinen Worten bemerket? In dem Umgange allezeit aufrichtig, in den Geschäften allezeit ernsthaft, in seinen Unterredungen allezeit eben so mäßig als nachdrücklich und einnehmend, gewann er ein Ansehen über fremde Gemüther, welches ihm allein die Vernunft verschaffte. Man sah in seinem Hause und Betragen nicht allein untadelhafte Sitten, sondern alle Ausschweiffungen weit entfernet, und mit einem Worte alles nach der Weisheit abgemessen. Wenn er aber einerseits fähig war, die Last der Geschäfte zu ertragen, so wußte er andrerseits sie beyseite zu setzen, und seine erste Ruhe wiederum zu genießen. Eine Verschwörung zwang ihn, sich nach Chaville zu entfernen; hier lebte er ruhig durch einige Monate, mitten unter der Verwirrung des ganzen Frankreichs. Der Hof berief ihn umsonst zurück; er verblieb in seinem friedlichen und einsamen Aufenthalte, so viel es der Zustand der Sachen zulassen konnte, obwohl ihm nicht unbewußt war, was man wider ihn zur Zeit seiner Entfernung unternahm; und er zeigte sich nicht weniger groß, da er müßig war, als er sich gezeigt hatte, da er sich unter den gefährlichen Aufruhren aufrecht erhalten. Allein bey einer grössern Ruhe des Staates, so bald ihm erlaubt worden, die Beschäftigungen seines Amtes einem Sohne anzuvertrauen, den er dem Könige nicht würde gegeben haben, wenn er ihn nicht für tauglich gehalten hätte,

hätte, ihm wohl zu dienen; nach dem er gesehen, daß der neue Staatssecretär wußte, die Entwürfe mit einer sichern und beständigen Behändigkeit zu verfolgen, und die Verordnungen eines in der Kriegskunst so erfahrnen Lehrmeisters zu vollziehen; daß weder die Größe der Unternehmungen seine Fähigkeit überstieg, noch die unendlichen Sorgen der Vollziehung seine Wachsamkeit übertrafen; daß sie alles am bestimmten Orte bereitet war; daß man den Feind in allen seinen Plätzen zugleich bedrohte; daß die sowohl tapfern als geübten Völker nichts mehr erwarteten, als die letzten Befehle des Feldherrn, und das Feuer, das aus ihren Augen funkelte, daß alles vor seinen Augen niederfiel, und daß er sich als Schiedsmann der Erde sahe: so glaubte der eifrige Minister bey vollständigen Gemüths- und Leibeskräften, das angenehmste Leben führen zu können. Der Versuch desselben ist einem Staatsmanne gefährlich, und die Einsamkeit hat fast allezeit diejenigen betrogen, denen es die Hoffnung der Ruhe versprach. Diese wär dauerhafter. Die Rathsversammlungen, denen er beywohnte, ließen ihm seine ganze Zeit über, und nach jener Menge von

Menschen und Geschäften, die ihn umgaben, verschafte er sich selbst eine Art des Müßiggangs und der Einsamkeit; allein er wußte sie auch zu erhalten. Die Stunden, welche er frey hatte, verwendete er auf nützliche Lesungen, und auf jenes, was alles Lesen übertrift, ich will sagen, auf ernsthafte Betrachtungen über die Irrthümer des menschlichen Lebens und die eitlen Bemühungen der Staatsklugen, von denen er so viele Erfahrung hatte. Die Ewigkeit stellete sich als ein würdiger Gegenstand des menschlichen Herzens, seinem Geiste vor. Unter diesen weisen Gedanken, und einem so angenehmen Umgange mit seinen Freunden, welche eben so bescheiden als er waren (denn er wußte sie von einem solchen Character zu wählen, und lehrte sie selben bey den wichtigsten und geheimsten Geschäften, beyzubehalten) verkostete er die wahre Ruhe in dem Hause seiner Ahnen, welches er nach und nach seinen Glücksumständen gemäß, einrichtete, ohne es der Spuren der alten Einfalt zu berauben, und erfreute sich als ein getreuer Unterthan über den Wohlstand des Staats und die Ehre seines Monarchen.

Es

Es ward die Würde eins Kanzlers erlediget, und ganz Frankreich bestimmte sie einem für die Gerechtigkeit so eifrigen Manne. Allein, wie der Weise sagt: Der Himmel ist daroben und die Erde ist hinunten: und das Herz der Könige ist nicht auszuforschen. Sprüchw. 25. 3. In Kürze, der Augenblick des Prinzen ist noch nicht angekommen; und der friedfertige Minister, welcher die gefährlichen Eifersuchten der Höfe, und die weisen Mäßigungen der Rathschläge der Könige gar wohl erkannte, wußte auch die Augen zur göttlichen Vorsehung zu erheben, deren ewige Schlüße alle diese Bewegungen anordnen. Nachdem er nach dem Verlaufe, von vielen Jahren, zu dieser hohen Würde erhoben wurde, obwohl sie einen neuen Glanz von seiner Person, in welcher sie mit dem Vertrauen des Prinzen vereiniget war, erhielt, so ließ sich dieser bescheidene Minister dennoch nicht verblenden, sondern sagte alleine, daß der König um vielmehr die Länge als den Nutzen seiner Dienste zu bekrönen, seinem Grabe einen Titel und seiner Familie eine Zierde hierdurch geben wollte.

Sein übriger Lebenswandel kam diesem so schönen Anfange gleich. Unser Jahrhundert, welches keinen so ansehnlichen Kanzler gesehen, sah in ihm so wohl Mäßigkeit und Annehmlichkeit, als Stärke und Würde; da er indessen nicht aufhörte, sich als nahe zu betrachten, um GOtt die Rechenschaft einer so wichtigen Verwaltung abzustatten. Seine häufigen Krankheiten machten, daß er sich öfters mit dem Tode zu schlagen hatte; allein so viele Versuche machten ihn geschickt; und er verließ den Kampfplatz allezeit stärker, und in den Willen GOttes mehr ergeben. Der Gedanke des Todes verminderte weder die Ruhe noch die Annehmlichkeit seines Alters. Man sah ihn mit eben jener Annehmlichkeit die wichtigsten Betrachtungen über die Gebrechlichkeit seines Alters und über die äußerste Unordnung machen, welche bey dem Staate ein so großes Ansehen in so schwachen Händen anrichten würde. Was er sah, daß es so viel weisen Alten, welche nichts als ihr Schatten zu seyn schienen, begegnet, machte ihn beständig auf sich selbst aufmerksam. Er sagte öfters im Herzen zu sich, die unglücklichste Wirkung dieser Schwäche des Alters

ters sey, sie vor unsern Augen verbergen, also zwar, daß man sich unvermerkt in dem Abgrunde versenket sieht, ohne daß man den schrecklichen Augenblick einer unverspürten Abnahme hat beobachten können; und er beschwor seine Kinder durch die ganze Zärtlichkeit, welche er gegen sie und ihre Dankbarkeit hatte, die bey dem geringen Ueberreste des Lebens sein einziger Trost war, ihn bey Zeiten zu ermahnen, wenn sie sehen sollten, daß entweder sein Gedächtniß wankte, oder sein Verstand sich schwächte, damit er mit der wenigen Kraft, welche ihm übrig sey, den Staat und sein eigen Gewissen vor jenen Uebeln beschützen könnte, mit denen ihnen die Schwäche seines Alters bedrohte. Eben dieses sagte er, da sein Gemüth noch bey Kräften war, wenn der matte Körper mit selben nicht übereinstimmte; denn dieses war der Entschluß, den er in seiner letzten Krankheit gefaßet; und ehe er mit sich die Staatsgeschäffte sollte schmachten sehen, wenn er zu den vorigen Kräften nicht mehr gelangte, so beschloß er das Siegel zurück zustellen, ein gemeines Leben, dessen Geschmack er noch niemals verlohren, von neuem zu führen, und sich der Gefahr auszusetzen, sich lebendig zu begraben, oder vielleicht ſo lange zu leben, daß ihm die Würde, die er verlaßen, eine lange Reue erweckte: ſo ſehr war er über ſeine eigene Hoheit und über alle irrdiſche Größen erhaben.

Allein was ſeine Beſcheidenheit unſerer Lobeserhebungen würdiger machet, iſt die Stärke ſeines Witzes, welcher zur Arbeit gebohren war, und die Herzhaftigkeit, durch den Lauf von fünf Jahren ſein Haupt den bürgerlichen Aufruhren aufzuopfern. Wenn ich mich heute gezwungen ſehe, ihnen, meine Herren, das Bild unſerer Unglücksfälle von neuem vorzuſtellen, ſo werde ich von ihnen keine Nachſicht begehren, da ſich mir, wo ich mich immer hinwende, meinen Augen nichts anders zeiget als eine unſträfliche Treue, oder vielleicht ein kurzer Fehler, den lange Dienſtleiſtungen verbeſſern. In dieſen gefährlichen Umſtänden war einem auswärtigen Miniſter ein Mann eines geſetzten Verſtandes und einer gleichen Sicherheit vonnöthen, welcher da er verſchiednen Umgang pflegte, die

nig zu zeigen, um die Aufruhren, die sich allenthalben entspannen, zu zerstreuen, so verlangte Paris und das Herz des Königreichs einen Mann, welcher sich die Augenblicke zu Nutze zu machen wußte, ohne neue Befehle zu erwarten, und die gute Ordnung des Staats zu verwirren. Allein hatte nicht eben dieser Minister, welcher vom Hofe oft entfernet war, mitten unter so vielen Rathschlägen, welche von der Dunkelheit der Geschäfte, von der Ungewißheit der Zufälle, und von verschiedenen Vortheilen der Gefahr ausgesetzt wurden, eines Mannes vonnöthen, welchem die Regentinn trauen konnte? Endlich war ein Mann nöthig, welcher um den allgemeinen Haß, den man wieder die Regierung gefaßet, nicht noch mehr zu reizen, das Vertrauen aller Theile zu erhalten, und die Ueberbleibsel des Ansehens zu retten wußte.

Sie kommen mir zuvor, meine Herren, dieser, dem jungen Könige, der Regentinn, dem Staate, dem Minister, ja so gar den Verschwornen, um sie nicht zu den äußersten Ausschweifungen mit der Verzweiflung zu treiben, so ein nöthiger Mann ist jener von dem wir reden. Damals war es, daß er seinen erhabenen Verstand zu erkennen gab. Damahls sahen wir ihn sich selbst vergessen, und gleich einem weisen Steuermanne, ohne sich an den Wellen oder den Stürmen, oder seiner eignen Gefahr zu erschrecken, auf die Erhaltung des Staatskörpers, und der Befestigung der königlichen Macht, als auf das einzige Ziel einer so gefährlichen Schifffahrt, gerade zugehen. Da der Hof Bourdeaux bändigte, und Gasto, welcher zu Paris gelassen wurde, um es im Gehorsame zu erhalten, von bösen Räthen umgeben war, war Tellier der Kusai, der sie beschämte, und dem Gesalbten des Herrn den Sieg sicher machte. War es nöthig die Anschläge Spaniens auszuforschen, und das Geheimniß eines betrüglichen Friedens zu entdecken, welcher vorgeschlagen wurde, um einen Aufruhr zu erregen, im Falle er nur ein wenig verschoben würde?

Tellier machte daß der Antrag alsobald angenommen wurde; unser Bevollmächtigter reisete fort; der Erzherzog, welcher gezwungen ward zu bekennen, daß er nicht Macht habe, gab dem aufgebrachten Volke zu erkennen, wenn doch ein aufge-
brach-

brachtes Volk etwas erkennet, daß er nichts anders als ihre Leichtgläubigkeit gemißbrauchet. Allein wenn jemals eine Begebenheit vorgefallen, in welcher es nöthig war, Vorsichtigkeit und einen unerschrockenen Muth zu zeigen, so war es, als man sich der Gefangenschaft dreyer durchlauchtigen Gefangenen zu versichern hatte. Was für eine Ursache verlangte dieses Verfahren? Wer wird es der Nachwelt sagen können, ob die Beweggründe Verdacht oder Wahrheit, eitle Furcht oder wirkliche Gefahren und nothwendige Vorkehrungen bey einer so gefährlichen Sache gewesen? Dem sey wie ihm will, der Onkel des Königs war überzeugt; man glaubte sich andrer Prinzen versichern zu können; und sie wurden sträflich, als man sie für sträflich hielt. Allein wo sollte man Löwen bewachen, welche allezeit bereitet sind, ihre Ketten zu zerbrechen, indessen sich ein jeder bemühet sie in seiner Hand zu haben, um sie nach seinem Ehrgeize oder seiner Rache entweder zu behalten oder zu verlassen? War Gasto, welchen der Hof zu gleichen Gesinnungen gebracht, den Aufrührern unzugänglich? Sehe ich nicht vielmehr im

Gegentheile, wilde und stolze Seelen um ihn herum, welche um die Prinzen in ihre geheimen Vortheile zu ziehen, nicht aufhörten, ihm einzurathen, daß er sich ihrer bemächtigen sollte? Wie wichtig, wie glänzend, wie rühmlich war es nicht außer- und innerhalb des Landes Herr über das Schicksal des Prinzen von Conde zu seyn? Scheuen wir uns nicht ihn zu nennen, nachdem endlich alles von der Herrlichkeit seines großen Namens und seiner unsterblichen Thaten verdunkelt worden. Ihn in seinen Händen haben, war den Sieg selbsten haben, der ihn in den Schlachten ewig begleitet. Allein es war billig, daß dieses kostbare Unterpfand des Staates in den Händen des Königs verblieb, und ihm stand es zu, einen so edlen Theil seines Blutes zu bewahren.

Da sich also unser Minister um diese herrliche Werke bemühete, an welcher die königliche Würde und der Staat Theil hatten, so war er allein, auf welchen die Aufrührer ihre Augen gerichtet hatten. Er allein, sagten sie, wußte zu reden und zu verschweigen, was man reden oder verschweigen sollte. Er allein wußte sich im

Reden

Reden auszulassen, oder einzuhalten; er war undurchdringlich, und durchdrang alles; und da er das Geheimniß aus den Herzen lockte, blieb er über sich selbst Herr, und sagte nur, was er wollte. Er sah alle Geheimniße ein; er erkannte alle Kunstgriffe; er entdeckte die verborgensten Absichten, und geheimsten Ränke. Er war jener Weise, von welchem geschrieben ist: Der Rath ist im Herzen des Mannes, wie ein tief Wasser; aber ein weiser Mensch wird ihn daraus schöpfen. Spruchw. 20. 5.

Er vereinigte die wackern Männer, zertrennte die Verbindungen der Aufrührer, verwirrte ihre Absichten, und sammelte bey den Irrenden, was noch von einer aufrichtigen Gesinnung bey ihnen übrig war. Gasto glaubte nur ihm; und er allein wußte sich der glücklichen Augenblicke und der guten Gemüthsbeschaffenheit eines so großen Prinzen wohl zu gebrauchen. Kommet, lasset uns wider ihn Anschläge gedenken. Vereinigen wir uns, ihn seines Ansehens zu berauben; Lasset uns ihn mit der Zunge schlagen, und auf alle seine Reden nichts achten. Jerem. 18. 18. Allein wider ihn entstanden die schrecklichsten Verschwörungen. Wie oft wurde er insgeheim benachrichtiget, daß sein Leben nicht sicher wäre? Und er kannte auch unter den Aufrührern jene wilden Köpfe, derer unglückselige Tapferkeit, und äußerste Wut alles versuchen, und Leute finden, die ihre rasenden Anschläge ausführen. Allein sein Leben war ihm nicht kostbar, wenn er nur seinem Amte getreu wäre. Konnte er GOtt ein schöneres Opfer bringen, als wenn er ihm eine Seele, welche von der Ungerechtigkeit ihres Jahrhundertes rein, und ihrem Prinzen und Vaterlande gewidmet war, opferte?

JEsus hat uns hievon ein Beyspiel gegeben: die Juden selbst erkannten in ihm einen so guten Bürger, daß sie glaubten, sie könnten jenen Hauptman dem Heilande nicht besser empfehlen, als wenn sie von ihm sagten: Er hat unser Volk lieb. Luk.7.5. Hat Jeremias mehr Thränen über den Untergang seines Vaterlandes, als er vergossen? Was hat nicht unser erbarmnißvoller Heiland gethan, um den Unglücksfällen seiner Mitbürger zuvorzukommen? Da er dem Fürsten und seinem Lande getreu war, so scheute er sich nicht, den Neid

ders

der Pharisäer rege zu machen, indem er die Rechte des Kaysers beschützte; und da dieses Schlachtopfer der ganzen Welt für uns auf dem Golgatha gestorben, so wollte er, daß sein geliebtester Evangelist aufzeichnete, daß er hauptsächlich für sein Volk gestorben: Daß JEsus für das Volk sterben würde. Joh. 11. 51.

Wenn unser eifriger Minister von dieser Wahrheit gerühret war, und sein Leben für gering achtete, wird er sich scheuen, sein Glück der Gefahr auszusetzen? Weis man vielleicht nicht, daß er sich öfters den Neigungen des Cardinals, seines Wohlthäters widersetzen mußte? Zweymal mußte dieser vernünftige Liebling, als ein großer Staatsman, der Zeit zu weichen, und sich vom Hofe zu entfernen. Allein man muß gestehen, er verlangte allezeit zu geschwinde zurück zu kehren. Tellier widersetzte sich seiner Ungeduld, daß er sich so gar verdächtig machte; und ohne seine Mitbuhler, oder das Mistrauen eines verdachtvollen und seinen Stand ekelnden Ministers zu befürchten, gieng er mit unerschrocknem Schritte, wohin in der Wohlstand des Staates führte. Er mußte jenem nachzukommen, was er rieth. Da

die

die Entfernung jenes großen Ministers, auch jene seiner Vertrauten nach sich zog; so war Tellier über den Minister, dessen scharfsinnige Rathschläge er sonsten bewunderte, erhaben; und wir sahen ihn in seinem Hause einsam, wo er mitten unter den Ungewißheiten der Bewegungen des Volkes und eines verwirrten Hofes, seine Ruhe behielt. Da er sich der Vorsehung überließ, so sah er ohne Unruhe, die aufgebrachten Wellen um ihn herum wüten; und weil er die Wiederherstellung des Ministers, als einer der Ehre und Macht der Regierung nöthige Stütze, und nicht wie so viele andere zu seinem Vortheile, wünschte, zu welchem ihm ohne dieß der Rang in dem er stand, genug Mittel an die Hand gab; so übertrug er jedes üble Verfahren. Ein Anverwandter, welcher unerachtet seiner geleisteten Dienste, ein Opfer des Staats wurde, zeigte ihm, was er zu befürchten hätte. Er wußte (eine unerläßliche Sünde bey den Höfen!) daß man gewiße Reden wider ihn anhörte, und daß vielleicht seine Stelle von einem andern würde besetzet werden, wenn es möglich gewesen wäre, einen so sichern Mann zu finden. Nichts destoweniger hielt er die Wagschale im Gleichgewichte. Einige gaben dem Minister betrügliche Hoffnung; andere flößten ihm eitle Furcht ein; und in dem sie sich viel bemühten, wollten sie sich klug und eifrig zeigen: Tellier trug ihm allein die Wahrheit vor, obwohl sie oft unangenehm war; und da er sorgfältig war, sich bey prächtigen Thaten zu verbergen, überließ er dem Minister die Ehre davon, ohne zu fürchten, daß er zu gleicher Zeit mit abschlägigen Antworten, welche das Beste des Staats nothwendig machte, würde überladen werden. Und daher kam, daß da er den Haß derjenigen, derer Vorurtheile er bestreiten mußte, aus Vernunft verachtete, er ihre Hochachtung und oft ihre Freundschaft und ihr Vertrauen erwarb.

Die Geschichte wird davon berühmte Beyspiele erzählen; ich halte es nicht für nöthig, sie anzuführen, und da ich mich befriedige, einige tugendhafte Handlungen anzumerken, welche sich weise Zuhörer zu Nutze machen können, so ist mein Mund nicht bestimmt, Staatsmännern und Vorwitzigen ein Genügen zu leisten. Allein kann ich jenes vergessen, was ich allenthalben in der Erzählung unserer Unglücksfälle

fälle sehe? Dieser Mann, welcher den besondern Personen so getreu, dem Staate so erschrecklich, in einer so erhabenen Würde war, daß man ihn unmöglich zur Hälfte hochachten, oder fürchten, lieben oder hassen konnte: dieser gesetzte Geist, den wir den Erdkreis erschüttern, und eine Würde an sich ziehen sehen, welche er zuletzt verlassen wollte, als wenn er sie zu theuer erkauft hätte, also daß er das Herz hatte, es an dem erhabensten Orte der Christenheit zu erkennen, und es endlich für unfähig zu halten, seine Begierden zu begnügen: so sehr erkannte er seinen Irrthum und das Nichts der menschlichen Größe. Allein da er jenes zu erlangen suchte, was er einsmals verachten sollte, so brachte er alles durch geheime und mächtige Triebfedern in Bewegung; und nachdem alle Theile geschwächt waren, schien es noch, daß er alleine sich selbst aufrecht erhielt, und dem siegreichen Liebling mit seinen traurigen und unerschrockenen Blicken drohte.

Die Religion nahm Theil an seinem Unglücke; die königliche Residenz empörte sich; und Rom selbst drohte. Wie? so ist es noch nicht genug, daß wir von allen irrdischen Mächten außerhalb und inner-

innerhalb angegriffen sind? Ist es vielleicht nöthig, daß sich die Religion in unser Elend mische, und uns ein geheiligtes Ansehen fern und nahe entgegen setze? Allein die Sorgen des weisen Michael von Tellier verschafften, daß Rom an dem Cardinal Marzarini nichts zu tadeln hatte, als wenn er den Glanz des Purpurs, der ihn umgab, verdunkelt hätte; die Geschäfte der Kirche nahmen eine ordentliche Gestalt an; und auf diese Weise sah man den Frieden in dem Staate hergestellet. Das geschwächte Ansehen gewinnet seine alte Kraft. Paris und das ganze Königreich erkannte den König mit einer getreuen und bewunderungswürdigen Sorgfalt, welche die Vorsehung bewachet, und seinen großen Unternehmungen vorbehalten; der Eifer der Partheyen, welche durch die traurigen Folgen endlich erleuchtet wurden, bezeigte sich nun unbeweglich; der Verlust des Staates wird ersetzet; der Cardinal macht den Frieden mit Vortheil, und bey dem höchsten Gipfel der Ehre wird seine Freude durch die traurige Ankunft des Todes gestöret; allein er ist unerschrocken, und herrschet so gar in dessen Armen, und in der Mitte seines Schattens.

T

tens. Es scheint, daß er die Absicht gehabt, dem ganzen Europa zu zeigen, daß seine Gunst, welche von so vielen Seiten angefallen worden, so gründlich hergestellet sey, daß ausser einem nahen und langsamen Tode alles wider sie zu schwach sey. Er starb mit diesem traurigen Troste; und wir sahen den Anfang jener schönen Jahre, derer herrlichen Lauf man nicht genug bewundern kann. Unterdessen stattete die große und gottselige Anna von Oesterreich ein ewiges Zeugniß der unverletzlichen Treue unsers Ministers ab, bey dem sie, unter so verschiednen Bewegungen, niemals einen zweyfelhaften Schritt bemerket.

Der König, der ihn von seiner Jugend auf allezeit für das Beste des Staats aufmerksam und mit seiner geheiligten Person zärtlich verbunden gesehen, faßte ein Vertrauen auf seine Rathschläge; und der Minister behielt seine Bescheidenheit, und war hauptsächlich sorgfältig, den wichtigen Dienst zu verbergen, welchen er dem Staate beständig leistete, da er Männer, welche fähig waren wichtige Aemter zu verwalten, hervorzog, und ihnen jene Dienste gelegen zukommen ließ, die ihnen unbewußt waren. Denn was kann ein eifriger Minister vortheilhafters unternehmen, nachdem einmal ein Prinz, wenn er auch so groß ist, seine Macht nur zur Hälfte kennet, wenn er die großen Männer nicht kennet, welche die Vorsehung zu seiner Zeit auf die Erde gesetzet hat, um ihn zu unterstützen? Reden wir von Lebenden nicht, derer Tugenden so wohl als Lobeserhebungen in dem veränderlichen Zustande dieses Lebens nicht gesichert sind. Allein ich will hier den weisen, den gelehrten, den frommen Amoignon Ehren halber nennen, den unser Minister allezeit als würdig vorstellte, die Aussprüche der Gerechtigkeit auf ihrem majestätischen Throne vorzutragen. Die Gerechtigkeit, ihre gemeinschaftliche Freundinn, hatte sie vereinigt; und nun betrachten diese zwo frommen Seelen, welche auf Erden eine gleiche Begierde getrieben, den Gesetzen die Herrschaft zu verschaffen, die ewigen Gesetze ohne Hülle mit einander, von denen unsere hergeleitet sind; und wenn noch eine geringe Spur unserer schwachen Unterscheidungen bey einer so einfachen und klaren Beschauung anzutreffen ist, so bethen sie GOtt als die Gerechtigkeit und Richtschnur an.

Siehe, es wird der König in Gerechtigkeit regieren, und die Fürsten werden im Gerichte vorstehen. Isai. 32. 1. Die Gerechtigkeit geht vom Fürsten auf die Obrigkeiten, und vom Throne ergießt sie sich auf die Gerichtstühle. An der Regierung des Ezechias sieht man das Vorbild unserer Tage. Ein für die Gerechtigtigkeit eifernder Fürst, ernennet die erste obrigkeitliche Person, welche fähig ist, sein Verlangen zu befriedigen. Der unermüdete Minister öffnet seine aufmerksamen Augen über alle Gerichte; und da ihn die Befehle des Prinzen aneifern, so stellet er daselbst Regel, Zucht, Uebereinstimmung und den Geist der Gerechtigkeit her. Er weis, daß wenn die Gerechtigkeit der höchsten Obrigkeit manchmal gezwungen ist, die Vorschrift der Gesetze in außerordentlichen Zufällen zu ersetzen, man allezeit dabey ihren Geist annehmen, endlich das Gesetz nicht verlassen muß, als indem man einem Leitfaden folget, welcher so zu sagen zum Gesetze selbsten führet. Da er von allen Seiten um Rath befraget wird, so giebt er kurze, aber entscheidende Antworten, Antworten, welche voll Weisheit und Majestät sind; und in seinen Reden höret, man die Sprache der Gesetze. Jedermann kann in dem ganzen Umfange des Königreichs seine Klagen unter dem Schutze des Prinzen gesichert ausgiessen; und die Gerechtigkeit ist noch niemals so erleuchtet, noch so hülfreich gewesen.

Sie sehen meine Herren, wie dieser weise Richter den ganzen Körper der Gerechtigkeit in Ordnung erhält. Wollen sie auch sehen, was er in dem Amte, in dem er steht, thut, und was er von sich selbst in Bewegung bringen muß? Wie viele Klagen sind nicht so oft vorgebracht worden, daß die Streitigkeiten keine Regel und kein Ende hätten; daß der Grund der beurtheilten Sachen kaum mehr bekannt wäre, daß die Versammlung, welche die Urtheilssprüche der andern so leicht über den Haufen warf, ihre eignen nicht beßer ehrte; daß endlich der Name des Fürsten angewendet würde, alles ungewiß zu machen, und daß die Ungerechtigkeit öfters von dem Orte käme, von welchem der Donner auf sie losschlagen sollte? Unter dem weisen Michael von Tellier verrichtete der Rath sein wahres Amt, und das Ansehen seiner Schlüße, hielt als ein billiges Gegengewicht, das ganze Reich in Gleichheit.

Die Richter, wrlche wegen ihrer kühnen Streiche und Kunstgriffe befürchtet wurden, verlohren ihr Ansehen; ihr Name diente weiter zu nichts, als die Gerechtigkeit aufmerksamer zu machen. Im Rathe so wohl als in dem Kanzleramte brachten die Menge, die Verschiedenheit, die Schwierigkeit der Geschäfte diesen großen Minister niemals in Erstaunung; nichts war so beschwerlich und ungewiß, als ihn zu überraschen: und seit dem Anfange seines Amtes, kam dieser unwiderrufliche Spruch aus seinem Munde, daß er es am wenigsten verzeihen würde, wenn man ihn betröge. Mit was für einer Decke sich immer die Ungerechtigkeit verhüllte, so drang er biß auf ihre List, und wußte alsobald, auch unter den Blumen, die gekrümmte Spur einer solchen Schlange zu erkennen. Ohne Strafe, ohne Strenge überhäufte er die Ungerechtigkeit mit Schande, indem er sie alleine fühlen ließ, daß er sie kannte, und das Beyspiel seiner unbeugsamen Genauigkeit, war ein unvermeidlicher Tadel aller bösen Absichten. Durch dieses bewunderungswürdige Beyspiel also verschaffte er in dem Rathe noch weit mehr als durch seine Veord-
nun-

nungen und Reden eine Reinigkeit und einen Eifer der Gerechtigkeit, welche die Ehrerbietigkeit der Völker verschaffet, die Güter gemeiner Leute versichert, die allgemeine Ordnung fest setzet, und die Ehre dieses Königreichs ist. Seine Gerechtigkeit war nicht weniger eilfertig als genau. Ohne daß es nöthig war ihn aufzumuntern, so waren ihm die Seufzer der Unglückseligen, welche in die Streithändel verwickelt waren, und die er Tag und Nacht zu hören glaubte, ein lebhafter und beständiger Antrieb. Sage man diesem eifrigen Richter nicht, daß sein hohes Alter dieses nicht zulassen könne: Man würde den Geduldigsten unter allen Menschen zum Zorne reizen. Ist man vielleicht, sagte er, in den Aemtern um auszuruhen und zu leben? Ist man nicht GOtt, dem Fürsten, dem Staate sein Leben schuldig?

Heilige Altäre! ihr seyd meine Zeugen, daß ich ihm heute diese heldenmäßige Gesinnungen nicht durch künstliche Erdichtungen der Wohlredenheit in Mund lege: die Nachwelt soll wissen, wenn der Name dieses Ministers meine Rede bis zu ihr gelangen läßt, daß ich selbst diese geheiligten Antworten öfters gehöret. Nach-

über-

überstandnen großen Krankheiten, welche ihren Ursprung von seinen großen Arbeiten nahmen, sah man in ihm jene heftige Begierde aufleben, seine gewöhnlichen Uebungen vorzunehmen, wenn er gleich in Gefahr gerieth, in das vorige Uebel zu verfallen; und obwohl er gegen die Zärtlichkeiten seiner Familie empfindlich war, so gewöhnte er sie doch an diese großmüthigen Gesinnungen. Die Ursache alles dessen war, wir wir bereits angemerket haben, weil er nebst seinem Heile den besondern Dienst, den er GOtt schuldig war, in einer heiligen Verwaltung der Gerechtigkeit setzte. Aus dieser machte er sich einen immerwährenden Gottesdienst; diese war sein Morgen- und Abendopfer, nach dem Ausspruche des Weisen: Recht thun gefällt dem HErrn viel beßer als Opfer. Sprüchw. 21. 3. Denn was für ein Opfer ist heiliger, was für ein Rauchwerck süßer, was für ein Gebeth angenehmer, als wenn man die Sache der Wittwe vor sich nimmt, die Thränen des unterdrückten Armen abtrocknet, und der Ungerechtigkeit auf dem ganzen Erdkreise das Stillschweigen auflegt? Wie sehr der fromme Minister von diesen Wahrheiten überzeugt war, gaben die friedlichen Verhöre zu erkennen. Bey den gemeinen Verhören ist einer gar zu heftig, und verwirrt unsern Geist; ein anderer unterdrückt unser Herz mit einem unruhigen Gesichte, und ungewissen Blicken; dieser zeigt sich uns entweder aus Gewohnheit oder Wohlstande, und läßt seine Gedanken herumschweifen, ohne daß unsere Reden sein zerstreutes Gemüthe aufhalten; jenem, welcher noch grausamer ist, haben seine Vorurtheile die Ohren verstopfet, und da er nicht fähig ist, den Gründen der andern den Eingang zuzulassen, so hört er keine andere an, als die er im Herzen trägt.

Da dieser weise Minister so leicht anhörte; und sein erster Anblick so viel Ruhe versprach, so beruhigte sich dabey eine aufgebrachte Seele. Man fand bey ihm jene süßen Antworten, welche den Zorn besänftigen, und jene Worte, welche den Geschäncknissen vorzuziehen sind. Er kannte zwo Gestalten der Gerechtigkeit; eine ganz angenehme bey dem ersten Anblicke, die andere streng und unerbittlich, wenn man das Urtheil sprechen muß. Dort will sie allen Menschen gefallen, und beyde Theile befriedigen; hier fürchtet sie sich nicht, weder den Mächtigen zu beleidigen, noch dem Armen und Schwachen wehe zu thun.

Dieſer liebreiche Miniſter war vor Freude entzücket, daß er allezeit von der Sanftmuth anzufangen hatte; und bey der ganzen Verwaltung der Gerechtigkeit ſchien er als ein Mann, welchen die Natur gütig, und die Vernunft unbeweglich gemacht. Dieſes waren die Kunſtgriffe, durch die er jedes Herz gewann. Das ganze Königreich ſchickte ſeine Wünſche gen Himmel für die Verlängerung ſeiner Tage; man beruhigte ſich über ſeine Vorſicht; ſeine langen Erfahrungen waren ein unerſchöpflicher Reichthum weiſer Rathſchläge für den Staat; und ſeine Gerechtigkeit, ſeine Klugheit, ſeine Fertigkeit, mit der er die Geſchäfte abhandelte, brachten ihm die Ehrerbietigkeit und Liebe aller Völker zuwege.

O HErr! du haſt, wie der Weiſe ſagt, das Auge gemacht, welches ſieht, und das Ohr, welches höret, du alſo, der du den Richtern jene gütigen Blicke, jene aufmerkſamen Ohren und jenes Herz giebſt, daß der Wahrheit allezeit geöffnet iſt, höre uns für jenen an, der alle gehö-

ret;

ret; und ihr gelehrten Dollmetſcher der Geſetze, getreuen Bewahrer ihrer Geheimniße, und unverſöhnliche Rächer ihrer verachteten Heiligkeit, folget dieſem großen Beyſpiele unſerer Tage nach. Der ganze Erdkreis ſieht nach euch: ihr entfernet euch von dem Eigennutze und von den Leidenſchafften, und gehet ohne Augen, ohne Hände, gleich den himmliſchen Geiſtern auf Erden einher: oder ihr ahmet vielmehr als BilderGottes deſſen Unabhänglichkeit nach: ihr habt wie er, weder der Menſchen noch ihrer Geſchenke nöthig; ihr laßet wie er der Wittwe und dem Waiſen Gerechtigkeit wiederfahren; der Fremdling ruft euren Beyſtand nicht vergebens an; und da ihr verſichert ſeyd, daß ihr die Macht des allgemeinen Richters ausübt, ſo habt ihr keine Abſicht auf jemanden bey euren Gerichten. Möchte er euch, mit ſeinem Lichte und ſeinem Geiſte der Stärke, jene Geduld, jene Aufmerkſamkeit, und jene gegen die Vernunft ſo fertige Gelehrigkeit geben, welche Salomon begehret, um ſein Volk zu richten.

Allein was mich dieſer Rednerſtuhl, was mich dieſe Altäre, was mich das Evangelium, das ich verkündige, und das

Beyspiel des großen Ministers vor allen anzubefehlen verbindet, ist das heilige Kirchenrecht. Die Kirche ergreift alle Mittel, durch welche man den Beystand der Gerechtigkeit hoffen kann. Die Gerechtigkeit ist den Schwachen, den Waisen, den verlaßnen Frauen, den Fremdlingen, besondere Hülfe schuldig? Wie starck ist nicht diese Kirche! wie sehr ist jenes Schwert zu befürchten, welches ihr der Sohn GOttes in die Hand gegeben! Allein dieses ist ein geistliches Schwert, dessen zweyfache Schärfe die Ungläubigen und Hoffärtigen nicht fühlen. Sie ist eine Tochter des Allmächtigen; allein ihr Vater, der sie innerhalb unterstützet, überläßt sie öfters den Verfolgern, und sie ist gezwungen, nach dem Beyspiele JESU Christi in ihren Todesängsten zu schreyen: Mein GOtt, mein GOtt! warum hast du mich verlassen? Matth. 27.46. Ihr Bräutigam ist der mächtigste, gleichwie er der schönste und vollkommenste ist; allein sie höret seine angenehme Stimme nicht, sie genießt seiner süßen und lieben Gegenwart nur einen Augenblick: er hat die Flucht unversehens mit einem schnellen Laufe ergriffen, und ist geschwinder als ein

Hirsch

Hirsch über die höchsten Berge gegangen. Die Kirche ist nun als eine betrübte Braut nur mit Seufzen beschäftiget, und von ihrem Munde erschallet der Gesang der verlassenen Turteltaube. Endlich so ist sie ein Fremdling und Pilgerin auf dieser Erde, wo sie die Kinder Gottes unter ihre Flügel sammelt; und die Welt, welche sich bemüht, sie ihr zu entreißen, hört nicht auf, ihr diese Pilgrimschaft beschwerlich zu machen. Sie ist eine trostlose Mutter, und hat öfters Ursache sich über ihre Kinder, die sie unterdrücken, zu beklagen; man sucht allenthalben, ihre geheiligten Rechte an sich zu ziehen; ihre himmlische Macht ist geschwächet, oder so zu sagen ausgelöschet. Man nimmt Rache an ihr wegen einiger ihrer Diener, welche sich der zeitlichen Rechte gar zu kühn gebrauchen; und die zeitliche Macht scheint im Gegentheile, daß sie die Kirche zur Sklavin machen, und ihren Verlust an JEsu Christo selbst ersetzen wolle. Die weltlichen Gerichte erschallen allein von geistlichen Rechtshändeln; man erinnert sich nicht jenes besondern Vorrechts, welches der apostolische Orden erhalten, um selbe zu entscheiden: eine himmlische Gabe, welche

wir

wir ein einzigesmal in der Auflegung der Hände empfangen; aber welche uns der heilige Paulus befiehlt von neuen zu beleben, zu erneuern, und als ein göttliches Feuer beständig anzuzünden, damit dessen Kraft unsterblich werde. Ist uns vielleicht diese Gabe nur ertheilet worden, um das Wort zu verkündigen, und die Seelen durch die Sacramente zu heiligen? Ist sie uns nicht auch gegeben worden um die Kirche zu regieren, die Zucht fest zu setzen, die Kirchensatzungen, welche GOtt unsern Vorfahrern eingegeben, auszuüben, und alle Pflichten des Kirchendienstes zu erfüllen? Vormahls bemühten sich die Gesetze der Kirche und des Staats gemeinschaftlich, zu verhindern, daß die Diener des Altars, auch zeitlicher Geschäfte wegen nicht vor den weltlichen Richtern erschienen, die Christen wollten Priester und Fürsprecher haben, welche von dem Umgange der Menschen rein wären, und sie scheuten sich, selbe von neuen in die Welt zu verwickeln, aus der sie gegangen sind, um ein Erbtheil des HErrn zu seyn. Gegenwärtig sieht man sie so gar geistlicher Rechtshändel wegen vor! weltliche Gerichte gezogen: so sehr hat die Welt die Oberhand

genom-

genommen; so schwach und ohnmächtig ist die Kirche.

Es ist wahr, man fängt an sie zu hören; der erlauchte Rath und das erste Parlament kommen ihrem beleidigtem Ansehen zu Hülfe; die Quellen des Rechtes sind aufgedeckt, die heiligen Grundsätze leben wiederum auf. Ein für die Kirche eifriger König, welcher allezeit bereitet ist, mehr zu geben, als man vorgiebt, daß er genommen habe, wircket diese glückliche Veränderung; sein weiser und kluger Kanzler unterstützet seine Begierden: unter der Anleitung dieses Ministers haben wir gleichsam einen neuen und der bischöflichen Würde günstigen Codex, und in kurzem werden wir uns nach dem Beyspiele unserer Väter rühmen, die Gesetze mit den Verordnungen der Kirche vereiniget zu haben. Wenn dieser weise Richter weltlichen Gerichten die geistlichen Streitigkeiten überläßt, so zeigen ihnen seine gelehrte Aussprüche, wie sie sich dabey zu verhalten hätten, und was das Mittel sey, das er ihren Unternehmungen wird geben können. Auf diese Weise giebt die weltliche Macht nicht mehr was sie nicht hat; und die heilige Ordnung der geistlichen

Mächte, dieses Bild des himmlischen Chors und dieses Band unserer Einigkeit ist erhalten; auf diese Weise genießt die Geistlichkeit des ganzen Königreichs ihre Freyheiten; auf diese Weise sind, ausser dem Opfer der Wünsche, und dem großen Geheimniße der unzertrenlichen Vereinigung JEsu Christi mit seiner Kirche, die Meynungen bey einem erleuchteten Gerichte, und unter verständigen obrigkeitlichen Personen viel gründlicher, als sie in Büchern gewisser Schriftsteller sind, die sich Männer der Kirche und Gottesgelehrte nennen. Ein großer Prälat hat an diesen wichtigen Bemühungen Antheil: da er ein erfahrner und zugleich angenehmer Fürsprecher bey einem Vater ist, den die Natur antreibt, die Kirche zu begünstigen, so weiß er wohl, was man von der erleuchteten Frömmigkeit eines großen Ministers erwarten muß, und er trägt die Rechte Gottes vor, ohne die Rechte des Kaisers zu beleidigen. Können wir nicht einmal nach diesem Anfange hoffen, daß die Neider Frankreichs an ihm nicht ewig werden zu tadeln haben, daß die Freyheiten der Kirche beständig wider die Kirche selbst streiten?

Gott-

Gottſelige Seele eines weiſen Michael von Tellier, nachdem du dieſes große Werk angefangen, nimm vor dieſen Altären, dieſes aufrichtige Zeugniß deines Glaubens und unſrer Dankbarkeit von dem Munde eines Biſchofes an, welcher leider! nur allzugeſchwind gezwungen iſt, die Opfer die er für ein ſo koſtbares Leben dargebracht, in Opfer für deine ewige Ruhe zu verändern. Und ihr heilige Biſchöfe, Dollmetſcher des Himmels, Richter der Erde, Apoſtel, Lehrer, Diener der Kirche, die ihr dieſe Verſammlung durch eure Gegenwart heiliget, und wenn ihr auf dem ganzen Erdkreiſe ausgebreitet ſeyn würdet, den Ruhm eines der Kirche ſo günſtigen Miniſters hören würdet: verrichtet eure Opfer beſtändig für dieſe ſo fromme Seele. Möchte auf dieſe Weiſe die Kirchenzucht gänzlich hergeſtellet ſeyn! möchte euren Gerichtsſtühlen die Majeſtät, euern Urtheilen das Anſehen, euren Beſtrafungen die Ernſthaftigkeit und das Gewicht erſetzet werden! möchtet ihr im Namen JEſu Chriſti öfters verſammelt ſeyn, ihn mitten unter euch haben, und die Schönheit der alten Tage wiederum ſehen! Man erlaube mir wenigſtens, meine Wünsche vor diese Altäre zu bringen, vor einer so einsichtvollen Versammlung nach den verlauffenen Zeiten zu seufzen, und die Weisheit unter den Vollkommnen verkündigen.

Allein, o HErr! laß diese Wünsche nicht unnütz seyn. Was können wir nicht von deiner Güte erhalten, wenn wir, wie unsere Vorfahren, unser reines Vergnügen in deiner Schrift, unsere wichtigste Handlung in der Verkündigung deines Wortes, unsere Glückseligkeit in der Heilung deines Volkes setzen; wenn wir mit unsern Heerden durch eine heilige Liebe verbunden sind, und beförchten, von ihnen abgesondert zu werden; wenn wir Sorge tragen, Priester zu erziehen, welche würdig sind von Ludewigen erwählet zu werden, um unsere Stellen einzunehmen; wenn wir ihm das Mittel an die Hand geben, sein Gewissen auf jener Seite zu entladen, welche die gefährlichste unter seinen Pflichten ist; und wenn jene, durch ein unverletzliches Gesetz von dem Bischofthume ausgeschlossen bleiben, welche durch apostolische Arbeiten nicht dahin gelangen wollen? Denn wie werden wir ohne diese Hülfe der Kirche JEsu Christi so viele

neu-

neubekehrte Völker einverleiben, und einen so großen Zuwachs unsrer Bürde mit Vertrauen tragen können? Ach! wenn wir nicht unermüdet sind zu unterrichten, zu strafen, zu tröſten, den Schwachen die Milch und den Starken das Brod zu geben, dieſer neuen Pflanzen zu pflegen, und dieſem neuem Volke das heilige Wort zu erklären, daß man leider! ſo häufig angewendet, um es zu betrügen; ſo wird der Starke bewaffnete, welcher aus ſeiner Wohnung gejaget worden, mit größerer Wut als jemals, und mit ſieben boßhaftern Geiſtern als er iſt, zurückkehren; und unſer Zuſtand wird ärger werden als der vorige war.

Verſchweigen wir unterdeſſen das Wunder unſerer Tage nicht, laſſen wir deſſen Angedenken bis auf die zukünftigen Jahrhunderte gelangen; nehmet eure geheiligte Feder in die Hand, die ihr die Jahrbücher der Kirche verfertiget; eilet ihr geſchickten Werkzeuge eines geſchwinden Schreibers, und einer fleißigen Hand, eilet Ludewigen unter die Conſtantiner und Theodoſianer zu ſetzen. Jene, welche euch in dieſer ſchönen Bemühung vorgegangen erzählen, daß bevor

Kaiser gewesen, deren Gesetze die Versammlungen der Ketzer aufgehoben, die Sekten vereiniget geblieben, und sich lange Zeit erhalten. Allein, fährt Sozomenus fort, * seit GOtt christliche Prinzen erwecket, welche diese Versammlungen verbothen, so erlaubte das Gesetz den Ketzern nicht mehr sich öffentlich zu versammeln, und die Diener der Kirche, die ein wachsames Auge auf sie hatten, verhinderten, es in geheim zu thun. Auf diese Weise kehrte der größte Theil zurück, und die Hartnäckigen starben ohne Nachfolger, weil sie weder eine Gemeinschaft unter sich haben, und ihre Glaubenssätze frey lehren konnten. So fiel die Ketzerey mit ihrem Gifte, und die Zweytracht gieng in die Hölle zurück, aus der sie hervorgetreten.

Sehen sie, meine Herren, was unsere Väter in den ersten Jahrhunderten bewundert. Allein unsere Vater haben nicht gesehen, was wir in unsern Tagen erblickt: eine alte und eingewurzelte Ketzerey stürtzte darnieder, die irrenden Heerden kehreten haufenweiß zurück, und unsere

---
* Libr 2. Cap. 22.

re Kirchen waren zu enge, um sie zu empfangen; ihre falschen Hirten verließen sie, ohne einen Befehl zu erwarten, indem sie sich glücklich schätzten ihre Verbannung zur Entschuldigung anführen zu können: alles war bey einer so großen Bewegung in der größten Ruhe. Der Erdkreis verwunderte sich, bey einem so neuen Zufalle das sicherste Kennzeichen und zugleich den schönsten Gebrauch des Ansehens, und das Verdienst eines Prinzen zu sehen, der allenthalben berühmt ist, und noch mehr als seine Macht selbsten geehret wird. Schütten wir, von so vielen Wundern gerührt, unsere Herzen bey der Frömmigkeit Ludwigs aus. Erheben wir unsere Lobeserhebungen bis gen Himmel, und sagen wir diesem neuen Constantinus, diesem neuen Theodosius, diesem neuen Marcianus, diesem neuen Karl dem Großen, was einsmals die sechshundert dreyßig Väter der Kirchenversammlung zu Chalcedon gesagt: Du hast den Glauben befestiget, du hast die Ketzer ausgereutet; dieses ist ein würdiges Werk deiner Regierung, dieses ist derselben eigener Charakter. Durch dich ist die Ketzerey nicht mehr, GOtt allein hat dieses Wunder wirken können. König des Himmels erhalte den König der Erde: dieses wünschen die Kirchen, dieses begehren die Bischöfe. *

Als der weise Kanzler Befehl erhielt, die gottselige Verordnung kund zu machen, welche der Ketzerey den letzten Stoß gab, so war er bereits von der Krankheit überfallen, an der er gestorben. Allein ein für die Gerechtigkeit so eifernder Minister mußte nicht mit dem Schmerzen sterben, daß er sie nicht allen jenen ertheilet, derer Händel ihren Anfang genommen hatten. Ungeachtet jener tödlichen Schwachheit, welche er zu fühlen anfieng, verhörte, urtheilte, und schmeckte er die Ruhe eines Menschen, der sich von allem glücklich entäußert, und von welchem weder die Kirche, noch die Welt, weder der Fürst, noch das Vaterland, weder besondere Personen, noch der Staat etwas mehr zu fordern hatten. GOtt allein hielt ihm die Erfüllung des großen Werkes der Religion bevor, und er sagte, da er der Wiederrufung des Vertrags von Nantes das königliche Siegel auf-

---
* Conc. Chalc. Act. 6.

aufdruͤckte, daß er nach dieſem Siege des
Glaubens, und einem ſo ſchoͤnen Denk‑
male der Froͤmmigkeit des Koͤnigs nicht
mehr bedauerte ſeine Tage zu vollenden.
Dieſes waren die letzten Worte die er in
der Ausuͤbung ſeine Wuͤrde vorbrachte;
Worte, welche wuͤrdig waren, eine ſo
herrliche Verwaltung ſeines Amtes zu be‑
kroͤnen. In der That, der Tod erſcheint,
man verſucht kein einziges Huͤlfsmittel
mehr wider deſſen ſchreckliche Anfaͤlle; zehn
ganze Tage betrachtete er ihn mit freyem
Angeſichte, er iſt ruhig und ſitzt beſtaͤndig,
weil es ſeine Kranckheit erfordert; man
glaubt bis zum Ende, daß er entweder
bey einer ruhigen Verhoͤr eines Miniſters
gegenwaͤrtig ſey, oder ſich mit einem ver‑
traulichem Freunde ganz ſanft unterrede.
Oft unterhaͤlt er ſich mit dem Tode alleine:
die Gedaͤchtniß, die Vernunft, die Stim‑
me ſind von dem Geiſte ſo ſehr belebt,
als ſie wegen des Leibes dem Tode nahe
ſind, er ſcheinet ihn gleichſam zu fragen,
warum man ihn grauſam nenne. Er war
ihm Tag und Nacht gegenwaͤrtig; denn
der Schlaf war ihm unbekannt, und al‑
lein die kalte Hand des Todes konnte ihm
die Augen ſchließen. Niemals war er ſo

U 4 auf‑

aufmerksam. Es scheinet mir noch jene muthigen Worte zu hören, wenn er sagt: Ich bin auf der Wache. Es ist nicht mehr Zeit zu ruhen, er ist zu jedem Anfalle bereitet, und erwartet den Augenblick seiner Erlösung.

Glauben sie nicht, meine Herren, daß eine solche Standhaftigkeit unter den Armen des Todes unversehens entstehen können, dieses ist die Frucht der Betrachtungen, die sie gesehen, und der Zubereitung des ganzen Lebens. Der Tod enthüllet die Geheimniße der Herzen. O ihr Reichen, die ihr in den Freuden der Welt lebet, wenn ihr wüßtet, wie leicht ihr euch von den Reichthümern, die ihr zu besitzen glaubet, verführen lasset; wenn ihr wüßtet, mit welchen verborgenen Feßeln sie eure Herzen binden, und sich ihnen so zu sagen, einverleiben, und wie stark und schädlich diese Feßeln sind, die ihr itzt nicht empfindet; so würdet ihr die Wahrheit jenes Ausspruchs des Heilandes verstehen: Wehe, euch Reichen! Luk. 6. 24. Ihr würdet, wie der heilige Jakob sagt, ein entsetzliches Geschrey ausstoßen, und bey dem Anblicke eures Elendes heulen. Allein ihr empfindet keine so unordentliche

Neigung. Die Begierde läße sich besser fühlen, weil es zugleich Verwirrung und Bewegung in sich hat. Allein bey dem Besitze findet man gleichsam in einem Bette eine betrübte Ruhe, und man schläft bey der Liebe irrdischer Güter ein, ohne diese unglückselige Verbindung zu verspüren. Dieses ist der Abgrund, meine Brüder, in den jener fällt, der seine Hoffnung auf die Reichthümer setzt; ich sage so gar auf rechtmäßig erworbene Reichthümer. Allein die außerordentliche Neigung, die wir bey dem Besitze nicht verspüren, läßt sich bey dem Verluste bemerken, wie der heilige Augustinus sagt. Damals höret man jenes Geschrey eines unglückseligen Königs, eines Achabs, welcher bey der Annäherung des Todes rasend wird, welcher ihm unversehens seine Hoheit und seine Ergötzungen mit dem Leben raubt: Scheidet den also der bittre Tod? 1. B. der König. 15. 32. Das Herz blutet, der Schmerz der Wunden entdeckt, wie tiefe Wurzel diese Reichthümer gefaßt, und die ganze Sünde leget sich an Tag, die durch eine so außerordentliche Neigung begangen wird.*   Im

---

* Quantum amando deliquerint, perdendo sense-
 runt.

Im Gegentheile aber ein Mensch, dessen Glück von dem Himmel beschützet ist, und keine Feinde kennet, welcher ohne Neid zu den höchsten Ehrenstellen erhaben, und in seiner Person und Familie glücklich ist; welcher da er ein so glückseliges Leben verschwinden sieht, den Tod segnet, und sich nach den ewigen Gütern sehnet; zeiget er nicht, daß er sein Herz nicht bey dem Schatze aufbewahret, welchen die Diebe entziehen können, und daß er als ein anderer Abraham nirgends eine Ruhe findet, als in der bleibenden Stadt?

Ein GOtt geweihter Sohn, erfüllet herzhaft seine Pflicht wie alle übrigen Theile seines Amtes, und bringet einem so kostbaren und geliebten Vater die traurige Nachricht: er findet, was er gehoffet, einen Christen, der zu allem bereitet ist, und diese letzte Pflicht seiner Frömmigkeit erwartet. Die letzte Salbung, welche eben derselbe Mund diesem christlichen Philosophen verkündiget, erweckt dessen Frömmigkeit, gleichwie es vorhin der heilige Zehrpfenning gethan; die heiligen Gebethe der Sterbenden ermunterten seinen Glauben; seine Seele erweitert sich bey den himmlischen Lobgesängen; man sollte sagen,

sagen, daß er ein anderer David geworden, da er selbst dessen göttliche Psalmen so geschickt angewendet. Kein Gerechter hat noch jemals die Gnade Gottes mit standhafterem Vertrauen erwartet; kein Sünder die Verzeihung mit größerer Demuth begehret, und sich derselben unwürdiger geachtet. Wer wird mir den Griffel geben, welchen Job verlangt hat, um jene Worte in Aerz und Marmor einzugraben, welche die letzten Tage aus seinem Munde gegangen, daß er nach zwey und vierzig Jahren die er dem Könige diente, den Trost hätte, ihm niemals einen Rath wider sein Gewissen gegeben, noch durch ein so langes Amt eine Ungerechtigkeit, die er verhindern konnte, erduldet zu haben? Was für ein Wunder der Gnade ist nicht dieses, wenn die Gerechtigkeit bey so gefährlichen Umständen beständig, und so zu sagen allezeit eine Jungfrau und unverletzt bleibt? Nachdem ihm einmal sein Gewissen ein solches Zeugniß abstattet, was hat er ferner unsere Lobeserhebungen nöthig?

Und sie verwundern sich meine Herren, über seine Zufriedenheit? Was für eine Krankheit, was für einen Tod kann jener
finden

finden, welcher in dem Innersten seines Herzens eine so große Ruhe trägt? Unterdessen was sehe ich? vom Schmerzen durchdrungene Kinder: denn sie erlauben mir, daß ich ihrer Frömmigkeit dieß Zeugniß ablege; dieses ist das einzige Lob, das sie ohne Eckel hören können. Was stellet sich ferners unsern Augen vor? Eine starke Frau, voll des Almosens und der guten Werke, welche wider ihren Willen von jenem zurückgelassen worden, dem sie so oft vorzukommen glaubte. Nun opfert sie diesen geliebtesten und kostbaresten Theil ihrer selbst vor dem Altare; nun gehet sie von neuem in das Zimmer des Kranken, nicht aus Schwachheit, sondern wie sie sagt, um sterben, und einen Nutzen aus diesem Beyspiele schaffen zu lernen. Der glückliche Alte genießt bis zum Ende der Zärtlichkeiten seiner Familie, bey der er nichts schwaches sieht; allein da er derselben Dankbarkeit verkostet, so opfert er sie als ein anderer Abraham auf, und indem er sie bittet, sich zu entfernen, so sagt er: Ich will mich der Menschlichkeit biß auf die äußersten Spuren entreißen.

Erkennen sie hier, meine Herren, einen Christen, der sein Opfer vollendet, welcher die letzten Kräfte anwendet, um alle Bande des Fleisches und Blutes zu zerreißen, und der nicht mehr für die Welt lebet. Also reiniget sich eine christliche Seele durch die Schmerzen und bey der Annäherung des Todes gleichsam als in einem Feuer. Also beraubte sie sich alles dessen, was auch in ihren unschuldigsten Neigungen irdisches und sinnliches ist. Dieses sind die Gnaden, die man im Tode erhält. Allein betrüge man sich nicht: man erhält sie nur, wenn man den Tod oft betrachtet hat, wenn man sich durch gute Werke bereitet hat: denn sonsten führet der Tod die Unempfindlichkeit, oder eine geheime Verzweiflung, oder bey seinen gerechten Schrecken eine betrügliche Buße, oder endlich eine der Frömmigkeit erschreckliche Verwirrung mit sich.

Allein sehen sie hier, meine Herren, die Vollendung des Werkes GOttes bey der Vollkommenheit der Liebe. Wenige Zeit darauf hebt sich der muthige Alte, unter seinen Schwachheiten und größten Schmerzen in die Höhe, strecket seine Arme gen Himmel, und nachdem er um die

Be-

Beharrung gebethen, sagt er: Ich verlange nicht, meine Schmerzen zu vollenden, sondern nur GOtt zu sehen. Was sehe ich, meine Herren, den wahren Glauben, welcher einerseits nicht ermüdet wird zu leiden, und hierdurch den Charakter eines Christen ausmacht; andererseits aber nichts anders suchet, als sich aus seinen Finsternißen zu entwickeln, die Wolke zu zerstreuen, und sich in ein reines Licht und in eine klare Beschauung zu verwandeln. Glückseliger Augenblick, wo wir den Schatten und die Räthsel verlassen werden, um die offene Wahrheit zu sehen! Laufen wir, meine Brüder, mit Eifer darnach, eilen wir, unsere Herzen zu reinigen, damit wir GOtt nach der Verheissung des Evangeliums sehen mögen. Hier ist das Ziel der Reise: hier endigen sich die Seufzer; hier wird die Arbeit des Glaubens zu Stande gebracht, da er nämlich, wenn ich so reden darf, die Beschauung gebichret. Ich sage es noch einmal, glückseliger Augenblick! wer dich nicht verlanget, trägt den Namen des Christen unwürdig.

Nachdem diese gottselige Begierde in gem Herzen dieses glaubensvollen Alten

von

von dem heiligen Geist erreget worden, was blieb ihm noch übrig, meine Brüder, als daß er forteilet, des Gegenstandes, den er liebt, zu genießen? Endlich da er schon im Begriffe war, seine Seele aufzugeben, sagt er: Ich danke GOtt, daß er eher meinen Leib als meinen Geist abnehmen lassen. Von einer so großen Wohlthat gerühret, und vor Freuden, GOtt seine Dankbarkeit biß zu dem letzten Athem bezeigen zu können, stimmet er das Loblied der göttlichen Erbarmungen an: Ich will die Erbarmnisse des HErrn ewiglich singen. Ps. 88. 1. unter diesen Worten hauchet er seinen Geist aus, und setzet den heiligen Gesang mit den Engeln fort.

Erkennet nun, meine Brüder, daß seine beständige Mäßigkeit ihren Ursprung in einem Herzen genommen, das von der Liebe der Welt abgeschälet war, und erfreuet euch in dem HErrn, daß der Reiche die Gnaden und den Lohn der Armuth verdienet. Wenn ich das Gleichniß oder vielmehr die Geschichte des bösen Reichen in dem Evangelio aufmerksam betrachte, und sehe, wie JEsus Christus von den Reichen dieser Welt redet, so scheinet mir

daß

daß er ihnen keine Hoffnung in dem zukünftigen Leben läßt. Der arme und von Wunden überhäufte Lazarus wird von den Engeln in den Schooß Abrahams getragen, da unterdessen der in diesem Leallezeit glückliche Reiche in der Hölle begraben liegt. Dieses ist ein sehr verschiedenes Verfahren, welches GOtt dem einen und dem andern erweißt. Allein wie erkläret der Sohn GOttes dessen Ursache? Gedenke Sohn, sagt er, daß du Gutes empfangen hast im Leben, und Lazarus hat dagegen Böses empfangen: und was folgert man daraus? Höret es, ihr Reichen, und zittert: Jzt aber, fährt er fort, wird er getröstet, und du gepeiniget. Luk. 16. 25. Erschrecklicher Unterschied! betrübtes Erbtheil der Großen dieser Welt! Nichts desto weniger eröffnet eure Augen: jener, welchen den armen Lazarus in seinen Schooß aufnimmt, ist der reiche Abraham; und er zeiget euch, ihr Reichen, nach welcher Herrlichkeit ihr trachten könnet, wenn ihr arm im Geiste, an eure Güter nicht angeheftet, und also bereitet seyd, sie zu verlaßen, wie ein Pilgrim aus einer Hütte wandert, in der er eine kurze Nacht zu gebracht. Ich gestehe es, diese Gnade ist bey dem neuen Bunde seltsam, wo die Trübsalen und die Armuth der Kinder GOttes der ganzen Kirche JEsum Christum auf dem Kreutze beständig vorstellen müßen; dennoch, meine lieben Brüder, giebt uns GOtt zu Zeiten Beyspiele, damit wir erkennen möchten, daß man die Schmäucheleyen einer auch gegenwärtigen Hoheit verachten könne; und damit die Armen erlernten, jenes mit so großer Heftigkeit nicht zu verlangen, was man mit Freude verlassen kann.

Dieser Minister, welcher so reich, und gegen den Reichthum zugleich so gleichgültig war, muß ihnen eine solche Gesinnung einflößen. Der Tod hat das Geheimniß seiner Einkünfte aufgedecket; und die Welt, dieser strenge Richter so glücklicher und erhabner Leute, hat dabey nichts als Mäßigkeit gefunden. Man sieht daß seine Güter durch die Zeit eines so langen Amtes und durch eine vorsichtige Haushaltung natürlich angewachsen, und man verbindet das Lob eines großen Richters, und weisen Ministers mit dem Lobe eines klugen und wachbaren Hausvaters: ein Lob, welches man den heiligen Patriarchen nicht unwürdig geachtet. Er hat also nach ihrem Beyspiele jenes ohne Schmerzen hinterlassen, was er ohne Sorgfalt erworben; seine wahren Güter sind ihm nicht hinweggenommen worden, und seine Gerechtigkeit bleibt von Ewigkeit zu Ewigkeit. Von dieser sind alle jene Gnaden und Tugenden hergeflossen, die er in seiner letzten Kranckheit hat blicken lassen. Seine Almosen, welche er in dem Schoosse des Armen so wohl zu verbergen gewußt, haben für ihn gebethen; seine rechte Hand verbarg sie der lincken, und wann wir einen Freund, der entweder derselben Diener, oder nothwendiger Zeuge war, ausnehmen, so waren sie auch seinen innigsten Vertrauten unbekannt; allein der Vater, der sie in geheim sieht, hat ihm den Lohn derselben ertheilet.

Völker, weinet nicht mehr, und ihr die ihr von dem Glanze der Welt verblendet seyd, und den ruhigen Lauf eines so langen und schönen Lebens bewundert, erhebet eure Gedancken. Und wie also? Werden uns denn drey und achtzig Jahre, die unter der Glückseligkeit verflossen, wenn man die Zeit der Kindheit dazu rechnet, wo man sich noch nicht kennet; wenn man

die

Krankheiten zählet, wo man nicht lebet; wenn man die Zeit hinzusetzet, die man allezeit zu bereuen hat) in Ansehung der Ewigkeit erheblich scheinen, zu der wir mit so großen Schritten eilen, besonders welche man wohl befestiget zu hinterlaßen glaubt.

Jakob erzählet nach hundert und dreyßig Jahren des Lebens, dem Könige von Aegypten, vor den er geführet wurde, daß die Dauer seiner mühsamen Pilgrimschaft kurz wäre, und die Tage seines Vaters Isaaks und seines Großvaters Abrahams nicht erreichte. Allein die Jahre Abrahams und Isaaks, welche die Jahre Jakobs so kurz zeigen, verschwinden in Ansehung des Lebens Sems, welches gleichfals von dem Leben Adams und Noachs verfinstert wird. Wenn nun aber eine Zeit mit der andern, ein Maaß mit dem andern, ein Ziel mit dem andern verglichen, auf ein Nichts hinaus läuft; was wird es seyn, wenn man die Zeit mit der Ewigkeit in Vergleichung setzt, wo kein Maaß, kein Ziel Platz findet? Halten wir also, meine Brüder, alles was sich endiget, für sehr kurz, oder für nichts: nachdem es einmal gewiß ist, daß wenn wir auch die

Jahre durch alle bekannte Zahlen vermehren, alles dieses nichts ist, wann wir bey dem erschrecklichen Ende anlangen werden.

Allein werdet ihr sagen, vielleicht wird man doch, da man an den Gränzen des Todes stehet, jenes Leben des Nachruhmes oder jene Einbildung in seiner Familie wiederum aufzuleben für etwas schätzen. Meine lieben Brüder, wer sieht nicht, wie eitel, wie kurz, wie vergänglich dieses zweyte Leben ist, welches uns unsere Schwäche erfinden läßt, um den Schrecken des Todes gewißer maßen zu verbergen? Schlafet euern Schlaf, o ihr Reichen der Erde, und verbleibet in eurem Staube. Ach! wenn ihr einige Geschlechte, was sage ich? Wenn ihr einige Jahre nach eurem Tode, alle Menschen, welche mitten in der Welt vergessen worden, zurückkehren solltet, wie würdet ihr in eure Gräber zurückeilen, um nicht euern Namen verdunkelt, euer Gedächtniß erleschen, eure Vorsicht bey euern Freunden, bey euern Lieblingen, ja so gar bey euren Erben, bey euern Kindern hintergangen zu sehen. Ist vielleicht dieses die Frucht der Bemühung durch die ihr euch unter der Sonne verzehret, da ihr euch einen Reichthum des Haßes und des ewigen Zorns in dem Gerichte Gottes gesammelt? Vor allem aber, o ihr Menschen, erkennet das Eitle des Gedankens, mit dem ihr euch schmäuchelt, daß der Tod nach einem langen Leben süß und leicht seyn wird. Nicht die Jahre sondern eine lange Zubereitung geben euch Sicherheit. Ein Philosoph wird euch umsonst sagen: daß ihr der Jahre und Tage satt seyn müßet, und daß ihr die Jahrszeiten genug habt erneuert, und die Welt um euch herumgewendet gesehen, oder vielmehr, daß ihr euch selbst mit der Welt habt vergehen gesehen. Die letzte Stunde wird nichts destoweniger unerträglich seyn, und die Gewohnheit zu leben, wird nur dessen Verlangen vermehren. Die heiligen Betrachtungen, die guten Werke, diese wahren Schätze, die ihr vor euch in das künftige Leben schicken werdet, werden euch Kräfte einflößen, und auf diese Weise werdet ihr euren Muth standhaft machen.

Der tugendhafte Michael von Tellier hat euch hierinnen ein Beyspiel gegeben; die Weisheit, die Treue die Gerechtigkeit, die Bescheidenheit, die Klugheit, die Frömmigkeit, die ganze heilige Schaar der Tugenden, welche, um so zu reden um ihn herumgewacht, haben alle Irrthümer von ihm abgetrieben, und den Tag seines Todes zu dem schönsten, dem siegreichsten, dem glücklichsten Tage seines Lebens gemacht.

Trauerrede

Auf seine Durchlauchten, den Herrn Ludewig von Bourbon, Prinzen von Conde, ersten Prinzen vom Geblüte, welche den 10. Märzen im Jahr 1687. in der Kirche Notre Dame zu Paris gehalten worden.

Der HErr ist mit dir, du allerstärkester Mann. = = Geh hin in dieser deiner Stärke. = = Ich will bey dir seyn. B. der Richt. 6. 12. 13. 14.

Durchlauchtigster! *

Den Augenblick, da ich meinen Mund eröffne, um den unsterblichen Ruhm Ludewigs von Bourbon, Prinzen von Conde zu preisen, gerathe ich in Verwirrung, sowohl wegen der Größe meines Gegenstandes, als, wenn ich es sagen darf, wegen der Unnützlichkeit mei-

* Prinz von Conde.

ner Bemühung. Was für ein wohnbarer Theil der Welt hat nicht die Siege des Prinzen von Conde, und die Wunder seines Lebens gehöret? Man erzählt sie allenthalben; der Franzos, der sie rühmet, saget den Ausländern nichts Neues; und obwohl ich heute viele anführen könnte, so würden mir eure Gedancken allezeit zuvorkommen, und ich müßte noch den geheimen Tadel beantworten, denn ihr auf mich werfen würdet, daß ich die Wahrheit niemals erreichet habe.

Wir schwache Redner, können sonderbaren Seelen niemals Ehre machen Der Weise hat Ursache zu sagen, daß sie ihre Handlungen alleine loben können, ein jedes anders Lob ist in Ansehen ihrer großen Namen matt, und die einzige Einfalt einer getreuen Erzählung würde fähig seyn, den Ruhm des Prinzen von Conde vorzutragen. Allein bis die Geschichte, welche eine solche Erzählung den zukünftigen Jahrhunderten schuldig ist, uns selbe offenbaret, so müßen wir der allgemeinen Dankbarkeit und dem Befehl des größten der Könige, so viel wir können, Genüge leisten. Was ist das Königreich nicht einem Prinzen schuldig, der das ganze Haus
Frank-

Frankreich, den französischen Namen, sein Jahrhundert, und so zu sagen, das menschliche Geschlecht geehret? Dieses war die Gesinnung Ludewigs selbst. Nachdem er diesen großen Mann beweinet, und ihm vor seinem ganzen Hofe, das herrlichste Lob, das er empfangen konnte, durch diese seine Thränen beygeleget, versammelt er in einem so herrlichen Tempel alles, was das Königreich großes hat, um dem Angedenken dieses Prinzen die öffentliche Pflicht abzustatten, und will, daß meine schwache Wohlredenheit alle diese traurigen Vorstellungen, und dieses ganze Trauergerüst belebe.

Thun wir also unserm Schmerzen diese Gewalt an. Hier stellet sich ein größerer, und dieses Rednerstuhls würdigerer Gegenstand meinem Geiste dar. GOtt ist derjenige, welcher Krieger und Eroberer macht. Du o HErr! sagt David, bist mein GOtt, der meine Hand zum Streite abrichtet, und meine Finger zum Kriege. Psalm. 143. 1. Wenn er Muth einflößt, so gibt er auch die andern großen und übernatürlichen Eigenschaften des Verstandes und des Herzens. Alles kömmt von seiner mächtigen Hand her; er ist derjenige, welcher die tapfern Gesinnungen, die weisen Rathschläge, und alle gute Gedanken vom Himmel sendet. Allein er will auch, daß wir die Gaben zu entscheiden wissen, die er seinen Feinden überläßt, und die er seinen Dienern vorbehält. Was seine Freunde von allen übrigen unterscheidet, ist die Frömmigkeit: denn wenn man diese Gabe des Himmels nicht empfangen, so gelten nicht allein die übrigen nichts, sondern sie gereichen noch jenen zum Schaden, die damit gezieret sind. Was würde der Prinz von Conde mit seinem ganzen großen Herzen und Witze ohne der unschätzbaren Gabe der Frömmigkeit gewesen seyn? Nein, meine Brüder, wenn nicht die Frömmigkeit seine übrigen Tugenden gleichsam geheiliget hätte, so würden weder diese Prinzen eine Linderung ihres Schmerzens, noch dieser gottselige Bischof ein Vertrauen in seinen Gebethen, noch ich einen Grund der Lobeserhebungen finden, die ich einem so großen Manne schuldig bin.

Treten wir also die menschliche Herrlichkeit bey diesem Beyspiele mit Füßen; zerstören wir den Götzen der Ehrgeizigen; er soll vor diesen Altären vernichtet werden.

den. Legen wir aber zugleich, da wir es bey einem so edlen Gegenstande thun können, alle die schönsten Eigenschaften einer vortreflichen Natur an Tag, und zeigen wir zur Ehre der Wahrheit in einem Prinzen, welchen der Erdkreis bewundert, daß dasjenige, was Helden bildet; dasjenige, was die Herrlichkeit der Welt auf den höchsten Gipfel bringt, Tapferkeit, Großmuth, natürliche Güte, und alles dieses von Seiten des Herzens; Lebhaftigkeit, Einsicht, Umfang und Hoheit des Witzes, und alles dieses von Seiten des Verstandes: daß dasjenige, sage ich, nichts als ein Blendwerk seyn würde, wenn es nicht mit der Frömmigkeit verknüpfet wäre; und daß endlich die Frömmigkeit den ganzen Menschen ausmache. Dieses ist, meine Herren, was sie in dem ewig merkwürdigen Leben, des durchlauchtigsten Prinzen und Herrn, Herrn Ludewigs von Bourbon, Prinzen von Conde, ersten Prinzen vom Geblüte, sehen werden.

GOtt hat uns geoffenbaret, daß er allein die Eroberer macht, und daß er sich allein ihren Dienst zu seinen Absichten verschafft. Wer anderer hat einen Cyrus gemacht, als GOtt, welcher ihn zwey-

hundert Jahre vor seiner Geburt in den Weissagungen des Isaias genennet? Du bist noch nicht, sagt er zu ihm, aber ich sehe dich, und habe dich bey deinem Namen gerufen, du wirst dich Cyrus nennen. Ich werde vor dir hergehen, und die Herrlichen auf Erden demüthigen, ich werde die ehernen Pforten zerstoßen. Ich bin, der die Himmel ausbreitet, der die Erde hält, der jenem ruft, das nicht ist, als wie jenem, das ist. Isai. 45. 2. Das ist, ich mache alle Dinge, und ich sehe von Ewigkeit her alles, was ich mache. Wer anderer konnte einen Alexander hervorbringen, als eben jener GOtt, welcher seinem Propheten Daniel dessen unbändiges Feuer so fern und in so lebhaften Bildern sehen laßen? Siehst du, sagt er, diesen Eroberer? mit welcher Heftigkeit er sich gleichsam springend im Niedergange erhebet, und die Erde nicht berühret? Dan. 8. 5. Da er jenen muthigen und springenden Thieren in seinen verwägenen Sprüngen, und seinem leichten Zuge gleich kommt, so eilet er mit lebhaften und heftigen Bewegungen fort, und wird weder von Felsen noch Bergen aufgehalten. Schon ist der
König

König in Persien in seinen Händen; bey dessen Anblicke ist er entbrennet, sagt der Prophet, er schlägt ihn; er tritt ihn; niemand kann ihn vor den Streichen, die er führt, beschützen, noch ihm seinen Raub entreissen. Dan. 7.

Da man diese Worte Daniels alleine höret, wen glauben sie meine Herren, unter diesem Bilde zu sehen: Alexandern, oder den Prinzen von Conde? GOtt hat ihm also diese unüberwindliche Tapferkeit währender Minderjährigkeit eines vierjährigen Königs, für das Heil Frankreichs gegeben. Laßen wir diesen König, den der Himmel liebt, aufwachsen, alles wird seinen Unternehmungen weichen; er wird die Seinigen so wohl als seine Feinde übertreffen, er wird sich seiner berühmtesten Feldherren bald zu bedienen, bald sie auf die Seite zu setzen wissen; und alleine unter der Hand GOttes, der sein beständiger Schutz seyn wird, wird man ihn als eine gesicherte Brustwehre seiner Staaten sehen. Allein um ihn in seiner Kindheit zu beschützen, hatte GOtt den Herzog von Auguien erwählet. Der Herzog fassete in den ersten Tagen seiner Regierung, in einem Alter von zwey und zwanzig Jahren einen Entschluß, an den sich erfahrne Alte nicht wagten; allein der Sieg bey Ravoy, rechtfertigte ihn. Es ist wahr, das feindliche Kriegsheer war überlegen; es war von jenen alten Wallonischen, Wälschen und Spanischen Schaaren zusammengesetzt, die man bisher nicht durchbrechen können. Allein wie hoch muß man nicht den Muth annehmen, welchen die dringende Noth des Staats, die bisher erhaltenen Vortheile, und ein junger Prinz vom Geblüte, der den Sieg in seinen Augen trug, unsern Soldaten einflößte? Franz von Mellos erwartete ihn tapfer: und da sie nicht weichen konnten, so schien es, daß beyde Feldherrn und beyde Kriegsheere sich zwischen die Wälder und Moräste zu verschliessen, um ihre Streitigkeiten, wie zween tapfre Fechter auf einem geschloßenen Platze zu entscheiden. Was erblickte man damals? Der junge Prinz schien ein anderer Mensch zu seyn. Da seine große Seele von einem so würdigen Gegenstande gerühret wurde, so entwickelte sie sich ganz; sein Muth wuchs mit den Gefahren, und seine Einsichten mit seiner Hitze. Die Nacht, welche er in Gegenwart des Feindes zubringen mußte,

begab

er sich, als ein wachbarer Feldherr der letzte zur Ruhe; allein niemals ruhete er so ungestört. Vor einem so großen Tage und seiner ersten Schlacht ist er ganz ruhig; so sehr befindet er sich in seinem natürlichen Zustande; und man weiß, daß man den andern Tag diesen zweyten Alexander zur bestimmten Stunde aus einem tiefen Schlafe erwecken mußte.

Sehen sie, meine Herren, wie er zum Siege, oder zum Tode eilt? So bald er jeder Reihe den Muth, der ihn belebte, mitgetheilet, sah man ihn zu gleicher Zeit den rechten Flügel der Feinde durchbrechen, unsern verwirrten unterstützen, den halb überwundenen Franzosen herstellen, den siegenden Spanier in die Flucht jagen, das Schrecken allenthalben herumtragen, und jene mit seinen blitzenden Blicken in Erstaunung bringen die sich seinen Streichen entzogen. Es blieb noch das fürchterliche Fußvolk der Spanier übrig, derer starke und feste Schaaren eben so vielen Thürmen glichen, aber solchem Thürmen, welche ihre durchlöcherten Mauren alsobald ergänzen können; welche unbeweglich standen, da bereits die übrigen zerstreuet wurden, und nach allen Seiten feuerten. Dreymal

mal bemühete ſich der junge Ueberwinder dieſe unerſchrockenen Krieger über den Haufen zu werfen; dreymal wurde er von dem tapfern Grafen von Fontaines zurückgetrieben, welcher ſich in ſeiner Senfte in die Schlacht bringen ließ, und unerachtet ſeiner Kranckheit bezeigte, daß eine kriegeriſche Seele den Leib, den ſie belebt, auch beherrſchet. Allein, man muß endlich weichen. Umſonſt eilet Beck mit friſcher Reuterey durch die Wälder herbey, um auf unſere ſchon matte Soldaten loszubrechen; der Prinz iſt ihm bereits zuvor gekommen; die zerſtreuten Schaaren flehen um ihr Leben; allein der Sieg wird dem Herzog von Anguien weit erſchröcklicher als das Treffen. Da er mit einer ſichern Mine fortſchreitet, um das Wort von dieſen tapfern Völkern anzunehmen, ſo befürchteten ſie, da ſie immer auf ihrer Hut waren, von einem neuen Angriffe überfallen zu werden; ihr erſchröckliches Feuer brachte die Unſrigen in Wut, man ſah nichts als metzeln; der Soldat wurde vom Blute trunken, bis der große Prinz, welcher nicht ſehen konnte, daß man dieſe Löwen, als furchtſame Schaafe niederhiebe, die erzörnten Gemüther beſänftig-

te,

te, und mit der Freude des Sieges, das Vergnügen, vergeben zu haben, vereinigte.

Wie groß war damals das Erstaunen dieser alten Völker und ihrer tapfern Befehlshaber, da sie sahen, daß für sie keine Gnade mehr übrig war, als unter den Armen des Ueberwinders? Mit welchen Augen betrachteten sie den jungen Prinzen, dessen Sieg das hohe Ansehen, welchem die Güte neue Anmuth verschaffet, erhoben? Wie gern würde er nicht auch dem Grafen von Fontaines das Leben gerettet haben! Allein, dieser war bereits dahin gestrecket, und unter so viel tausend Todten vermischet, derer Verlust Spanien noch quälet. Es wußte damals noch nicht, daß der Prinz, welcher so viel alte Regimenter in dem Treffen bey Rowoy zu Grunde richtete, den Ueberrest in der Ebene von Lens zerstören sollte. Auf diese Weise war der erste Sieg ein Unterpfand vieler andern. Der Prinz beugte das Knie, und stellte dem GOtte der Heerschaaren die Ehre auf dem Schlachtfelde zurück, die er von ihm empfangen. Hier begieng man Feyerlichkeiten, daß Rowoy befreyet, die Drohungen eines fürchterlichen Feindes auf ihn zu seiner Beschämung zurückgekehret, die

Y Regie-

Regierung befestiget, Frankreich beruhiget, und ein Reich, welches so schön seyn sollte, mit einer so glücklichen Vorbedeutung angefangen worden. Das Kriegsheer fieng die Danksagung an, ganz Frankreich folgte ihm nach; man prieß allenthalben das erste Probstück des Herzogs von Anguien. Dieses würde hinlänglich gewesen seyn, um das Leben eines andern berühmt zu machen; was ihn betrifft, so ist dieses nur der erste Schritt seines Laufes.

Seit diesem ersten Feldzuge, in dem er nachmals Thionville, diesen würdigen Lohn des Sieges von Rovoy eroberт, wurde er für einen Feldherrn gehalten, der so wohl in Belägerungen als Schlachten furchtbar wäre. Allein, beobachten sie, meine Herren, bey einem jungen und siegenden Prinzen etwas, was dem Siege selbst an Schönheit nichts nachgiebt. Der Hof, welcher zu seiner Ankunft die verdienten Lobeserhebungen bereitete, war über die Art erstaunet, mit der er sie annahm. Die Königin bezeugte ihm, daß der König mit seinen Diensten zufrieden wäre. In dem Munde des Monarchen war allein der würdige Lohn seiner Arbeiten. Wann sich andere wagten, ihn zu loben,

loben, so lehnte er ihre Lobsprüche als Beleidigungen ab, und da er ein Feind der Schmäucheley war, so befürchtete er sogar den Schein derselben: so zärtlich oder vielmehr standhaft war dieser Prinz. Dann er hatte zur Grundregel, und diese macht große Leute: daß man bey großen Thaten allein sehen muß, Gutes zu thun, und die Ehre nach der Tugend kommen zu lassen. Dieses war was er andere lehrte, und selbst ausübte; hierdurch wurde er von keiner falschen Ehre versuchet; alles zielte bey ihm nach Wahrheit, nach Größe. Daher kam, daß er seine Ehre in der Glückseligkeit des Staats setzte: dieses war der Grund seines Herzens; dieses waren seine ersten und lieben Neigungen. Der Hof hielt ihn nicht auf, obwohl er desselben Bewunderung für sich hatte. Es war nöthig allenthalben sowohl dem Teutschlande als Flandern den tapfern Beschützer zu zeigen, den uns GOtt gab.

Verbleiben sie hier, meine Herren, mit ihren Blicken. Es wird für den Prinzen

zeiget sich meinen Augen? Es hat nicht Menschen zu bestreiten, sondern unersteigliche Berge: einerseits Stein und Felsen, andrerseits einen undurchdringlichen Wald, dessen Grund sumpficht ist; rückwärts sind Flüße und erstauliche Bollwerke; allenthalben aufgeworfene Schanzen und verhauene Wälder, welche fürchterliche Wege verhindern; innerhalb ist Merci mit seinen tapfern Bayern, welche von so vielen glücklichen Unternehmungen und der Eroberung Freyburgs aufgeblasen sind. Merci, welchen man noch in keiner Schlacht weichen sehen; Merci, welchen der Prinz von Conde und der wachbare Turenne in keiner unregelmäßigen Bewegung überfallen können, welchem sie noch dieses große Zeugniß geben, daß er keinen günstigen Augenblick verlohren, noch jemals verabsäumet ihren Absichten zuvor zu kommen, gleichsam als wenn er ihren Berathschlagungen beygewohnet hätte. Hier also sah man in einer Zeit von acht Tagen und in verschiedenen Angriffen alles, was man

und ermüdet, und der Prinz war auf ei‍nige Zeit gleichsam verlassen. Allein, als ein anderer Makkabäer verließ ihn sein Arm nicht, und sein Muth, den so vie‍le Gefahren noch mehr erhitzten, kam ihm zu Hülfe. Man sah seinen Fuß nicht so geschwind auf der Erde, um diese unzu‍gänglichen Höhen zu ersteigen, als seine Hitze alles nach sich schleppte. Merci sah seinen gewißen Verlust; seine besten Regi‍menter sind geschlagen; die Nacht rettet die Ueberbleibsel des Heeres; allein es mag ihnen ein außerordentlicher Regen noch zu Hülfe kommen, damit wir nebst einem so großen Muthe und der ganzen Kunst, auch die ganze Natur zu bestrei‍ten hätten; es mag ein eben so geschickter als kühner Feind was immer für einen Vortheil erlangen, und sich aus was im‍mer für einem fürchterlichen Berge ver‍schanzen, so wird er dennoch von allen Seiten gezwungen werden, dem Herzoge von Anguien nicht nur allein seine Stücke und seinen Plunder, sondern auch alle

im Begriffe zu fallen: Philippsburg, welches den Rhein unter unſern Geſetzen ſo lang gefangen gehalten, und deſſen Verluſt der größte der Könige ſo herrlich erſetzet. Worms, Speyer, Maynz, Landau, zwanzig andere wichtige Plätze öffneten ihre Thöre. Merci kann ſie nicht mehr vertheidigen, und erſcheinet vor dem Sieger nicht mehr. Dieſes iſt noch nicht genug: er muß als ein würdiges Opfer ſeiner Tapferkeit zu ſeinen Füßen fallen; Nördlingen wird deſſen Fall ſehen, und beweiſen, daß man weder in Deutſchland noch in Flandern wider die Franzoſen Stand halten könne; und daß man alle dieſe Vortheile eben demſelben Prinzen ſchuldig ſey. GOtt, der Beſchützer Frankreichs und eines Königes, den er zu| großen Thaten beſtimmet, ordnet es alſo.

Durch dieſe Anordnung ſchien unter der Anführung des Herzogs von Anguien alles ſicher: und da ich hier den Tag nicht zuzubringen gedenke, um ihnen ſeine kriegeriſchen Unternehmungen zu zeigen, ſo

vieles beyträgt. Europa, welches das göttliche Feuer bewunderte, von dem er in den Schlachten begeistert ward, wurde in Erstaunen gebracht, daß er Herr davon wäre, und daß er in einem Alter von sechs und zwanzig Jahren seine Soldaten eben so wohl zu schonen, als sie in die Gefahr zu treiben, dem Glücke eben so wohl zu weichen, als sich desselben zu seinen Absichten zu bedienen wußte. Wir sahen ihn allenthalben als einen von jenen besondern Menschen, welche alle Hindernisse übersteigen. Seine schnelle Fertigkeit ließ keine Zeit über sie zu verhindern. Dieses ist der Charakter der Eroberer. Als David, dieser große Held, den Tod zweener berühmten Feldherren beweinte, die er kurz verlohren hatte, so legte er ihnen dieses Lob bey: Schneller waren sie denn Adler, und stärker denn die Löwen. 2. B. der Kön. 1. 23. Dieses ist das Bild des Prinzen, den wir beweinen. Er schien in einem Augenblick wie ein Blitz in den entferntesten Gegenden. Eben zu derselben Zeit sah man ihn bey allen Anfällen, in allen Oertern gegenwärtig. Wenn er einerseits beschäftiget war, und nach der andern sich zu erkundigen schickte, so verwunderte sich der fleißige Befehlshaber, der die Befehle überbringen mußtr, daß ihm der Prinz zuvorgekommen, und fand alles durch seine Gegenwart bereits aufgemuntert; es schien, als würde er in dem Treffen vermehret; weder Schwerd noch Feuer hielten ihn zurück. Er hatte nicht nöthig, jenes Haupt, das er so vielen Gefahren aussetzte, zu bewaffnen; GOtt war für ihn der sicherste Schild; es schien, daß die Streiche, die auf ihn zufuhren, ihre Kraft verlohren, und ihm alleine einige Merkmäler seines Muthes und der Beschützung des Himmes hinterließen. Sage man ihm nicht, daß man das Leben eines ersten Prinzen vom Geblüte, welches dem Staate so nothwendig ist, bewahren müsse: er wird antworten, daß ein Prinz vom Geblüte, welchem die Ehre des Königs und der Krone wegen seiner Geburt weit näher am Herzen liegt, sich den Gefahren, wenn es der Staat erheischt, vor jedem andern aufopfern müße, um derselben Glanz zu befördern. Nachdem er durch den Lauf so vieler Jahre die Feinde die unüberwindliche Macht des Königes erfahren lassen, so war es nöthig, sich auch von innen zu zeigen, um sie zu uns terstützen; ich werde alles mit einem Worte sagen, er verschafte der Regentinn Ehrfurcht und Gehorsam: und da ich einmal von jenen Begebenheiten reden muß, von denen ich wünschte ewig schweigen zu können, so hatte er bis zu jenem verhaßtem Gefängniße nicht einmal gedacht, daß man fähig wäre etwas wider den Staat zu unternehmen, und wenn er bey seinem höchsten Ansehen Gnaden zu erhalten verlangte, so verlangte er noch mehr sie zu verdienen. Dahero pflegte er zu sagen, (ich kann hier vor diesen Altären jene Worte, die ich von seinem Munde gehöret, mit Fug wiederholen, da sie den guten Grund seines Herzens so klar an Tag legen,) er sagte also, da er von jener unglücklichen Gefangenschaft redete, daß er als der Unschuldigste darein gegangen, und daß er sie als der Sträflichste verlassen. Ach! fuhr er fort, ich lebte nur für den Dienst des Königes und die Ehre des Staates. Es äußerte sich in seinen Reden ein aufrichtiges Mißfallen, daß er von seinen Unglücksfällen so weit getrieben worden. Allein suchen wir jenes nicht zu entschuldigen, was er selbst so öffentlich verdammet, sondern sagen wir alleine, um nicht mehr davon zu reden, daß gleich wie in der ewigen Herrlichkeit die Sünden der heiligen Büßer von jenem, was sie zu ihrer Verbesserung gethan, und von dem unendlichen Schimmer der göttlichen Barmherzigkeit bedecket sind, und folglich nicht gesehen werden, eben so müße man bey Sünden, die man so aufrichtig erkennet, und durch treue Dienste so rühmlich gebeßert, nichts als das demüthige Bekenntniß des Prinzen, der sie bereuet, und die Güte des großen Königs, der sie vergeßen, in Betrachtung ziehen.

Wenn er endlich in diese unglückliche Kriege verwickelt worden, so hatte er wenigstens die Ehre, daß er die Hoheit seines Hauses bey den Auswärtigen nicht erniedrigen laßen. Unerachtet der Majestät des römischen Reiches, unerachtet der Größe Oesterreichs, und so vieler erblichen Kronen, welche mit ihm auch in jener Linie, die in Deutschland herrschet, verknüpfet sind, so trieb er dennoch, da er in Namur flüchtig war, von seinem Muthe und großen Namen allein unterstützet, die Vorrechte eines Prinzen von Frankreich und des ersten Hauses der Welt so hoch, daß man von ihm nichts mehr erhalten konnte, als

daß

daß er einwilligte, mit dem Erzherzoge gleichgehalten zu werden, obwohl dieser ein Bruder des Kaisers und ein Sohn so vieler Kaiser war, dergestalt, daß er an manchem Orte die Ehre der Niederlande ausmachte. Dem Herzoge von Anguien wurden eben dieselben Ehren zugesaget; und das Haus Frankreich behauptete seinen Rang über Oesterreich auch in Brüßel. Allein man beobachtete jenes, was ein wahrer Muth unternehmen läßt. Allein da er es mit dem Erzherzoge, der regierte, so hoch nahm, so bezeugte er dem Könige von England und dem Herzoge von York, dem gegenwärtigen so berühmten Könige, damals unglücklichen Prinzen, alle Ehren, die man ihnen schuldig war, und lehrte hierdurch endlich das allzu stolze Spanien, worinnen jene Majestät bestünde, welche das mißgünstige Glück so großen Prinzen nicht rauben konnte. Sein übriges Betragen war nicht weniger groß.

Hören sie nur, meine Herren, was sei-

schrieb an jene, die seine Sache bey dem Vortrage besorgten; daß es nicht billig wäre, daß der Friede der Christenheit seinetwegen verhindert würde; sie sollten alleine für seine Freunde sorgen, was ihn betrifft, so verlangte er nur seinem Glücke überlassen zu werden. Ach! was für ein großes Opfer wird für das gemeine Beste geschlachtet! Allein da die Sachen eine andere Gestalt gewonnen; und Spanien ihm Cambray mit seinem Bezirke oder Luxenburg mit unumschränkter Herrschaft geben wollte; so erklärte er sich, daß er diesen Vortheilen, und allem jenen, was man ihm großes geben kann, vorziehe: was? Seine Pflicht und die Gunst des Königs. Dieses trug er allezeit in seinem Herzen; dieses wiederholte er dem Herzoge von Anguien beständig: dieses war, so zu sagen, seine Natur. Frankreich sah ihn damals durch diese letzten Züge vollkommen; seine Unglücksfälle verbanden, so zu sagen, ich weis nicht was vortrefliches mit seinen Tugenden, und er war mehr als jemals dem Staate und seinem Könige ergeben. Allein in seinen ersten Kriegen hatte er ihm nichts als ein Leben aufzuopfern, itzt hat er ein anderes, das ihm lieber als sein eigenes ist.

Nach-

Nachdem der Herzog von Anguien, sein Sohn, den Lauf seiner Wissenschaften nach seinem Beyspiele rühmlich vollendet, so bereitete er sich seinem Durchlauchtigen Vater in den Krieg zu folgen. Der Prinz war nicht zufrieden, ihm die Kriegeskunst bis zu seinem Ende durch seine Unterredungen beyzubringen, sondern er führte ihn zu lebhaftern Unterrichte und Ausübung an. Laſſen wir hier die Ueberſetzung des Rheins, dieſes Wunder unſers Jahrhundertes und des Lebens Ludewigs des Großen bey Seite. In dem Treffen zu Senef lernte der junge Herzog obwohl er schon selbst anführte, wie er bereits in andern Feldzügen gethan, den Krieg unter den strengsten Prüfungen an der Seite seines durchlauchtigen Vaters. Mitten unter so großen Gefahren sah er diesen großen Prinzen von einem ganz verwundeten Pferde in einem Graben gestürzet. Unterdessen er ihm seines antrug, und sich bemühete, den liegenden Prinzen aufzurichten, wurde er unter den Armen eines so liebreichen Vaters verwundet, und ohne seine Sorgen zu unterbrechen, war er äußerst vergnüget, daß er sowohl der Frömmigkeit als der Ehre Genüge leisten konnte. Was konnte der Prinz anders gedenken, als daß diesem so würdigen Sohne nichts anders als die Gelegenheiten mangeln würden, um die größten Thaten zu verrichten? Seine Liebe verdoppelte sich gewiß mit seiner Hochachtung.

Allein so zarte Gesinnungen waren seinem Sohne oder seiner Familie nicht allein vorbehalten. Glauben sie nicht, meine Herren, daß ich hier etwas vergrößere: ich habe ihn bey den Gefahren seiner Freunde lebhaft gerühret gesehen; ich habe ihn ganz unverstellt und natürlich die Gestalt bey der Erzählung ihrer Unglücksfälle verändern, mit ihnen von der geringsten gleichwie von den wichtigsten Sachen handeln, die aufgebrachten Gemüther bey den Beförderungen mit einer Geduld und Sanftmuth besänftigen sehen, die man von einem so lebhaften Naturelle und einer so erhabenen Person niemals würde erwartet haben. Weg von uns mit jenen Helden ohne Menschlichkeit. Sie können sich die Dienstleistungen mit Gewalt erzwingen, und die Verwunderung an sich reißen, wie es alle seltne Gegenstände thun; aber die Herzen werden sie nicht erhalten.

Als

Als GOtt das Herz und Eingeweide des Menschen gebildet, so hat er in selbes hauptsächlich die Güte geleget, um so wohl den eigentlichen Charakter der göttlichen Natur anzuzeigen, als ein Merkmal jener Hand zu seyn, die uns hervorgebracht. Die Güte muß also gleichsam der Grund unsers Herzens, und der erste Reitz seyn, den wir in uns tragen, um die Gemüther der andern Menschen zu gewinnen. Die Hoheit, welche dazu kömmt ist nicht gemacht die Güte zu schwächen, sondern ihr zu Hülfe zu kommen, und sie mehr zu verbreiten; gleich einem öffentlichen Brunnen, den man errichtet, um alle daran Theil nehmen zu lassen. Um diesen Preiß gewinnet man die Herzen; und die Grossen, welche die Güte nicht lieben, werden aus einer gerechten Strafe ihrer stolzen Unempfindlichkeit des grösten Gutes des menschlichen Lebens, das ist, der Annehmlichkeiten der menschlichen Gesellschaft auf ewig beraubet. Niemand hat sie besser gekostet als der Prinz, von dem wir reden; niemand befürchtete weniger als er, daß die Vertraulichkeit die Ehrfurcht verletzte. Ist vielleicht er derjenige, der Städte eroberte und Schlachten gewann?

Und

Und wie? scheint es nicht, daß er seines hohen Ranges vergessen, den er so gut behauptet?

Erkennen sie hier, meine Herren, den Helden, welcher sich allezeit gleich, ohne sich zu erheben, um groß zu scheinen, ohne sich zu erniedrigen, um höflich und gesellig zu seyn, von Natur alles jenes war, was er gegen alle Menschen seyn mußte; gleich einem majestätischen und freygebigen Flusse, welcher den Ueberfluß in die Stadt friedsam trägt, den er auf dem Lande, das er befeuchtet, verbreitet, und der sich jedermann mittheilet, sich weder erhebet, noch aufschwillt, als wenn man ihn mit Gewalt verhindert, seinen ruhigen Lauf fortzusetzen. So war die Anmuth und Stärke des Prinzen von Conde beschaffen. Hat man ein wichtiges Geheimniß? man traue es diesem edlen Herzen kühn an: es wird es wegen dieser Vertraulichkeit für seine eigene Sache annehmen. Nichts war bey diesem Prinzen unverletzlicher als die geheiligten Rechte der Freundschaft. Wenn man von ihm eine Gnade begehrte, so zeigte er sich dazu verbunden; und niemals sah man eine so lebhafte und natürliche Freude, als jene war,

die

die er fühlte, da er jemanden begnügen konnte. Das erste Geld, das er von Spanien mit Erlaubnis des Königs empfieng, gab er seinen Freunden, obwohl sein eigenes erschöpftes Haus dessen bedürftig war, und er nach geschloßenen Frieden keine Hülfe von ihnen zu hoffen hatte; und viermalhundert tausend Thaler, (eine seltene Sache bey den Menschen) welche auf seinen Befehl ausgetheilet worden, gaben die Dankbarkeit des Prinzen von Conde so lebhaft zu erkennen, als die Hofnung der andern ist, Leute in ihre Sache zu ziehen. Bey ihm fand die Tugend allezeit ihren Werth. Er lobte sie so gar an seinen Feinden. So oft er von seinen Thaten, auch in den Nachrichten, die er nach Hofe schickte, reden mußte, so rühmte er die Rathschläge des einen, den Muth des andern: jeder fand seinen Ort in dessen Reden; und unter dem Lobe, das er jedem beylegte, wußte man nicht, wo man jenes hinsetzen sollte, was er selbsten gethan hatte. Ohne Neid, ohne Verstellung, ohne Pralerey war er allezeit groß, so wohl wann er wirckte, als wann er ruhete; er war eben derselbe zu Chantilli, den er sich an der Spitze seiner Völker bezeiget. Er mochte dieses prächtige und angenehme Haus verschönern oder mitten in einem feindlichen Lande ein Lager verschanzen, oder einen Platz befestigen; er mochte mit einem Kriegsheere unter den Gefahren einherziehen, oder seine Freunde in jene kostbaren Spatziergänge unter dem Geräusch so vieler springenden Gewässer, welche Tag und Nacht nicht schweigen, führen; so gleich er allezeit sich selbst, und seine Ehre folgte ihm allenthalben nach. Wie schön ist es nicht, wenn man nach den Schlachten und dem Getümmel der Waffen, auch jene friedfertigen Tugenden, und jene ruhige Ehre zu geniessen weiß; welche man mit dem Soldaten und dem Glücke zu theilen hat; wo alles Reize an sich hat, und nichts blendet; welche man betrachtet, ohne von dem Schalle der Trompeten, von dem Donner der Stücke; von dem Schreyen der Verwundeten betäubet zu werden; wo der Mensch so groß und so ehrwürdig erscheinet, als er ist, da er Befehle austheilt, und da alles auf seinen Wink gehorchet.

Kommen wir wir nun zu den Eigenschaften des Geistes; und nachdem zu unserm Unglücke, jenes was in dem menschlichen Leben das schreckbarste ist, ich will sagen die Kriegskunſt, zu gleicher Zeit auch das witzigſte iſt, ſo betrachten wir gleich Anfangs den hohen Verſtand unſers Prinzen von dieſer Seite. Und erſtens, meine Herren, was für ein Feldherr trieb ſeine Vorſichtigkeit höher? Er hatte zu einer Regel, daß es nöthig ſey, den Feind in der Ferne zu fürchten, um ihn nicht in der Nähe zu befürchten, ſondern ſich über ſeine Ankunft zu erfreuen. Sehen ſie, meine Herren, wie er die Vortheile betrachtet, die er entweder erhalten, oder geben kann? Mit welcher Lebhaftigkeit er in einem Augenblicke ſeinem Geiſte, die Zeiten, die Oerter, die Perſonen, und nicht allein ihre Vortheile, ihre Naturgaben, ſondern ſo gar ihre Neigungen und ihren Eigenſinn vorſtellte. Bemercken ſie, wie er die Reiterey und das Fußvolk der Feinde nach dem Charakter der Länder, oder der verbundenen Fürſten beurtheilet? Nichts entfährt ſeiner Vorſicht. Mit dieſer erſtaunlichen Kenntniß aller beſondern Umſtände und des allgemeinen Entwurfs des Krieges ſieht man ihn allezeit auf jeden Zufall aufmerkſam; er locket aus dem Munde eines Ueberläufers, eines Flüchtlings, eines Gefangenen, eines Reiſenden, je-

nes was er sagen, und was er verschwei=
gen will; jenes was er weis, und wenn
ich so sagen darf, auch was er nicht weis:
so sicher ist er in seinen Folgerungen. Sei=
ne Leute hinterbringen ihm die geringsten
Sachen; alle Augenblicke wird er im Schla=
fe gestört, weil er für einen Grundsatz
hält, daß ein erfahrner Feldher zwar kön=
ne überwunden, daß er aber nicht müße
überfallen werden. In der That wir sind
ihm dieses Lob schuldig, daß er niemals
überraschet worden. Die Feinde mögen
zu was immer für einer Stunde, und an
was immer für einem Orte kommen, so fin=
den sie ihn allezeit gerüstet, allezeit berei=
tet, sie anzugreifen, und seine Vortheile
zu sammeln, gleich einem Adler, welchen
da er entweder mitten durch die Luft fliegt,
oder auf dem höchsten Gipfel eines Felsen
ruht, man allezeit seine scharfen Blicke
allenthalben herumdrähen, und sich mit sol=
cher Sicherheit auf seine Beute werfen
sieht, daß man so wenig seinen Klauen,
als seinen Augen ausweichen kann. So
lebhaft waren die Blicke, so schnell und
heftig der Angriff, so starck und unver=
meidlich die Hände des Prinzen von Con=
de. In seinem Lager sind keine eitle Schre=

cken bekannt, welche noch mehr ermüden, und verwirren als die wahrhaften. Alle Kräfte wurden den wahren Gefahren vorbehalten; alles ist auf das erste Zeichen bereitet, und wie der Prophet sagt, alle Pfeile sind geschärfet und alle Bögen sind gespannet. Unterdessen schläft man ganz ruhig, wie man unterm Dache und in seinem eigenen Hause schlafen würde. Was sage ich, man schläft? Zu Pieton nahe an dem fürchterlichen Heere, welches drey Mächte wider uns versammelt hatte, waren bey unsern Völkern beständige Ergötzungen, das ganze Kriegsheer war in Freude, und bemerkte es nicht einmal, daß es schwächer war als die Feinde. Der Prinz hat durch sein vortheilhaftes Lager nicht allein unsere Gränze, und unsere Festungen, sondern auch alle unsere Soldaten in Sicherheit gebracht; er wacht: dieses ist genug. Endlich bricht der Feind auf: dieses ist, was der Prinz erwartet. Er rückt gleichfalls auf diese erste Bewegung vor; das holländische Kriegsheer kann ihm mit

auszustecken. Unterdeſſen ſind die Feinde von allen Seiten in die Flucht geſchlagen. Oudenarde iſt von ihren Händen befreyet; und um ſie ſelbſt aus den Händen des Prinzen zu reißen, bedeckt ſie der Himmel mit einem dichten Nebel; unter ihren Schaaren ſieht man nichts als Schrecken und Ausreißen, und man weiß nicht mehr, wohin dieſes ſchreckliche Heer gerathen.

Damals kehrte Ludewig, nachdem er die harte Belagerung von Beſancon zu Ende gebracht, und Burgund von neuem ſeinen Befehlen unterworfen, mit einer unglaublichen Geſchwindigkeit voll Ehre zurücke, um ſich die Unternehmungen ſeiner Heere in Flandern und Deutſchland zu Nutze zu machen; er führte dieſes kleine Heer ſelbſt an, welches in Elſaß die Wunder gewirket, die ſie meine Herren, geſehen; und zeigte ſich den Größten der Sterblichen durch die außerordentlichen Thaten, die er theils in eigner Perſon, theils ſeine Feldherren verrichtet.

Obwohl unſer Prinz ſo erhabene Gaben von einer glücklichen Geburt erhalten, ſo unterließ er doch nicht ſie durch ſeine Ueberlegungen zu bereichen. Die Kunſt des Cäſars, das Lager abzuſtechen, machte seine gelehrte Beschäftigung aus. Ich erinnre mich, daß er uns in Erstaunung setzte, als er uns erzählte, wie er in Catalonien, in jenen Oertern, wo dieser berühmte Feldherr fünf römische Legionen und ihre zween erfahrne Befehlshaber durch seine vortheilhafte Stellungen gezwungen, die Waffen ohne Schwertstreich abzulegen *, die Flüße und Berge selbst besichtiget, die zu diesem großen Vorhaben dienten. Niemals hat ein würdigerer Lehrmeister die Geschichtbücher Cäsars mit gelehrtern Anmerkungen erkläret. Die Feldherren der künftigen Jahrhunderte werden ihm eine gleiche Ehre beweisen. Sie werden jenen Ort in Augenschein nehmen, wo ihnen die Geschichte das Lager zu Pieton und die Wunder anzeigen wird, welche dessen Frucht gewesen. Sie werden in dem Lager zu Chatenoi die Anhöhe, welche diese große Feldherr besetzet, und den Fluß beobachten, mit dem er sich unter den Stücken der Festung Schletstadt bedeckte. Hier werden sie ihn sehen das verbundene Deutschland verachten, den obwohl stärkern Feinden nach seinem Willen folgen, ihre Abſichten unnütz machen, und ſie zwingen die Belagerung von Zabern aufzuheben, wie er ſie kurz zuvor bey Hagenau gezwungen. Durch dergleichen Thaten von denen ſein Leben voll iſt, hat er ſeinen Ruhm dermaßen vermehret, daß unter dem Prinzen von Conde gedienet zu haben, in unſern Tagen eben ſo viel ſeyn wird, als ſich vor der Welt berühmt, und unter den Kriegsvölkern verdient gemacht zu haben; und wer deſſen Thaten geſehen hat, wird ein Recht erhalten, ſelbſt Heere zu führen.

Allein wenn er ſich jemals als einen außerordentlichen Mann bezeigte, wenn er jemals zu erkennen gab, daß er alles ſo klar einſehe, und alle Dinge ganz ruhig betrachtete; ſo geſchah es gewiß in der Hitze des Gefechtes und in jenen Augenblicken, von denen die Siege abhangen. An allen andern Orten berathſchlagt er ſich, und gönnet jedem Rathe ganz willig ſein Ohr; hier ſtellet er ſich alles auf einmal vor, die Menge der Gegenſtände verwirret ihn nicht; der Schluß iſt in einem Augenblicke gefaßt, und alles rückt mit Bedacht und Sicherheit fort. Sollte ich es ſagen? Allein was hab ich zu befürchten, daß die Ehre dieſes großen Prinzen durch dieſes Bekenntniß gemindert werde?

werde? Man sieht nicht mehr jene jähen Regungen in ihm, welche er so geschwind und so artig zu verbessern wußte, und die sich endlich bey ihm in gemeinen Gelegenheiten manchmal äußerten; man sollte fast sagen, daß ein anderer Mensch in ihm sey, welchem seine große Seele geringe Sachen überläßt, mit denen sie sich nicht würdiget zu beschäftigen. Unter dem Feuer aber, unter dem Streite, unter der Verwirrung der Schlacht sieht man an ihm ich weis nicht so etwas freyes, so gesetztes, so lebhaftes, so feuriges, so angenehmes, so verbindliches gegen die Seinigen, so strenges, so drohendes gegen die Feinde, daß man nicht begreift, woher diese Vereinigung so entgegen gesetzter Eigenschaften kommen könne. In jenem schreckbaren Treffen, wo es bey den Thören der Stadt, und vor dem Angesichte seiner Bürger schien, daß der Himmel das Schicksal dieses Prinzen entscheiden wollte; wo er wider einen so tapfern Feldherrn, mit auserlesenen Völkern, zu fechten hatte; wo er sich mehr als jemals dem Eigensinne des Glückes ausgesetzt sah; da die Streiche von allen Seiten herkamen, sagten uns jene, die nahe bey ihm stritten, öfters, daß wenn jemand etwas wichtiges mit ihm abzuhandeln gehabt hätte, er die Augenblicke, da alles um ihn in Feuer war, hätte erwählen können: so sehr erhob sich sein Geist, so sehr schien ihnen die Seele dieses großen Prinzen in diesem erschrecklichen Gefechte von obenherab erleuchtet; gleich jenen hohen Bergen derer Gipfel über die Wolken und Ungewitter hinaus steigt, die Heiterkeit in seiner Höhe findet, und keinen Strahl des Lichtes, das ihn umgiebt verliert. Auf diese Weise wurde der Erzherzog in der Ebne von Lens, in diesem dem Frankreiche angenehmen Orte, wider seine Hoffnung aus seiner vortheilhaftesten Stellung unter dem Scheine eines betrüglichen Fortgangs gelocket, und durch eine unversehene Bewegung des Prinzen, welcher frische Völker statt der abgematteten wider ihn anführte, gezwungen, die Flucht zu ergreifen. Seine alte Mannschaft gieng zu Grunde; seine Stücke, auf die er sein Vertrauen setzte, waren in unsern Händen; und Beck, welcher ihm mit einem gewissen Sieg schmäuchelte, wurde in dem Treffen verwundet und gefangen, und bezeigte sterbend dem Ueberwinder eine traurige Ehrfurcht durch seine Verzweiflung.

Ist es nöthig, einer Stadt zu Hülfe zu kommen, oder sie zu erobern? Der Prinz weis jeden Augenblick nützlich anzuwenden. Bey der ersten Nachricht einer wichtigen Belagerung, die ihm ein Zufall hinterbracht, geht er Augenblicks durch eine weite Provinz, und entdeckt bey dem ersten Anblicke einen sichern Weg zur Hülfe in jenen Oertern, welche ein wachbarer Feind noch nicht genug verschanzen konnte. Belagert er einen Platz? Er erfindet täglich neue Mittel, die Eroberung zu beschleunigen. Man glaubt, daß er den Soldaten der Gefahr aussetze; und er schonet sie, da er die Zeit der Gefahren durch die Heftigkeit der Stürme ersetzt. Bey so außerordentlichen Thaten erfüllen die Befehlshaber der Festungen ihr Wort nicht, das sie ihren Feldherren gegeben. Dünkirchen fällt in dreyzehen Tagen unter anhaltenden Regen des Herbstes; und seine Schiffe, welche unsere Bundsgenossen so sehr befürchteten, erschienen unversehens auf dem Meere unter unsern Flaggen.

Allein was einem weisen Feldherrn meistens bekannt seyn muß, sind seine Soldaten und Befehlshaber. Denn daher kömmt jene genaue Ubereinstimmung, welche

Kriegsheere als wie einen einzigen Körper, oder mit der Schrift zu reden, wie einen einzigen Menschen in Bewegung bringt. Warum wie einen einzigen Menschen? weil unter einem Oberhaupte, welches seine Soldaten und Befehlshaber als wie seine Arme und Hände kennet, alles gleich lebhaft und gemessen ist. Dieses verschaft den Sieg; und ich habe von unserm großen Prinzen sagen hören, daß er in dem Treffen bey Nördlingen des Sieges dadurch versichert wurde, weil er den Herrn von Turenne gekannt, dessen vortrefliche Wissenschaft keines Befehles bedurft, um zu thun, was nöthig war. Dieser sagte seiner seits öffentlich, daß er ohne Unruhe handelte, weil er den Prinzen und seine sichern Anordnungen kannte. Auf diese Weise verschaften sie sich beyderseits eine Ruhe, wodurch sich jeder auf sein eigenes Thun und Laßen gründete; auf diese Weise wurde die hartnäckigste und gefährlichste Schlacht geendet, die jemals gewesen.

In der That, es war in unserm Jahrhunderte ein großes Schauspiel, zu eben derselben Zeit, und in eben denselben Feldzügen diese zween Männer zu sehen, welche die allgemeine Stimme des ganzen Eu ropens den berühmtesten Feldherren der verlaufnen Jahrhunderte verglich: bald an der Spitze abgesonderter Heere, bald mehr durch die Gleichheit der Gedanken als durch die Befehle, die der Untergebene von dem andern empfieng, vereiniget; bald als Feinde, die sich beständige Gelegenheit geben, ihre beyderseitige Wachsamkeit und Geschicklichkeit verdoppeln: gleichsam als wenn GOtt, dessen Weisheit, nach dem Ausspruche der Schrift, auf dem Erdkreise spielet, sie uns nach allen Seiten zeigen, und zugleich jenes an Tag legen wollte, was er mit dem Menschen unternehmen kann. Was für Anordnungen der Lager, was für schöne Züge, was für Muth, was für Behutsamkeit, was für Gefahren, was für Erfindungen! Wer hat jemals in zweenen Menschen eben dieselben Tugenden mit so verschiedenen Charaktern gesehen? Einer scheint mit tiefsinniger Ueberlegung, der andere, durch unversehene Einsichten zu handeln; dieser ist folglich lebhafter, aber ohne daß sein Feuer etwas übereiltes hat; jener kaltsinniger, ohne langsam zu seyn, weit kühner in Werken als Worten, in dem Herzen bereits entschloßen, wann er noch äußerlich verwirrt scheint: Einer, so bald er bey dem Kriegsheere erscheint, erwecket einen hohen Begriff von seiner Tapferkeit, und setzt alles in Hoffnung etwas außerordentliches zu sehen; nichts destoweniger geht er ordentlich fort, und gelangt gleichsam stuffenweise zu jenen Wundern, welche den Lauf seines Lebens geendiget; der andere als ein göttlicher Mann, gleicht von seiner ersten Schlacht an dem vollkommensten Helden: Einer zieht mit Gewalt die Verwunderung des menschlichen Geschlechts durch seine lebhaften und beständigen Bemühungen an sich, und legt dem Neide das Stillschweigen auf; der andere wirft gleich Anfangs ein so helles Licht von sich, daß er es nicht wagte, ihn anzugreifen. Einer endlich ist durch die Hoheit seines Verstandes, und durch die unglaublichen Mittel seines Muthes, über die grösten Gefahren hinweg, und weis so gar aus allen Unbeständigkeiten des Glückes Vortheil zu ziehen; der andere scheint wegen des Vorrechts einer so hohen Geburt, wegen jener erhabenen Gedanken, die vom Himmel stammen, und wegen einer gewissen Art eines bewunderungswürdigen Antriebes, dessen Geheimniß die Menschen nicht erkennen, gebohren zu seyn, um das Glück mit seinen Absichten zu verbinden, und das Schicksal zu zwingen. Und damit man allezeit in diesen zween Männern große aber verschiedene Charaktere sehen möchte, so wird einer von einem unversehenen Streiche tödtlich verwundet, und stirbt für sein Vaterland, als ein andrer Judas Makkabäus; das Heer beweint ihn als seinen Vater, und der Hof mit dem Volke beseufzt ihn; seine Frömmigkeit und sein Muth erhalten ein gleiches Lob; und sein Angedenken wird durch die Zeit nicht vermindert: der andere, welcher zu dem Gipfel der Ehre von dem glücklichen Fortgange der Waffen wie ein David erhoben worden, stirbt wie dieser König auf seinem Bette, indem er das Lob Gottes verkündiget, und seine Familie unterrichtet; und läßt alle Herzen so wohl von dem Glanze seines Lebens, als der Annehmlichkeit seines Todes erfüllet zurück. Was für ein Anblick diese zween Männer zu sehen, zu beobachten, und von einem jeden aus ihnen, die Hochachtung zu erlernen, die der andere verdient! Dieses hat unser Jahrhundert gesehen, und was noch größer ist, es hat einen König gesehen, welcher sich dieser großen Feldherren bedienet, und den Beystand des Himmels nützlich angewendet; welcher nachdem er dessen durch den Tod des einen, und die Krankheiten des andern beraubet worden, die größten Absichten faßt, die größten Dinge verrichtet, sich über sie selbst erhebet, und die Hoffnung der Seinigen und das Verlangen des Erdkreises übersteigt: so erhaben ist sein Muth; so weitläuftig sein Verstand, so herrlich sein Schicksal.

Sehen sie, meine Herren, die Schauspiele, die GOtt dem Erdkreise giebt, und die Menschen, die er auf selben setzet, wenn er bald in diesem, bald in jenem Volke seine Allmacht und Weisheit nach seinem ewigen Rathschlüßen zeigen will. Denn scheinen vielleicht seine göttlichen Eigenschaften beßer in dem Himmel, den er mit seinen Händen gemacht, als in jenen seltnen Gaben hervor, die er wie es ihm gefällt, außerordentlichen Männern mittheilt? Was für ein Stern glänzet mehr an der Himmelsfeste, als der Prinz von Conde in Europa geglänzet? Nicht der Krieg allein verschaffte ihm diesen Glanz: sein großer Verstand erstreckte sich auf alle Sachen, auf das Alte wie auf das Neue, auf die

Ge-

Geschichte, die Weltweisheit, die erhabenste Gottsgelahrtheit, die freyen Künste und Wißenschaften. Es war kein Buch, das er nicht gelesen, kein entweder in den Grundsätzen der Wissenschaft oder deren Ausübung vortreflicher Mann, mit dem er nicht geredet; alle giengen aufgeklärter von ihm, und richteten ihre Gedanken entweder nach seinen einsichtvollen Fragen, oder nach seinen gründlichen Anmerkungen. Sein Umgang war angenehm, weil er mit jedem nach seiner Fähigkeit zu reden wußte: nicht allein mit Soldaten von ihren Unternehmungen, mit Hofleuten von ihren Vortheilen, mit Staatsmännern von ihren Geschäften, sondern auch mit vorwitzigen Reisenden, von dem, was sie in der Natur oder der Regierung oder dem Handel beobachtet, mit den Künstlern von ihren Erfindungen, und endlich mit allen Gelehrten von dem, was sie wunderbares entdecket. Wer sollte daran zweifeln, daß diese Gaben von GOtt kommen? Wer sollte es nicht bemerken daß sie bewunderungs-

len. Der Heil. Augustinus beobachtet unter den Heyden so viele Weise, so viele Eroberer, so viele ansehnliche Gesetzgeber, so viel vortrefliche Bürger, einen Socrates, einen Markus Aurelius, einen Scipio, einen Cäsar, einen Alexander, welche alle der Kenntniß Gottes beraubet gewesen, und von seinem ewigen Reiche ausgeschloßen worden. Hat sie also GOtt nicht gemacht? Allein wer anderer hätte sie machen können, als jener, der alles im Himmel und auf Erden gemacht? Allein warum hat er sie gemacht? welche waren die besondern Absichten jener hohen Weisheit, welche nichts vergebens thut? Hören sie, meine Herren, die Antwort des Heil. Augustinus: Er hat sie gemacht damit er die Ordnung der gegenwärtigen Welt damit ausschmückte.* Er hat die seltenen Eigenschaften bey großen Männern gemacht, wie die Sonne. Wer bewundert dieses schöne Gestirne nicht? Wer erstaunt nicht über den Schimmer seines Mittages, über die stolze Pracht seines Auf und Niedergangs. Allein da es GOtt über Gute und Böse scheinen läßt,

so

so ist es kein so schöner Gegenstand, der uns beglückt: GOtt hat es gemacht, um diesen großen Schauplatz der Welt zu verschönern, und zu erleuchten. Eben auf diese Weise, wenn GOtt seinen Feinden eben so wohl als seinen Dienern diese schönen Einsichten des Geistes, diese Strahlen des Verstandes, diese Bilder seiner Güte gegeben; so hat er ihnen diese kostbaren Geschenke nicht mitgetheilet, um sie glücklich zu machen, sondern damit sie eine Zierde der Welt und unserer Zeit wären. Sehen sie, meine Herren, das unglückliche Schicksal jener Menschen, die er bestimmet, die Zierde ihres Jahrhunderts zu seyn. Was haben diese seltnen Menschen gesucht, als Lobeserhebungen und Ruhm, welche die Menschen geben? Wird GOtt vielleicht ihren eitlen Begierden diesen Ruhm versagen, um sie zu beschämen? Nein; er beschämt sie vielmehr, da er ihn ihnen giebt, und da er ihn ihnen über ihre Hoffnung giebt. Jener Alexander, welcher nichts anders verlangte, als sich auf der Welt

scheint eine Art eines rühmlichen Unglückes für diesen Eroberer zu seyn, daß kein Prinz könne gelobt werden, welcher nicht mit ihm das Lob theilet. Wenn den großen Thaten der Römer einiger Lohn gebührt, so weis GOtt leicht einen zu finden, welcher so wohl ihren Verdiensten als Begierden gemessen ist. Er giebt ihnen die Herrschaft der Welt zum Lohn, als ein nichts bedeutendes Geschenk. O ihr Könige, schämet euch bey eurer Größe! ihr Eroberer, rühmet euch eurer Siege nicht. GOtt giebt ihnen zum Lohne den Nachruhm der Menschen; einen Lohn, welcher bis zu ihnen nicht reicht; welcher sich bestrebt zu verharren, und worinnen? vielleicht in ihren Denkmünzen, und zerstückten Bildsäulen, diesen Ueberbleiseln der Jahre und Barbarn; in den Drümmern ihrer Denkmäler und ihrer Thaten, die mit der Zeit streiten; oder vielmehr in ihrer Einbildung, in ihrem Schatten, in jenem, was man ihren Namen nennt. Dieses ist der würdige Preis ihrer Arbeiten und bey dem Gipfel ihrer Wünsche, ein aufgelegter Beweis ihres Irrthums! Kommet nun, und sättiget euch, ihr Großen der Erde, bemächtiget euch, wenn ihr könnet, dieses Blendwerkes des Ruhms, nach dem Beyspiele der großen Männer, die ihr bewundert. GOtt, der ihren Hochmuth in der Hölle abstrafet, hat ihnen, wie der Heil. Augustinus sagt, diesen so sehr gewünschten Ruhm nicht beneidet, sondern nachdem sie eitel gewesen, so haben sie einen so eiteln Lohn empfangen, als ihre Begierden gewesen. *

Der Lohn unsers Prinzens wird nicht so eitel seyn: die Stunde GOttes ist gekommen, diese erwartete, diese gewünschte Stunde, diese Stunde der Barmherzigkeit und Gnade. Ohne von der Krankheit ermahnet, ohne von der Zeit angetrieben zu werden, thut er jenes, was er gedachte. Ein weiser Ordensmann, den er zu sich berufen, bringet das Geschäffte seines Gewissens in Ordnung, er gehorchet als ein demüthiger Christ dessen Urtheil; und niemand hat jemals an seiner Aufrichtigkeit gezweifelt. Von dieser Zeit an sah man ihn allezeit mit der ernsthaften Sorge beschäftiget, sich selbst zu überwinden, sich wider alle Anfälle seiner unerträglichen Schmerzen zu erhärten, und aus selben ein immerwährendes Opfer durch seine Unterwerfung zu machen. GOtt, den er mit Glauben anrief, gab ihm einen Geschmack an der heiligen Schrift, und in diesem göttlichen Buche eine gründliche Nahrung seiner Frömmigkeit. Seine Rathschlüße wurden mehr als jemals nach der Gerechtigkeit abgefaßet; sie hatten die Hülfe der Wittwe und des Waisens zum Gegenstande; und der Arme näherte sich ihm mit Vertrauen. Da er zugleich ein ehrwürdiger und liebreicher Hausvater war, so hörte er unter den Annehmlichkeiten, die er bey seinen Kindern genoß, nicht auf, ihren Gemüthern die Gesinnungen der wahren Tugend einzuflößen; und jener junge Prinz, sein Enkel, wird sich ewig erinnern, von solchen Händen erzogen zu seyn. Sein ganzes Haus schafte Nutzen aus seinem Beyspiele. Einige seiner Diener waren unglücklicher Weise in dem Irrthume erzogen, welchen Frankreich damals noch dultete: allein wie oft sah man ihn über ihr Heil beunruhiget, über ihren Widerstand betrübet, über ihre Bekehrung getröstet? Mit was für einer unvergleichlichen Richtigkeit des Geistes zeigte er ihnen das Alterthum und die Wahrheit der katholischen

Religion? es war nicht mehr jener feurige Ueberwinder, welcher alles mit sich fort zureißen schien; es war ein sanfter, ein gedultiger, ein liebreicher Lehrer, welcher sorgfältig war die Herzen zu gewinnen, und die kranken Geister zu heilen. Seine Familie regieren, seine Hausgenossen erbauen, Gerechtigkeit und Barmherzigkeit thun, das Gute erfüllen, was GOtt will, und das Uebel ertragen, das er zuschickt, dieses sind jene geringen Werke; dieses sind jene gemeinen Uebungen des christlichen Lebens, welches JEsus Christus am jüngsten Tage vor seinen heiligen Engeln und vor seinem himmlischen Vater loben wird. Die Geschichtbücher werden mit den Königreichen zu Grund gehen; und man wird von allen den prächtigen Thaten nicht mehr reden, von denen sie voll sind. Da er also sein Leben unter diesen Beschäftigungen zubrachte, und die Ehre einer so schönen und gottseligen Einsamkeit seinen berühmtesten Thaten vorzog; so kam die Nachricht, daß die Herzoginn von Bourbon erkrancket, als ein Donnerstreich zu Chantilli an. Wer wurde nicht von der äußersten Furcht gerühret, daß dieses aufgehende Licht nicht verlösche? Man besorgte, daß ſie nicht das Schickſal weitgebrachter Sachen habe. Was für Geſinnungen hegte der Prinz von Conde, da er in Gefahr ſtand, das neue Band, welches ſein Haus mit der Perſon des Königs verknüpfte, wiederum zerriſſen zu ſehen? Sollte denn dieſer Held in dieſer Gelegenheit ſterben! Er, welchen ſo viele Belagerungen und Schlachten unverletzt gelaſſen, ſollte er vor Zärtlichkeit verſchmachten. Sein Herz, welches von allen den Unruhen, die ein herbes Uebel verurſachet, durchdrungen war, und ihn ſeit langer Zeit alleine unterſtützte, unterlag dieſem Streiche; die Kräfte, die es ihm bisher verſchaffet, waren erſchöpfet. Wenn er ſeiner ganzen Schwäche bey der Ankunft des Königs vergißt, welcher die kranke Prinzeßinn zu beſuchen kömmt; wenn er vor Eifer außer ſich, und ohne einer Hülfe diesmal nöthig zu haben, herbey eilt, dieſen großen König wegen der Gefahren, die er nicht befürchtet, zu ermahnen, und wenn er endlich ihn aufhält weiter zu gehen, ſo fällt er faſt auf die erſten Schritte in Ohnmacht; und man bewundert die neue Art, ſein Leben für den König auszuſetzen. Obwohl die Herzoginn von Anguien, deren Tugend

nichts

nichts befürchtete, als ihrem hohen Hause und ihren Pflichten zu ermangeln, erhalten, daß sie bey ihm verbleiben konnte, um ihm zu Hülfe zu kommen; so besänftigte dennoch die Sorgfalt dieser Prinzeßinn die Unruhen nicht, die ihn quälten; und nachdem die junge Prinzeßinn außer Gefahr war, so verursachte die Kranckheit des Königes unserm Prinzen ein neues Schrecken. Ach! dörfte ich mich in diesem Orte nicht verweilen! Hätte sich wohl jemand eingebildet, da wir die Heiterkeit sahen, die auf jener majestätischen Stirne glänzte, daß dieser große König nach Versailles zurückkehrte, um sich jenen grausamen Schmerzen auszusetzen, in denen der Erdkreis seine Frömmigkeit, seine Standhaftigkeit und die ganze Liebe seiner Völker erkannt hat. Mit welchem Auge betrachteten wir ihn, da er mit Gefahr einer Gesundheit, die uns so lieb ist, unsre grausamen Unruhen durch den Trost ihn zu sehen lindern wollte; und da wir ihn als Herrn sowohl seines Schmerzens, als aller übrigen Sachen täglich sahen, nicht nur allein seine Geschäfte nach seiner Gewohnheit verrichten, sondern sich mit seinem zärtlich gerührtem Hofe mit eben derselben Gelaß

senheit unterreden, die er in seinen präch=
tigen Gärten bezeugete. Möchte er bey
GOtt und Menschen in beständigem Se=
gen seyn, da er allezeit seine Güte mit al=
len übrigen Eigenschaften, die wir bewun=
dern, auf diese Weise verknüpfet! unter allen
seinen Schmerzen erkundigte er sich sorgfäl=
tig um den Zustand des Prinzen von Conde,
und zeigte eine Unruhe für dessen Genesung,
die er für seine eigene Gesundheit nicht hatte.
Die Schwachheit dises großen Prinzen nahm
immer zu; allein der Tod schien dennoch
entfernt zu seyn. Man glaubte bereits
daß er sich besser befände, und der Herzog
von Anguien, welcher allezeit zwischen die
Pflichten eines Sohnes und eines Unter=
thans getheilet war, kehrte nach erhalte=
nem Befehle zu dem Dienste des Königs
zurück, als sich alles in einem Augenblicke
änderte, und man dem Prinzen den nahen
Tod andeutete. Seyd aufmerksam, liebe
Brüder, und kommet her sterben zu ler=
nen, oder kommet vielmehr her zu lernen,
daß ihr die letzte Stunde nicht erwarten
müßet, um ein gutes Leben anzufangen.
Und wie? ihr wollet erst damals anfangen
gut zu leben, wann ihr in den Armen des
Todes und unter seinen kalten Händen er=
star=

starret seyd, und nicht mehr wisset, ob ihr den Todten oder Lebendigen angehöret? Ach! kommet dieser Stunde der Verwirrung und der Finsterniße durch die Buße zuvor. Diese verschaffte, daß der Prinz, ohne von diesem letzten Ausspruche, den man ihm ankündigte, erschreckt zu werden, einen Augenblick stillschwieg; und sodann unversehens sagte: O mein GOtt! du willst es also: dein Wille geschehe; ich werfe mich in deine Arme, gieb mir die Gnade wohl zu sterben. Was verlangen wir noch mehr? Wir sehen in diesem kurzen Gebethe die Unterwerfung gegen die Befehle Gottes, die Ergebung in seine Vorsicht, das Vertrauen auf seine Gnade, und die ganze Frömmigkeit. Wie er sich in allen seinen Schlachten unerschrocken, heiter, ohne Unruhe mit dem beschäftiget, bezeigt was er thun mußte, um sie lebhaft fortzusetzen, so war er auch in diesem letzten Streite; und der Tod schien ihm nun nicht schrecklicher, elender und finsterer, als er ihm mitten im Feuer unter dem Glanze des Sieges, den er allein weiß, geschienen. Da die Seufzer von allen Seiten erschollen, so gab er seine Befehle beständig fort, gleichsam als wäre ein an derer als er der Bewegungsgrund derſelben; und wenn er befahl die Thränen einzuſtellen, ſo geſchah es nicht, weil er davon geſtört wurde, ſondern, weil er ſie als ein Hinderniß anſah, das ihn verweilte. In dieſem Augenblicke erſtreckten ſich ſeine Gedanken bis auf ſeine geringſten Bedienten. Seine Freygebigkeit, welche ſeiner Geburt und ihrer Dienſte würdig war, ließ ſie mit ſeinen Geſchenken überhäuft, aber noch mehr durch dieſe Zeichen ſeines Angedenkens beehret. Ich weis, Durchlauchtigſter, daß ich ihre Schmerzen erneuere, und die Wunden ihres Herzens wieder eröffne; ich werde aber dennoch jenes nicht verſchweigen, was er in Anſehen ihrer ſo oft wiederholet. Denn da er die wichtigſten Befehle gab, welche ſein Gewißen und ſein ewiges Heil betrafen, und man ihn ermahnte, daß es nöthig wäre, ſie gerichtlich abzufaſſen, und zu verordnen; ſo ſagte er, daß er ſie kennte, daß ohne die Gerichtsform zu beobachten, es genug wäre ihnen ſeine Willensmeynungen zu entdecken; daß ſie ſeine Hoffnung übertreffen, und jenes von ſich ſelbſt erſetzen würden, auf das er etwa könnte vergeſſen haben. Daß ſie ein Vater geliebet, verwundert mich nicht; dieses ist eine Gesinnung, welche die Natur einflößt; allein daß ein so erleuchteter Vater ein solches Vertrauen auf sie bis zu dem letzten Hauche gezeiget; daß er sich auf sie in Sachen von solcher Wichtigkeit verlassen, und in dieser Zuversicht ruhig gestorben: dieses ist das schönste Zeugniß, welches ihre Tugend erhalten können; und ich werde ihnen heute Durchlauchtigster, kein anders Lob ertheilen, obwohl ihre Verdienste deßelben so würdig sind.

Was aber der Prinz nachmals unternommen, um die Pflichten der Religion zu erfüllen, verdiente der ganzen Welt erzählet zu werden, nicht zwar weil es merkwürdig ist, sondern so zu sagen, weil es nicht ist, und weil ein Prinz, der den Augen des Erdkreises ausgesetzt war, den Zuschauern nichts besonders zeiget. Erwarten sie also nicht, meine Herren, jene prächtigen Worte, welche zu nichts anders dienen, als einen geheimen Stolz, oder wenigstens die Bestrebungen einer beunruhigten Seele, welche streitet, oder ihre innerliche Verwirrung vorstellt, zu erkennen zu geben. Der Prinz von Conde weis von diesen hochtrabenden Reden nichts;

und die Wahrheit macht seine ganze Größe so wohl im Tode als im Leben aus. Seine Beichte ist demüthig, voll der Reue, voll des Vertrauens. Er hatte nicht nöthig, sich lange zuzubereiten: die beste Zubereitung zur Beichte dieser letzten Zeit ist, sie nicht erwarten. Allein hören sie, meine Herren, die Folge mit Aufmerksamkeit. Betrachten sie ihn, wie er sich bey dem Anblicke des heiligen Zehrpfennings, den er so sehr verlanget, mit diesem süßen Gegenstande unterhält. Er erinnerte sich der Unehrerbietigkeiten, mit denen, leider! dieses göttliche Geheimniß entehret wird. Die Christen kennen jenen heiligen Schrecken nicht mehr, mit welchem einsmals die Gläubigen bey dem Anblicke dieses Opfers erfüllet waren. Man könnte fast sagen, daß es aufgehöret, erschröcklich zu seyn, wie es die heiligen Väter nannten; und daß das Blut unsers Opfers auf unsern Altären nicht so wahrhaft fließe, als auf der Schädelstäte. An statt vor jenen zu zittern, verachtet man JEsum Christum gegenwärtig, und zu einer Zeit, da das ganze Königreich wegen der Bekehrung der Ketzer in Bewegung ist, scheuet man sich nicht, ihren Lästerungen durch seine bösen

Sitten, ein Ansehen zu verschaffen. Ihr Weltmenschen! ihr gedenket an diese abscheulichen Entheiligungen nicht: in dem Tode werdet ihr mit Furcht und Zittern daran gedenken. Der Prinz erinnerte sich aller Sünden, die er begangen, und da er vor Schwäche unfähig war, jenes was er im Innersten empfand, mit Nachdruke zu erklären, so bediente er sich der Stimme seines Beichtvaters, um von der ganzen Welt, von seinen Hausgenossen, und von seinen Freunden Verzeihung zu begehren. Man antwortete ihm damals mit Seufzern; ach! meine Brüder, antworten wir ihm, indem wir uns sein Beyspiel zu Nutze machen. Den andern Pflichten der Religion wurde von ihm mit gleicher Frömmigkeit und Fertigkeit des Geistes Genüge geleistet. Mit welchem Glauben, und wie oft bath er nicht den Heiland der Seelen, indem er sein Kreutz küßte, daß das Blut, welches er für ihn vergossen, an ihm nicht unnütz seyn möchte? Dieses rechtfertiget den Sünder; dieses unterstützt den Gerechten; dieses versichert den Christen. Was sollte ich von den heiligen Gebethen der Sterbenden sagen, wo man in den Bestrebungen, welche die Kirche

anwen

anwendet, ihre eifrigsten Wünsche, und gleichsam das letzte Geschrey hört, mit welchem diese heilige Mutter aufhört, uns zum Leben des Himmels zu gebähren? Er ließ sie sich dreymal wiederholen, und fand in selben allezeit neue Tröstungen. Da er sich gegen seine Aerzte bedankte, so sagte er: Diese sind gegenwärtig meine wahren Aerzte, und deutete auf die Geistlichen, derer Erinnerungen er hörte, mit denen er die Gebethe fortsetzte, indem er allezeit die Psalmen im Munde, das Vertrauen im Herzen hatte. Wenn er sich beklagte, so geschah es nur, daß er wenig zu leiden hätte, um seine Sünden auszusöhnen; obwohl er von den Zärtlichkeiten der Seinigen bis zum Ende gerühret wurde, so ließ er sich doch niemals überwinden, ja er befürchtete allezeit, daß er nicht zu viele Nachsicht gegen die Natur hätte. Was sollte ich von seinen letzten Unterredungen mit dem Herzoge von Anguien sagen? was für lebhafte Farben werden uns die Beständigkeit des Vaters, und die äußersten Schmerzen des Sohnes genug abschildern können? Sein Gesicht ist gleich Anfangs von Thränen überschwemmet; man höret mehr Seufzer als Worte; bald ist der Mund auf jene siegreichen und nun verwelckenden Hände gehäftet; bald wirft er sich in jene Arme und in jenen väterlichen Schooß; es scheinet, daß er diesen geliebten Gegenstand seiner Ehrfurcht und Zärtlichkeiten mit so vieler Gewalt aufzuhalten suche. Die Kräfte gebrechen ihm, er fällt ohnmächtig zu seinen Füßen nieder. Der Prinz ohne beweget zu werden, wartet der Zeit, daß er sich erhole; er beruft nachmals die Herzoginn, seine Schwiegertochter, die er gleichfals stumm und fast entseelet erblickte, und mit einer Zärtlichkeit, die nichts schwaches an sich hat, giebt er ihnen seine letzten Willensmeynungen zu verstehen, welche voll Frömmigkeit waren. Er beschließt sie endlich, indem er sie mit jenem Glauben und jenen Wünschen segnet, welche GOtt erhöret; und indem er einen jeden ihrer Söhne besonders, als ein anderer Jakob, segnet; und von beyden Seiten sah man alles jenes, dessen Nachdruck und Heftigkeit man nur durch die Wiederholung schwächet.

Sie durchlauchtiger Prinz, geliebter Neffe, und gleichsam zweyter Sohn, sie werde ich nicht vergessen; ich werde weder

Bb das

das herrliche Zeugniß, daß er ihrem Verdienste beständig abgeleget; weder seine zärtlichen Sorgen, und den Brief, den er sterbend geschrieben, um sie in der Gnade des Königes, welche der kostbareste Gegenstand ihrer Wünsche ist, wieder fest zu setzen; weder so viele schöne Eigenschaften stillschweigend übergehen, welche sie würdig gemacht, daß er die letzten Stunden eines so schönen Lebens für sie so lebhaft beschäftiget. Ich werde aber auch andrerseits weder die Gunstbezeugungen des Königs, welche dem Wunsche des sterbenden Prinzen zuvorgekommen; noch die großmüthigen Sorgen des Herzogs von Anguien, welcher derselben Mittler war; noch die Danckbarkeit bey Seite laßen, welche ihm der Prinz bezeugte, daß er so sorgfältig gewesen, und ihm die Freude verschafte, sich einen so lieben Anverwandten zu verbinden. Indessen sich sein Herz erweitert, und seine Stimme neue Kräfte sucht den König zu loben, kömmt der Prinz Conti bey ihm an, ganz von Dankbarkeit und Schmerzen durchdrungen. Die Zärtlichkeiten werden erneuert; die zween Prinzen hörten jenes, was ihr Herz niemals vergessen

geſſen wird, und der Herzog ſchloß indem
er ihnen dieſe Lehre eindrückte, daß ſie niemals große Männer, große Prinzen, gute Bürger ſeyn werden, wenn ſie nicht auch
rechtſchaffene Männer, GOtt und dem
König getreue Unterthanen ſeyn werden.
Dieſes waren die letzten Worte, die er ihrem Gedächtniß eingedrückt hinterlaßen;
dieſes war das letzte Zeichen ſeiner Zärtlichkeit, der Inhalt ihrer Pflichten. Allenthalben hörte man ſchreyen, alle zerfloſ-
ſen in Thränen, der Prinz alleine war unbeweglich; und die Verwirrung erreichte
den Ort nicht, wo er ſeine Zuflucht hatte.
O mein GOtt, du warſt ſeine Stärke,
ſeine Zuflucht, und wie David ſagte, ſein
feſter Felſen, auf den ſich ſeine Standhaftigkeit gründete.

Kann ich aber hier verſchweigen, was
ſich unterdeſſen bey Hofe und in Gegenwart des Königs zugetragen? Da er daſelbſt den letzten Brief leſen ließ, welchen
dieſer große Mann an ihn ſchrieb; und
man in den dreyen Zeiten, die der Prinz
darinnen bemerkte, ſeine Dienſte, welche
er am Anfange und Ende ſeines Lebens ſo
obenhin anzeigte, und ſeine Fehltritte in der

Mitte

Mitte deſſelben ſah, von denen er ſo ein aufrichtiges Bekenntniß ablegte: ſo war niemand, dem das Herz nicht erweichet wurde, da er ihn mit ſolcher Sittſamkeit von ſich ſelbſt reden hörte; und die Durchleſung dieſes Briefes, welche von den Thränen des Königs begleitet wurde, gab zu erkennen, was für Geſinnungen die Helden von einander hegen. Allein da man zu der Stelle kam, wo der Prinz ſchrieb, daß er zufrieden und glücklich ſtürbe, weil er noch ſo viel Leben hätte, daß er dem Könige ſeine Dankbarkeit, ſeine Ehrfurcht, und wenn es mir erlaubt iſt zu ſagen, ſeine Zärtlichkeit bezeugen könnte; ſo ließ ein jeder der Aufrichtigkeit ſeiner Geſinnungen Gerechtigkeit wiederfahren; und diejenigen, welche ihn von dieſem ſo großen Könige ſo oft im vertraulichen Umgange reden hörten, konnten verſichern, daß ſie niemals etwas ehrerbietigers, noch gegen ſeine geheiligte Perſon zärtlichers, noch, um ſeine koniglichen Tugenden, ſeine Frömmigkeit, ſeinen Muth, ſeinen großen Witz beſonders in dem Kriege, anzupreiſen nachdrücklichers gehöret, als jenes war, was dieſer große Prinz, der von der Vergröſſerung

ßerung eben so wohl, als von der Schmäu: cheley entfernet war, davon gesaget. Da man dieses schöne Zeugniß von ihm ableg: te, so war dieser große Mann nicht mehr. In den Armen seines GOttes, in die er sich einmal geworfen, erwartete er ganz ruhig dessen Barmherzigkeit, und rief des: sen Beystand an, biß er endlich aufhörte zu athmen, und zu leben. Hier sollte ich ihnen, meine Herren, Raum laßen, da: mit sie ihre gerechten Schmerzen bey dem Verluste eines so großen Mannes aus: schütten könnten; alleine aus Liebe zur Wahrheit, und zur Beschämung derjeni: gen, welche sie nicht erkennen, so hören sie noch das schöne Zeugniß, daß er ihr sterbend gab. Er wurde von dem Beicht: vater ermahnet, daß wenn unser Herz noch nicht gänzlich nach dem Herzen GOttes wäre, wir uns zu eben diesem GOtte wen: den, bey ihm suchen, daß er sich in uns ein Herz, wie es ihm gefällt, mache, und mit David jene rührenden Worte sagen müßten: Schaffe in mir ein reines Herz, o GOtt. Ps. 50. Bey diesen Worten hielt sich der Prinz in etwas auf, gleich: sam als wäre er mit einem großen Gedan:

ken beschäfftiget; und da er nachmals den heiligen Ordensmann, der ihm diese schöne Gesinnung eingeflößt, zu sich berufen, sagte er ihm: Ich habe niemals an den Geheimnißen der Religion gezweifelt, was man auch immer davon gesagt. Wir müßen ihm in Ansehung dessen Glauben beymessen; und in dem Stande, in dem er sich gegenwärtig befindet, ist er der Welt nichts mehr schuldig als die Wahrheit. Allein, fuhr er fort, niemals zweifelte ich weniger daran als itzt. O! waren ferner seine Worte, voll wunderbarer Anmuth, o, wie entwickeln und klären sich diese Wahrheiten in meinem Gemüthe auf! Ja, sagte er, wir werden GOtt sehen wie er ist, vom Angesichte, zu Angesichte; und er wiederholte diese hohen Worte mit einem unaussprechlichen Geschmacke im Lateine: sicuti est, facie ad faciem. Niemand ersättigte sich, ihn in dieser süßen Entzückung zu sehen. Was gieng damals in dieser Seele vor? Was für ein neues Licht erschien ihr? Was für ein unversehener Strahl durchdrang die Wolke, und zerstreute in einem Augenblicke mit allen

Un=

Unwissenheiten der Sinnen, die Finster=
niße selbst und so zu sagen die heiligen Dun=
kelheiten des Glaubens? Was waren da=
mals die schönen und prächtigen Titel, mit
denen sich unsere Hoffart schmäuchelt? Wie
geschwind verschwinden nicht alle Blend=
werke der Welt bey der Annährung eines
so schönen Tages, und bey dem ersten
Strahle eines so lebhaften Lichtes? Wie
verdunkelt scheint der Glanz des herrlich=
sten Sieges? Wie verachtet ist nicht des=
selben Ehre? Wie verabscheut sind nicht
jene schwachen Augen, die sich davon blen=
den laßen? Kommet, o ihr Völker; kom=
met aber vielmehr ihr Könige und Fürsten;
ihr, die ihr die Erde richtet; ihr, die ihr
den Menschen die Pforten des Himmels
öffnet; und ihr besonders, Prinzen und
Prinzeßinnen, edle Sproßen so vieler Kö=
nige, und Lichter Frankreichs, die ihr aber
heute von eurem Schmerzen verfinstert,
und gleichsam mit einer Wolke bedecket seyd:
kommet, um das Wenige zu sehen, was
uns von einer so hohen Geburt, von so
vieler Größe, von so glänzender Herrlichkeit
übrig bleibt. Werfet eure Augen allenthal=
ben herum; sehet da alles, was die Pracht

Bb 4   und

und Frömmigkeit hat thun können, einen Helden zu ehren: Ehrentitel, Aufschriften, eitle Denkmäler desjenigen was nicht mehr ist; Bilder, welche um das Grab herum zu weinen scheinen, und schwache Zeichen unsers Schmerzens, welchen die Zeit wie das Uebrige mit sich fortreißt; Säulen, welche wie es scheint, das prächtige Zeugniß unsers Nichts bis zum Himmel erheben wollen: allen diesen Ehren mangelt endlich nichts anders, als jener, dem sie bezeuget worden. Weinet also über diese schwachen Ueberbleibsel des menschlichen Lebens; weinet über die elende Unsterblichkeit die wir unsern Helden geben. Nähert euch aber besonders ihr kriegerischen und tapfern Seelen, die ihr auf der Bahn der Ehre mit solcher Hitze laufet. Wer war würdiger euch anzuführen? Allein wessen Befehle waren euch angenehmer? Beweinet also diesen großen Feldherrn, und sagt seufzend: Hier ist also derjenige, der uns in den Gefahren anführte; unter ihm wurden so viele Helden gebildet, welche seine Beyspiele zu den ersten Ehrenstellen des Krieges erhoben; sein Schatten würde so gar haben Schlachten

ten gewinnen können, und nun ermuntert uns sein Name selbst bey seinem Stillschweigen, und ermahnet uns, daß wenn wir eine Frucht unserer Arbeiten im Tode finden, und bey unsrer ewigen Wohnung nicht mit leeren Händen anlangen wollen, wir nebst dem Könige der Erde auch dem Könige des Himmels dienen müßen. Dienet also diesem unsterblichen und so erbarmungsvollem Könige, welcher euch einen Seufzer, einen in seinem Namen gegebenen Trunck Waßer mehr belohnen wird, als alle übrige euer verspritztes Blut; und fanget an, die Zeit eurer nützlichen Dienste von dem Tage zu rechnen, an dem ihr euch einem so freygebigen HErrn ergeben. Und werdet ihr nicht bey diesem Trauergerüste erscheinen, ihr sage ich, welche es ihm gefallen in die Zahl seiner Freunde zu setzen? Umgebet alle zugleich dieses Grab, auf was für einer Stufe des Vertrauens ihr immer bey ihm gestanden; dieses Grab, vermischet eure Thränen mit euern Gebethen, und indem ihr eine so leutselige Freundschaft und einen so angenehmen Umgang bey einem so großen Prinzen bewundert, so behaltet das Angedenken eines

Helden, deſſen Güte ſeinem Muthe gleich gekommen. Möchte er euch doch allezeit ein angenehmer Gedanke ſeyn! möchtet ihr euch ſeine Tugenden zu Nutze machen! möchte ſein Tod, den ihr nun beweinet, einsmals euer Troſt und Beyſpiel ſeyn! Was mich betrifft, ſo erlaube mir, großer Prinz, mich nach allen andern dieſem Grabe zu nähern, und dir die letzten Pflichten abzuſtatten. Du würdiger Gegenſtand unſerer Lobeserhebungen, und unſrer Seufzer, du wirſt in meinem Angedenken ewig leben. Dein Bildniß wird daſelbſt, aber nicht mit jener Kühnheit, die den Sieg verſprach, eingegraben ſeyn; nein! ich will an dir nichts ſehen, was der Tod vertilgt. Du wirſt in dieſem Bilde unſterbliche Züge haben; ich werde dich betrachten, wie du an jenem letzten Tage unter der Hand GOttes wareſt, da es bereits ſchien, daß dir ſeine Herrlichkeit zu leuchten anfange. Hier werde ich dich weit ſiegreicher ſehen, als zu Freyburg und Rowoy, und von dieſem ſo ſchönen Siege begeiſtert, werde ich jene ſchönen Worte des geliebten Jüngers zur Dankſagung ſagen: Und dieß iſt der Sieg, welcher
die

die Welt überwindet, unser Glaube. 1. Joh. 5.4. Erfreue dich, großer Prinz, dieses Sieges; erfreue dich desselben ewig, durch die unsterbliche Kraft dieses Opfers. Nimm diese letzten Bemühungen einer Zunge, die dir bekannt war, gefällig an. Du wirst das Ende aller meiner Reden machen. Anstatt den Tod der andern zu beweinen, will ich itzt von dir, großer Prinz, erlernen, meinen zu heiligen: glückselig, da mich diese grauen Haare der Rechenschaft, die ich von meinem Amte abzulegen habe, ermahnen, wenn ich der Heerde, welche ich mit dem Worte des Lebens ernähren muß, die Ueberbleibsel einer brechenden Stimme und eines verlöschenden Feuers vorbehalte!

Trauerrede

Auf den Hochwürdigsten und erlauchten Herrn, Herrn Nikolaus Cornet, Großmeister des Collegiums von Navarra, welche in der Kapelle des Collegiums, wo er begraben liegt, den 27. Brachmonats im Jahre 1663. gehalten worden.

Das Himmelreich ist gleich einem verborgenem Schatze. Matth. 13. 44.

Diejenigen, welche in Würden und erhabenen Ehrenstellen gelebet, sind nicht die einzigen unter den Sterblichen, derer Angedenken durch öffentliche Lobreden geehret worden. Die Würden verdienet, und sie dennoch ausgeschlagen haben, ist eine neue Art der Würden, welche alle Arten der Ehren verdienet: und gleichwie der Erdkreis nichts größers aufzuweisen hat, als große Männer, die zugleich bescheiden sind; so muß man auch besonders ihrerwegen, und um ihre Tugenden zu erhalten, alle Arten der Lobeserhebungen gleichsam erschöpfen. Man muß sich daher nicht verwundern, wenn dieses königliche Haus ihrem Großmeister, dem hochwürdigsten Herrn Nikolaus Cornet, eine Lobrede verordnet, den es auf den ersten Ehrenstufen der Kirche würde erblicket haben, wenn er, der sonsten in allen Dingen gerecht war, sich bey dieser einzigen Gelegenheit der Gerechtigkeit unserer Könige nicht widersetzt hätte. Es ist dieses Zeugniß seiner Tugend, diese Dankbarkeit seinen Bemühungen, diese öffentliche Ehre seiner Bescheidenheit schuldig, und da es durch den Verlust eines so großen Mannes in so tiefes Leidwesen versetzet worden, so kann es die Freyheit, ihn zu loben, nicht vernachläßigen, welche der einzige Vortheil ist, der ihm von dessen Tode zufließt. Denn da, so lang er auf Erden gelebet, das einzige Ansehen seiner Bescheidenheit alle Merkmäler der Hochachtung unterdrückte, welche es eben so feyerlich machen wollte, als sein Verdienst außerordentlich war, so kann es itzt seine besondern Pflichten nicht außer Acht laßen, weder die Welt über das Beyspiel eines

so

so ordentlichen Lebens beneiden, so bald es
ihm erlaubet worden, jenes öffentlich zu
verkündigen, was es so nahe gekannt hat:
und ich (wenn sie mir doch erlauben, meine
Herren, von mir selbst ein Wort zu sprechen) und ich, sage ich, der ich in diesem
Manne, bey so viel andern seltsamen Eigenschaften, einen unerschöpflichen Schatz
weiser Rathschläge, der Treue, der Aufrichtigkeit, einer beständigen und unverletzlichen Freundschaft gefunden: kann ich ihm
wohl einige Früchte eines Verstandes versagen, den er von seiner ersten Jugend
auf mit einer väterlichen Güte zu verbessern gesucht, oder aber eine Stelle in meinen Reden verweigern, nachdem er so oftmals derselben Richter und Schiedsmann
gewesen? Da man sich also meiner Stimme bedienen wollen, so ist ganz billig, meine Herren, daß so viel mir möglich seyn
wird, ich diesem königlichen Stift seinen
Großmeister, den Ordenshäusern ihren
Vater und Beschützer, der theologischen
Facultät eines ihrer glänzendsten Lichter, und
denjenigen von ihren Söhnen, welcher vielleicht jenen alten Ruhm der Lehre und Reinigkeit, den sie sich allenthalben erworben,
vor andern unterstützet, der Kirche und un-

ſerm Jahrhunderte endlich eine ihrer größten Zierden zurückgebe. Steig, großer Mann, aus dieſem Grabe, du haſt es ohne dieß viel zu früh für uns betreten: ſteig ſage ich, aus dieſem Grabe, das du dir in dem dunkelſten und geringſten Orte dieſes Gebäudes vergeblich erwählet haſt. Deine Beſcheidenheit hat dich eben ſo wohl als ſo viele andere heilige Männer getäuſchet, welche geglaubt haben, daß ſie ſich ewig verbergen würden, wenn ſie ſich in die unbekannteſten Winkel begäben. Wir gedenken nicht, dich deiner edlen Dunkelheit genießen zu laſſen, die du ſo ſehr geliebet haſt; wir wollen den ganzen Schatz deiner Gaben, ungeachtet deiner Demuth, an das helle Licht bringen, welcher deſto reicher iſt, je mehr er verborgen iſt. Denn ſie wiſſen wohl, meine Herren, daß der gewöhnlichſte Kunſtgriff der himmliſchen Weisheit iſt, ſeine Weisheit verbergen, und daß die Abſicht, alles, was ſie am koſtbareſten hat, zu verhüllen, ſie eine ſo große Verſchiedenheit hoher Rathſchläge entwickeln heißt. Auf dieſe Weiſe iſt die ganze Ehre dieſes erhabenen Mannes, deſſen Lob ich heute vortragen ſoll,

daß

daß er ein verborgener Schatz gewesen, und ich würde ihn nicht nach seinen Verdiensten loben, wenn ich alleine damit zufrieden wäre, daß ich ihnen so viele Erleuchtungen, so viele Hoheiten, so viele Gnaden des heiligen Geistes, von denen wir bey ihm eine so schöne Menge entdecken, erzähle, und nicht vielmehr eine so schöne Kunst zeigen wollte, durch welche er sich bemühet, alle seine Reichthümer der Welt zu verbergen.

Sie werden also den hochwürdigsten Herrn Nikolaus Cornet, diesen offenen und verborgenen Schatz sehen, voll des himmlischen Lichtes, und zugleich so viel es ihm möglich war mit dicken Wolken verhüllet; welcher die Kirche durch seine Gelehrsamkeit erleuchtete, und ihr dannoch nichts anders als seine Unterwürfigkeit wollte wissen lassen; welcher sich durch die Begierde alle seine Tugenden zu verbergen, unvergleichlich berühmter machte, als durch die Sorge sie zu erlangen, und die Ehre sie zu besitzen. Endlich um diese Rede in gehörige Schranken zu bringen, und auch die Geheimnisse nach der Ordnung zu entwickeln, welche in dem evangelischen Ausdrucke eines

nes verborgenen Schatzes liegen, so werden sie meine Herren, in dem ersten Theile die unermeßlichen und unschätzbaren Arbeiten sehen, welche in diesem Schatze liegen; in dem zweyten aber werden sie die geheimnißvolle Decke, welche viel kostbarer als der Schatz selbst ist, und worunter er ihn uns verborgen, bewundern. Dieses ist das Beyspiel das ich ihnen vorstelle; dieses ist das heilige und wahre Zeugniß, welches ich heute vor diesen Altären, dem Verdienste eines so großen Mannes abstatten werde. Ich nehme hier jenen großen Prälaten zum Zeugen, unter dessen Anführung dieses weitläuftige Haus Ruhm erhalten wird. Er hat bey dem Altare erscheinen, und dem HErrn das Opfer für ihn darbringen wollen. Dieser ist es also, der von allen dem Zeuge seyn wird, was ich sagen werde, und ich schmäuchle mir, meine Herren, sie werden mir ihre Aufmerksamkeit nicht versagen.

Was JEsus Christus durch seine Natur und Vortreflichkeit gewesen, das will er, daß seine Diener durch seinen Ausfluß und die Ergießung seiner Gnade seyn sollen. Wenn er der Lehrer der Welt ist,

C c so

so haben seine Diener das Lehramt zu verwalten: und gleichwie in ihm, als einem Lehrer der Welt, alle Schätze der Wissenschaft und Weisheit verborgen sind, wie der Apostel sagt; eben so hat er Lehrer erwählt, die er mit der Gnade und Wahrheit erfüllet, um die Gläubigen damit zu bereichern: und diese Lehrer, welche von seinem heiligen Geiste erleuchtet worden, sind die wahren Schätze der allgemeinen Kirche. In der That meine Herren, da die theologische Facultät so oftmals in ihrer Versammlung berathschlaget worden, und noch berathschlaget wird, und da auch ihre Lehrer ins besondere, in Ansehung der Gewißenspflichten, täglich zu Rathe gezogen werden; ist dieses nicht ein rechtmäßiges Zeugniß, daß sie eben so viele öffentliche Schätze haben müße, als sie Lehrer hat, aus denen sie nach den verschiedenen Anliegenheiten und Vorfällen die Mittel hernehmen könne, um die Schwachen zu stärken, die Starken zu befestigen, die Einfältigen und Unwissenden zu unterrichten, die Hartnäckigen zu beschämen und abzutreiben? Niemanden kann unbewußt seyn, wie vortreflich dieser heilige Mann,

von

von dem wir reden sein göttliches Amt vertreten: seine Rathschlüsse waren aufrichtig, seine Gesinnungen rein, seine Ermahnungen nachdrücklich, seine Standhaftigkeit unüberwindlich. Er war ein Lehrer von der alten Zeit, von der alten Aufrichtigkeit, von der alten Frömmigkeit, er war eben so sehr über die Schmäucheley und Furcht hinweg, als er unfähig war, den eiteln Entschuldigungen der Sünder zu weichen, oder über die Kunstgriffe des menschlichen Eigennutzes und die Erfindungen des Fleisches und Blutes zu erstaunen: und gleichwie hierinnen das Amt der Lehrer hauptsächlich besteht, so erlauben sie mir, meine Herren, daß ich die Regel dieses Betragens von einem höhern Ursprunge herhole. Zwo gefährliche Krankheiten haben in unsern Tagen den Leib der Kirche angegriffen: einige Lehrer haben sich von einer unglückseligen und unmenschlichen Gefälligkeit, von einem tödtenden Mitleiden einnehmen laßen, welches sie verleitet, wie der Prophet sagt, die Arme der Sünder mit Küßen zu unterstützen, und schädliche Decken für ihre Leidenschaften zu suchen, um so wohl ihrer

Eitel-

Eitelkeit nachzugeben, als ihrer vorgeschützten Unwissenheit zu schmäucheln. Die andern, welche nicht minder auf das Aeußerste verfallen, haben die Gewißen unter den ungerechtesten Strengheiten gefangen gehalten; sie können keine Schwachheit erdulten; sie führen allenthalben die Hölle nach sich, und wissen nur mit dem Banne zu blitzen. Der Feind unsers Heils bedienet sich beyder gleicher weise, indem er die Leichtigkeit der einen anwendet, um das Laster liebenswerth zu machen, und die Strenge der andern gebraucht, um die Tugend häßlich abzumalen. Was für erschröckliche Ausschweifungen, und verschiedene Waffen sind diese! Blinde Kinder Adams, welche die Begierde der Wissenschaft in den Abgrund der Unwissenheit gestürtzet, werdet ihr denn niemals die Mittelstraße finden, wo die Gerechtigkeit, wo die Wahrheit, wo die gesunde Vernunft ihren Thron aufgerichtet?

Und gewiß, ich sehe nichts in der Welt, was der Kirche beschwerlicher falle, als diese auf eine so unnütze Weise scharfsinnigen Geister, welche das ganze Evangelium in Streitfragen verkehren, welche bey der

Aus-

Ausübung der Gebothe häufige Fälle setzen, welche die Casuisten durch wunderliche Befragungen ermüden; sie arbeiten in Wahrheit nur, um uns die Richtschnur der Sitten dunkel zu machen; es sind Leute, sagt der heilige Augustinus, die sich sehr viel peinigen, um jenes nicht zu finden, was sie suchen *, und welche da sie sich beständig herumdrähen, sich selbst in die Schatten ihrer eigenen Finsternisse, ich will sagen, in ihre Unwissenheit und ihre Irrthümer verwickeln, und sich aus selben eine Decke machen. Unterdessen sind jene Lehrer, die zwar dieses Namens unwürdig sind, noch unglückseliger, welche ihrem eigenen Dünkel anhangen, und ihrer Thorheit ein Ansehen verschaffen. Sie sind irrende Sterne, wie der heilige Apostel Judas sagt, welche weil sie an die unbewegliche Laufbahn der Wahrheit nicht genug gebunden sind, auf die Seite weichen, und sich nach der Willkuhr der Eitelkeiten, des Eigennutzes und der menschlichen Leidenschaften kehren. Sie verwirren Himmel und Erde, sie vermischen JEsum Christum

mit

---

* Nihil laborant, nisi non invenire quod quærunt.

mit Belial, sie heften den alten und neuen Zeug, die Flecken der Welt mit dem königlichen Purpur des Geistes GOttes, wider den ausdrücklichen Befehl des Evangeliums, zusammen, eine Vermischung, welche der Christlichen Frömmigkeit unanständig ist, eine abentheuerliche Vereinigung, welche die Wahrheit, die Einfalt, die unverletzliche Reinigkeit des Christenthums entehret.

Allein was werde ich von jenen sagen, welche den Geist der Frömmigkeit auf eine andere Art zu Grunde richten, welche allenthalben neue Laster entdecken, und die menschliche Schwäche überladen, indem sie das Joch schwerer machen, das uns GOtt auflegt? Wer sieht nicht, daß diese Strenge die Vermeßenheit aufbläst, die Verachtung ernähret, einen stolzen Unwillen und eine hochmüthige Sonderheit unterhält, die Tugend allzuschwer, das Evangelium ausschweifend, das Christenthum unmöglich, dem Scheine nach, macht? O Schwachheit und Flüchtigkeit des menschlichen Verstandes! wirst du denn immer ohne Ziel, ohne Bestand, ein Spiel äußerst entgegengesetzter Dinge seyn? Die Sanftmüthigen werden gar zu nachsichtig, und

und die Ernsthaften gar zu strenge. Stimmet einmal überein, o ihr Lehrer; es wird euch sehr leicht seyn, wenn ihr nur den himmlischen Lehrer anhöret: Mein Joch ist sanft, sagt er uns, und meine Bürde ist leicht. Matth. 11. 29. Sehet, sagt der Heil. Chrysostomus die Mäßigung, er sagt nicht grade weg, daß sein Evangelium schwer oder leicht ist, sondern er nimmt beydes zusammen, damit wir erkennen möchten, daß uns dieser gütige HErr weder aller Lasten gänzlich überhebe, noch auch mit selben unmäßig belade; und daß wenn seine Macht unsern Geist unterwürfig machen will, seine Güte zu gleicher Zeit unsere Kräfte zu schonen suche. Machet also, ihr nachsichtigen Lehrer, wenn das Evangelium ein Joch ist, selbes nicht zu leicht, damit wenn ihr von dessen Schwere beladen seyd, eure unbändigen Leidenschaften es nicht so geschwinde ausschlagen; und wir, nach abgeworfenem Joche, nicht als ungelehrige, stolze und unbändige auf dem Wege unserer ungestümen Begierden einhergehen. Allein weil das Evangelium auch leicht seyn muß, so unterfanget euch nicht desselben Schwere zu vergrößern, noch etwas von dem eurigen, entweder aus Hochmuth, oder Eigensinn, oder Unwissenheit hinzuzusetzen. Wenn dieser HErr befiehlt, und mit einer Hand belädt, so unterstützt er mit der andern: folglich ist alles, was er auflegt, leicht; da hingegen alles, was die Menschen darein mengen, unerträglich wird. Sie sehen also, meine Herren, daß wenn man die Richtschnur der Sitten finden will, man die Mittelstrasse zwischen diesen zwoen Klippen halten müße; und dahero ermahnet uns der allezeit weise Ausspruch, daß wir uns weder nach der rechten noch linken Seite wenden sollen. Welche sich gleichsam für das Laster erklären, und dem Theile des Verderbnißes günstig sind, kehren sich nach der Linken; allein diejenigen, welche die Tugend gar zu hoch hinaussetzen, denen alle Schwachheiten ungeheure Laster zu seyn scheinen, oder welche aus den vorgeschlagenen Mitteln zur Vollkommenheit ein allgemeines Gesetz für alle Gläubige machen, müßen sich anderseits auch nicht rühmen, unter dem Vorwande grades Weges zu gehen, daß sie eine genauere Zucht zu suchen scheinen: denn die Schrift lehret uns, daß

wenn

wenn man sich nach der linken Seite, wenden kann, man sich auch zur rechten Seite verirren könne, ich will sagen, indem man zur Vollkommenheit eilet, und die schwachen Seelen unter allzugroßen Strengheiten gefangen hält. Man muß auf dem Mittelwege daher gehen, auf jenem Wege nämlich, wo sich die Gerechtigkeit und der Friede unter aufrichtigen Küßen umarmen; das ist, wo man die wahrhafte Billigkeit, und die sichere Ruhe des Gewissens antrift. Die Barmherzigkeit und Wahrheit sind sich einander begegnet; die Gerechtigkeit und der Friede haben sich geküßet. Pf. 84. 11.

Die Kinder haben allezeit ein Recht, ihre Mutter zu loben; und ich werde der theologischen Schule zu Paris das Lob nicht versagen, das man ihr schuldig ist, und welches man ihr auch durch die ganze Kirche ertheilet. Der Schatz der Wahrheit ist an keinem Orte so unverletzt; die Brunnen Jakobs fließen nirgends so rein; sie scheinen daselbst gleichsam göttlicher Weise durch eine besondere Gnade aufbehalten zu seyn, um die Wage im Gleichgewicht zu erhalten, und das Pfand der Ueberlieferung zu bewahren. Sie hat allezeit den Mund offen, um die Wahrheit zu sagen; sie verschonet weder ihre Söhne, noch die Fremdlinge, und alles, was die Richtschnur beleidiget, vermeidet ihre Beurtheilung nicht.

Der weise Nikolaus Cornet, welcher in ihren Grundsätzen gegründet, in ihren Verrichtungen geübet, voll ihres Geistes, und von dem besten Safte ihrer Lehre ernähret war, hat ihre Ehre und die alte Reinigkeit ihrer Grundsätze würdig behauptet. Er ließ sich von jener gezwungenen Strenge, welche nur Stolze und Häuchler macht, nicht überraschen; allein hat er sich nicht auch gegen jene Grundsätze ganz unversöhnlich erzeiget, an denen halb die Eitelkeit, und halb die Heiligkeit, halb das Christenthum und halb die Welt Antheil haben, oder welche vielmehr ganz der Welt und der Eitelkeit angehören, indem sie nur der Hälfte nach christlich und heilig sind. Er hat niemals den Kaufhandel in geistlichen Dingen gutgeheißen, was man ihm auch immer für einen Anstrich geben möchte; und um in den Kirchenstand einzutreten, hat er niemals eine andere Thüre re gekannt, als welche die geheiligten Rechte geöffnet hatten. Er hat den Wucher unter allen seinen Namen und Titel verdammet; seine Schaamhaftigkeit ist allezeit vor allen jenen ehrbaren Vorwänden schändlicher Verbindungen erröthet, bey denen er weder Feuer noch Schwert geschonet, um die Gefahr naher Gelegenheiten zu vermeiden. Die allzuscharfsinnigen Erfinder eitler Streitigkeiten und nichtiger Fragen, welche nur dienen, um den ganz graden Weg der Wahrheit durch unendliche Umschweife zu verlieren, haben ihm sowohl als dem heiligen Augustinus geschienen, unbedachtsame und leichtsinnige Leute zu seyn, welche in den Staub blasen, und sich die Erde in die Augen streuen. * Diese feinen Zänkereyen, diese Spitzfindigkeiten eitler Unterscheidungen, sind in Wahrheit ein aufgetriebener Staub, eine Erde in die Augen, welche nur das Gesicht verwirren. Endlich so hat er keine Vorschläge angehöret, um das Fleisch und den Geist zu vereinigen, von denen wir wissen, daß ihr

Streit

---

* Sufflantes Pulverem & excitantes Terram in oculos suos.

Streit unaufhörlich seyn müße. Ganz Frankreich weis es; denn ganz Frankreich hat sich bey ihm Raths erhohlet; ja so gar seine Feinde müßen ihm das Zeugniß geben, daß seine Rathschläge gerecht, seine Lehre rein, seine Unterredungen aufrichtig, seine Erinnerungen vernünftig, seine Urtheile sicher, seine Ursachen wichtig, seine Entschließungen genau, seine Ermahnungen kräftig, sein Ansehen ehrwürdig; und seine Standhaftig unüberwindlich gewesen.

Er war also in Wahrheit ein großer und reicher Schatz, und alle diejenigen, welche ihn um Rath befragten, sahen unter dem gemeinen Betragen, welches ihn ehrwürdig machte, daß sich in diesem evangelischen Schatze die alten und neuen Dinge, die natürlichen und übernatürlichen Vortheile, die Reichthümer des alten und neuen Bundes, die vorige und gegenwärtige Gelehrtheit, die Kenntniß der Heil. Väter und der Lehrer der Schule, die Wissenschaft der Alterthümer und des gegenwärtigen Standes der Kirche, und das nöthige Verhältniß dieser beyden untereinander im Ueberfluße befänden. Unterdessen, meine Herren, gab nichts seinen Entschei-
dun-

dungen ein größeres Ansehen, als die Unschuld seines Lebens: denn er war nicht von jenen in ihrer eigenen Sache so freyen Lehrern, welche da sie sich ihrer guten Rathschläge wegen von der Pflicht zu guten Werken hinlänglich los gebunden zu seyn glauben, die Gewissen der andern weder schonen, noch sich in Ansehen derselben einzuhalten wissen, und unwürdige Schänder ihrer Reinigkeit werden. Cornet im Gegentheile verzieh sich selbsten nichts; und um seine Sitten in Ordnung zu bringen; nahm er die Gesinnungen der Gerechtigkeit, des Eifers, der Genauigkeit eines GOttes an, welcher die Wahrheit furchtbar machen will. Wir wissen, daß als er einen Rechtshandel eines seiner Freunde dem Richter als billig anbefohlen hatte, und sich befürchtete, es möchte dieser seinem Zeugniße und Ansuchen aus Ehrfurcht zu viel gewichen seyn er den Schaden aus seinem eigenen Gelde ersetzet, als er erfahren, daß er dem Gegentheile zugefüget worden: ein so strenger Richter seiner guten Absichten war er! Was soll ich nun, meine Herren, von der Genauigkeit in seinen übrigen Pflichten sagen? Sie erschien besonders in jener

be=

bewunderungswürdigen Behutsamkeit, die er in Ansehen der Pfründen hatte. Weit gefehlt, daß er sie verlangen sollte, so glaubte er, daß sie für ihn zu viel wären, wenn er zwölfhundert Pfund Renten zöge. Er gab alsobald seine Titel auf, um die Reinigkeit der geistlichen Gesetze vollkommen zu ehren, und zur Heiligkeit und Ordnung der Kirchenzucht etwas beyzutragen. So lang er sie behielt, so zogen die Armen und das Gebäude der Kirche fast alle Frucht davon. Was seine Person betraf, so sah man, daß er sich bestrebte, die einzige Nothwendigkeit durch eine wirkliche Ausschließung alles Ueberflußes zu ehren: also zwar, daß diejenigen, welche bey ihm Rath suchten, da sie diese Weisheit, diese Bescheidenheit, diese gesetzmäßigen Sitten, diesen Nachdruck seiner Handlungen und seiner Worte, diese Frömmigkeit und Unschuld endlich, welche unter der größten Hitze der Theile allezeit ohne Tadel geblieben sind, erblickten, und zugleich die Uebereinstimmung seines Lebens und seiner Lehre bewunderten; daß diejenigen, sage ich, glaubten, es wäre die Gerechtigkeit selbst, welche aus seinem Munde spräche;

und

und seine Antworten als Aussprüche eines Gerson, eines Peter von Cilly, und eines Heinrich von Gent verehrten: und wollte GOtt, meine Herren, daß das Unglück unserer Zeiten, ihn dieser friedlichen Uebung niemals entrißen hätte! Du weißt es, gerechter GOtt, du weißt es, daß es wider den Willen dieses bescheidenen und friedfertigen Mannes geschehen, daß er gezwungen worden, sich unter den Verwirrungen deiner Kirche berühmt zu machen. Allein ein Lehrer kann bey der Sache des Glaubens nicht schweigen, und es war ihm nicht erlaubt, eine Gelegenheit zu verabsäumen, wo seine genaue und hohe Wissenschaft und seine vollkommene Klugheit so sehr nöthig geschienen hatten. Ich kann hier den wichtigen Dienst den er der Kirche geleistet, nicht übergehen, und ich sehe mich verbunden, ihnen den Zustand unserer unglücklichen Zwistigkeiten vorzutragen, obwohl ich vielmehr wünschte, sie ewig in der Vergessenheit und dem Stillschweigen vergraben zu sehen.

Was für ein entsetzliches Ungewitter ist in unsern Tagen, in Ansehen der Gnade und der freyen Willkühr entstanden!

Ich

Ich glaube, daß man es nur gar zu wohl wiſſe; und es iſt kein ſo entfernter Ort auf dem Erdkreiſe, wo das Gerücht nicht davon erſchollen wäre. Indem die größte Wuth dieſes neuen Sturmes faſt in die Zeiten gefallen, da er Syndikus der theologiſchen Facultät geweſen: ſo ſah er kaum die Winde ſich erheben, die Wolken ſich verdunkeln, die Wellen immer höher und höher ſteigen; als er nach ſeiner klugen, ruhigen und geſetzten Art, anfieng, aufmerkſam zu beobachten, was dieſes für eine neue Lehre wäre, und was für Leute ihr zur Stütze dieneten. Er ſah alſo, daß der heilige Auguſtinus, den er für den aufgeklärteſten und ſcharfſinnigſten unter allen Kirchenlehrern hielt, der Kirche eine ganz heilige und apoſtoliſche Lehre in Anſehen der Gnade vorgetragen hätte; allein er ſah auch, daß dieſe himmliſche Lehre, entweder aus der natürlichen Schwäche des menſchlichen Verſtandes, oder wegen der tiefſinnigen und feinen Fragen, oder vielmehr aus der nothwendigen und unzertrennlichen Beſchaffenheit unſers Glaubens, ſo lange er in dieſer Nacht der Räthſel und Dunkelheiten iſt, ſich nothwendig in un-

durch=

durchdringliche Schwierigkeiten verwickelt befände, dergestalt, daß es zu befürchten wäre, daß man sich nicht unvermerkt in Folgerungen verlöre, welche der Freyheit des Menschen schädlich wären. Folglich betrachtete er, wie gründlich sich die ganze Schule und Kirche bemühete, die Folgen zu verhindern; und er sah, daß die neuen Lehrer für selbe so eingenommen waren, daß anstatt sie zu verwerfen, sie selbe für ihre eigene Lehre erklärten: also zwar, daß der meiste Theil dieser Folgerungen, welche bisher alle Gottesgelehrte als gefährliche Ungereimtheiten allezeit angesehen, welchen man zuvorkommen müßte, um die Lehre des heiligen Augustinus und der Kirche zu verstehen; und diese Geister vielmehr als nothwendige Früchte betrachtet würden, die man davon sammeln müßte: und daß sie sich nicht scheuten dasjenige, was bisher alle andere für Klippen gehalten, bey denen man die Zerscheiterung des Schiffes befürchten müßte, als einen heilsamen Haven zu zeigen, nachdem man seine Schifffahrt zu richten hätte. Nachdem er also die Gestalt und den Zustand dieser Lehre, welche die Lehrer aus diesem allgemeinen Begriffe ohne Zweifel erkennen werden, betrachtet hatte, so bestrebte er sich auch, den Geist ihrer Beschützer zu erkennen. Der Heil. Gregorius von Nazianz, den er sich sehr gemein machte, hatte ihm gelehret, daß die Verwirrungen in der Kirche Gottes nicht von gemeinen und schwachen Seelen entstünden. Es sind, sagt er, große aber auch heftige und hitzige Geister, welche diese Bewegungen und dieses Geräusche erregen; allein da er sie nachmals durch ihre eignen Charaktere schildert, so nennt er sie ausschweifende, unersättliche Leute, welche für die Sachen der Religion hitziger sind, als man seyn muß: Ausdrückungen, welche in Wahrheit sehr vernünftig sind, und die uns das Naturell dieser Geister recht lebhaft vorstellen. Man verwundert sich vielleicht, einen so heiligen Bischoff auf diese Art reden zu hören. Denn, meine Herren, wir müßen wissen, daß indem man zu viel Eifer haben kann, nicht zwar um die wahre Lehre zu lieben, sondern um sie gar zu sehr zu untersuchen, und über sie zu vernünfteln, die erste Pflicht eines Mannes, der sich auf die Wissenschaft der heiligen Wahrheiten verlegt, seyn muß, die Oerter zu entscheiden wissen, wo es erlaubt ist, sich weitläuftiger einzulassen, und wo man ganz stille halten, und sich der engen Gränzen erinnern muß, in welche der menschliche Verstand eingeschlossen ist: also zwar, daß die nächste Zubereitung zum Irrthum vorhanden ist, wenn man die Dinge bis zur äußersten Augenscheinlichkeit der Ueberzeugung bringen will. Allein man muß das Feuer eines unruhigen Unbestandes, welcher in uns diese Unmäßigkeit und diese Krankheit alles zu wissen verursachet, mäßigen, nach dem Ausspruche des Apostels nüchtern und nach Maaß weise seyn, und sich mit den Einsichten, die uns ertheilet worden, schlechtweg befriedigen, um unsern Vorwitz vielmehr zu unterdrücken, als den Grund der Sachen gänzlich aufzuklären.

Dieses ist die Ursache, warum der heilige Gregorius diese übertriebenen Geister, welche niemals müde werden, zu untersuchen, zu reden, zu streiten, zu schreiben, ausschweiffend, und unersättlich genennet hat. Unser weise und vorsichtige Syndikus urtheilte, daß diejenigen, von denen wir reden, bey nahe diesen Charakter hätten; daß sie große Männer, beredsam,

kühn, entscheidend, starke und einsichts=
volle Geister wären; allein daß sie auch
mehr Fähigkeit besäßen, die Sachen auf
das äußerste zu treiben, als die Vernunft
vor dem Falle zu bewahren, und weit ge=
schickter wären, die christlichen Wahrhei=
ten untereinander zu vermischen, als sie zu
ihrer natürlichen Einheit zu bringen: und
um alles mit einem Worte zu sagen, daß
sie so beschaffen wären, daß sie GOtt sehr
viel geben; und daß es eine große Gnade
für sie ist, gänzlich zu weichen, um sich un=
ter das höchste Ansehen der Kirche und des
heiligen Stuhls zu beugen. Unterdessen
gerathen die Geister in Bewegung, und
die Sachen verwirren sich immer mehr und
mehr. Dieser eifrige und mächtige Theil
reitzte wenigstens auf eine angenehme Art,
wenn er den Kern der Schule und Jugend
nicht auf einmal mit sich zog. Endlich so
vergaß er nichts um die ganze Facultät der
Gottesgelehrtheit an sich zu bringen.

Man wird hier kaum glauben, wie
nützlich unser weise Großmeister unter die=
sen Verwirrungen gearbeitet. Diese über=
zeugte er durch seine Lehre; jene hielt er durch
sein Ansehen zurück; alles belebte und un=
terstützte er durch seine Standhaftigkeit:

und

und indem er auf der Sorbonne bey den Rathsversammlungen der Facultät redete, so erkannte man durch die Erfahrung die Wahrheit dieses Ausspruches: Der Mund des Klugen wird in der Gemeinde gesuchet, und seine Worte werden in den Herzen derselben versammelt. Ekkl. 15. 5. Denn er redete mit solchem Nachdrucke, in einer so schönen Ordnung, und auf eine so überdachte Weise, daß so gar seine Feinde nichts einzuwenden hatten. Uebrigens bemühete er sich so wohl die Lehre auseinander zu setzen, als der Auslegung durch seine weise und bewunderungswürdige Vorsicht zuvorzukommen: worinnen er sich einer solchen Mäßigung bediente, daß obwohl jedermann wußte, welchen Theil er an den Rathsversammlungen hatte, so bald er dennoch nur erschienen, ihm so gar seine Feinde, welche fast den ganzen Haß öffentlich auf ihn warfen, den größten Theil der Ehre auch wieder seinen Willen zuwendeten. Und in Wahrheit, niemand war von dem wesentlichen Punkte der Frage beßer als er unterrichtet. Er erkannte vollkommen so wohl die Gränzen als Schranken aller Meynungen der Schule; wie weit sie giengen, und wo sie anfiengen, sich ab-

zuson-

zusondern; besonders hatte er eine große Kenntniß der Lehre des heiligen Augustinus, und der Schule des heiligen Thomas. Er erkannte die Stellen, wodurch diese neue Lehrer an den gewissen Gränzen zu stehen schienen, und durch welche sie sich von denselben entfernten.

Dieser Erfahrung, dieser auserlesenen Kenntniß, und der gemeinschaftlichen Bestrebung der besten Köpfe der Sorbonne haben wir den Auszug jener fünf Sätze zu verdanken, welche gleichsam die ächten Gränzen sind, durch welche die Wahrheit von dem Irrthume getrennet wird, und die, da sie, also zu reden, der eigentliche und besondere Charakter der neuen Meynungen sind, allen andern das Mittel an die Hand gegeben haben, um sich ihren unerhörten Neuerungen einstimmig zu widersetzen. Dieses ist also jene Uebereinstimmung, welche die Wege zu jenen wichtigen Entscheidungen Roms zubereitet, an welchen unser weisester Lehrer durch das Ansehen, in dem seine vollkommene Reinigkeit so gar bey dem höchsten Bischofe stand, eben so nützlich arbeitete, als er derselben Annehmung mit einer gleichen Kraft beförderte, ohne sich jemals zu bestürtzen, ohne sich jemals abwendig machen zu laſſen, oder in der unternommenen Sache kaltſinnig zuwerden: alſo zwar, daß ſie durch ſeine und ſeiner getreuen Helfer Arbeit und Betragen gezwungen worden, zu weichen. Man wagt nun keinen Angriff mehr; und man ſpricht nur vom Frieden. Möchte er doch wahrhaft, möchte er wirckſam, möchte er ewig ſeyn! Möchten wir doch durch die Erfahrung erlernt haben, wie gefährlich es iſt die Kirche verwirren; und wie ſehr man die wahre Kirche beſchimpfet, wenn man ſie unglücklicher Weiſe bis zu den äußerſten Folgerungen treibt! Möchten doch endlich aus dieſen Streitigkeiten reinere Kenntniße, genauere Einſichten, zärtlichere und heftigere Flammen der Liebe entſtehen, welche die zerſtreuten Glieder der Kirche durch eine wahrhafte Vereinigung in eins verſammeln ſollen!

Allein ich komme auf jenen zurück, der uns heute einen ſo reichen Stoff gerechter Lobeserhebungen giebt. Da man bey dieſer Gelegenheit ſeine großen Verdienſte, die er der Kirche geleiſtet, ſieht, und einen bewunderungswürdigen Reichthum ſeltner und vortreflicher Eigenſchaften in dieſem Manne entdecket, ſo wird man vielleicht in geheim murren, daß ein so helles Licht nicht höher auf den Leuchter gesetzet worden, und man wird sich wieder die Ungerechtigkeit unserer Zeit in seinem Herzen empören. Diese Klage scheint billig zu seyn; nichts desto weniger muß ich sie zu heben suchen. Ihr, die ihr euch zu erzürnen scheint, daß eine so seltene Tugend nicht gekrönet worden, habt ihr es nicht gehört, was ich im Anfange dieser Rede gesagt, daß dieser große Mann alle Würden geflohen? Ich habe es gesagt, und ich sage es noch einmal, unsere Zeiten waren nicht ungerecht, aber Cornet war bescheiden. Man hat seine Demuth aufgesuchet; allein man hat kein Mittel gefunden, sie zu überwinden. Unsere Könige haben sein Verdienst erkennet, und belohnen wollen; allein er hat sich nicht entschliessen können, etwas von einer sterblichen obwohl königlichen Hand anzunehmen: wodurch er sich denn auch die Hochachtung der Prälaten und Staatsmänner verschaft. Ich könnte hier jenen großen Prälaten anführen, welcher uns bald ein neues Licht auf dem Stuhle des heiligen Dionysius und des heiligen Marcellus wird scheinen lassen, und der das edle Vergnügen genießt, seine Ehre

mit

mit der Ehre unsers Monarchen täglich wachsen zu sehen. Wenn ich die großen Vortheile betrachte, die ihm angetragen worden, so muß ich dieses sittsame und bescheidene Leben bewundern, und ich sehe in unserm Jahrhunderte kein schöneres Beyspiel, das der Nachahmung würdiger wäre.

Zween erlauchte Cardinäle, welche die Majestät dieses Königreichs unterstützet, haben seinem Verdienste die schuldige Belohnung ertheilen wollen; allein er hat alles ausgeschlagen. Der erste berief ihn, und that ihm Vorträge, welche seiner Hoheit gemäß waren. Der zweyte stellte ihn der durchlauchtigsten Königinn und Mutter unsers unüberwindlichen Monarchen vor, und entdeckte seine Absichten, ihn zu einem Kirchenhaupte zu setzen; allein er stattete ihrer Majestät und seiner Eminenz allen Dank ab, und erklärte sich, daß er weder die natürlichen noch übernatürlichen Eigenschafften besäße, welche zu hohen Würden nöthig wären. Sie sehen dadurch, meine Herren, von welcher Beschaffenheit seine Demuth, und wie sorgsam er gewesen, die herrlichen Vortheile, die er von GOtt empfangen, zu verbergen, da er so

gar den Anträgen, die man ihm machen
wollte zuvorgekommen. Man erlaube mir
hier eine kleine Anmerkung zu machen. Ich
habe einen großen Mann gesehen, welcher
alles was die Welt glänzendes hat, ver‑
achtet; und unterdessen sehe ich eine hitzige
Jugend, welche von allen nöthigen Eigen‑
schaften keine andere hat, als die heftigen
Begierden sich zu den Aemtern der Kirche
zu erheben, ohne in Betrachtung zu ziehen,
ob sie den Pflichten genug thun können,
welche mit diesen Würden verbunden sind.
Man wendet alle Freunde an, man be‑
wirbt sich um die Gunst der Großen, man
glaubt, daß es genug sey, wie Joseph
auf den Thron Pharaons zu steigen, um
Aegypten zu regieren; allein man muß auch
wie er im Kerker gewesen seyn, ehe man der
Liebling des Pharao wird. Ach, große
Bescheidenheit des Cornet! du mußt diese
blinde Jugend beschämen. Man hat dir
die Würden angetragen, und du hast sie
verworfen. Was für eine seltsame Sache
ist es nicht, einen demüthigen Mann zu se‑
hen, wenn er zu den Würden erhaben wor‑
den *! Unser Großmeister hat diese Tugend

Zeit‑

Zeit seines Lebens besessen; allein weil er sich gedemüthiget hat, so muß er auch nach seinem Tode seyn verherrlichet worden. Der Sohn GOttes, welcher nur Wahrheiten ausgesprochen, hat gesagt, daß jener, der sich demüthigen wird, werde erhöhet werden: Wer sich demüthiget wird erhöhet werden. Luk. 14. 11. Da also Cornet durch sein ganzes Leben demüthig gewesen, so ist er, oder wird bald im Besitze der Herrlichkeit seyn. Gleichwie er an Demuth reich gewesen, so war er es auch an allen andern Tugenden, derer Grund sie ist. Er war weise von seiner Jugend auf; die Schaamhaftigkeit wurde mit ihm gebohren, er hatte dem HErrn seine Jungfrauschaft von seinen zartesten Jahren an gewidmet; er folgte dem Rathe des heiligen Paulus, welcher allen Christen befiehlt, sich als ein heiliges und lebendiges Opfer GOtt darzubiethen: Ich bitte euch, durch die Barmherzigkeit GOttes, daß ihr eure Leiber als ein heiliges, lebendiges Opfer darstellet. Röm. 12. 1. Er machte GOtt ein Opfer seines Leibes und seiner Seele; er widmete seinen Verstand dem Glauben, sein

Ge-

Gedächtniß dem ewigen Angedenken Gottes, seinen Willen der Liebe, seinen Leib dem Fasten und der Gottseligkeit. Er war gemein in seinen Reden, unveränderlich in seinem Worte, unverfälscht in seiner Treue, eifrig in den Uebungen des Gebethes, und besonders auf das Geschäfte unsers Heils aufmerksam. Heiligste Jungfrau! dich nehme ich hier zum Zeugen. Du weißt, wie viele Nächte er bey den Füßen deiner Altäre gelegen; wie oft er deinen Beystand zur Erleichterung der armen Völker, und zum Trost der Betrübten angerufen. Dieser große Mann, diese starke und gründliche Seele, welche wohl wußte, daß uns JEsus Christus befohlen habe, ein Licht zu seyn, ich will sagen, gute Beyspiele zu geben, und daß andrerseits unser Leben verborgen, das ist, demüthig seyn müsse, hat diese Gesetze vollkommen ausgeübt; er war demüthig und erbaulich; er gab öffentlich ein geringes Almosen, um den Nächsten zu erbauen, aber in geheim gab er ein großes: er war der Beschützer der Armen, und die Stütze der Spitäler. Dieses waren seine verborgenen Tugenden. Ich rede hier nichts von der Ehrfurcht gegen unsern Monarnarchen, von der Unterwürfigkeit gegen die Kirche, von der unendlichen Liebe gegen den Nächsten. Es ist gewiß, daß Frankreich keine für das Vaterland so gut gesinnte Seele gehabt als seine; und daß der Staat niemals einen dem Prinzen so ergebenen Geist verloren, als da er ihn verlohr. Allein er hat sich an dieser Treue, welche durch sein ganzes Leben gedauret, nicht befriediget; er hat seinen Geist diesem königlichen Hause vor seinem Tode eingeflößet.

Doch, meine Herren, ich werde niemals zu Ende kommen, wenn ich die ganze Erzählung von allen seinen köstlichen Eigenschaften machen will. Setzen wir also diesem Strome Schranken, und schließen wir; allein sehen wir auch, zu welchem Ende man mich diese Trauerrede zu halten verbunden hat. Was für eine Frucht müssen wir also aus selber schöpfen? Ich habe diesen Rednerstuhl nicht bestiegen, als um euch euch, meine Herren, seine Tugenden als ein Muster vorzustellen. Glücklich werden diejenigen seyn, welche leben werden, wie er gelebt hat! glücklich diejenigen, welche die Tugenden ausüben werden, die er ausgeübet! glücklich diejenigen,

gen, welche die Würden und Ehren Titel verachten werden, die die Welt sucht! glücklich diejenigen, welche alles überflüßige verwerfen! glücklich diejenigen, welche von dem Dunste der Welt nicht trunken werden! glücklich diejenigen, welche sich nicht in dem Unflate weltlicher Wollüste versenken! Dieses ist, was dieser große Mann gethan hat, und was wir thun müßen. Warum haltet ihr euch, weltlich gesinnte Menschen, bey einem augenblicklichen Vergnügen auf? Warum beschäftiget ihr eure Sorgen und eure Gedanken um Schäze zu sammeln, die ihr nicht mit euch tragen werdet? Warum umgebt ihr alle Morgen die Thüren der Großen? denket nur an ein einziges Ding. Der Sohn GOttes hat es gesagt: Nur eines ist nöthig. Luk. 10. 42. Es ist nur eine einzige wichtige Sache, und diese ist unser Heil. Ich habe nur ein Geschäffte, sagt der heilige Augustinus, und dieses ist sehr geheim, es ist in dem innersten meines Herzens; es ist ein Geschäffte, das zwischen GOtt und mir muß abgehandelt werden; und gleichwie es von so großer Wichtigkeit ist, so muß es Zeit meines

Le-

Lebens, jeden Tag, jede Stunde, jeden Augenblick die Beschäfftigung meiner Sorgen und Gedanken seyn. *

Sehen sie, meine Herren, das Geschäfft mit dem sich Cornet abgegeben. Nehmen sie die Gesinnungen dieses großen Mannes an, ahmen sie seinen Tugenden nach, üben sie die Demuth mit ihm aus, lieben sie die Dunkelheit, wie er sie geliebet. Allein bevor ich diesen Ort verlaße, muß ich mich noch zu dir, königliches Haus, wenden, und dir nur wenige Worte sagen. Feyre, und erhalte sein Angedenken; und wenn ich einige Belohnung für seine Arbeiten begehren darf, ahme seinen Tugenden nach, und wachse in der Vollkommenheit immer höher. Dieses große Muster ist würdig, von dir nachgeahmet zu werden. Allein ich betrüge mich, du folgest ihm bereits so wohl in der Lehre, als in den Sitten nach; fahre nur fort, und verharre. Du aber, großer Schatten, steige aus diesem Grabe hervor. Ich glaube zwar, daß du bereits in der Herrlichkeit bist; allein wenn du das Heiligthum noch nicht bewohnest, so

wirst

wirst du in selbes bald eingehen. Wir wollen unterdessen dem HErrn Opfer für deine Ruhe bringen. Erinnere dich dieses königlichen Hauses, das du so zärtlich geliebet hast, und verschaffe ihm den Segen des Himmels: dieses ist, was ich allen wünsche, im Namen GOttes des Vaters, Sohnes und heiligen Geistes!

J M L A.

WIEN,
gedruckt bey Joseph Kurzböck, Universitäts-

www.ingramcontent.com/pod-product-compliance
Lightning Source LLC
Chambersburg PA
CBHW022133300426
44115CB00006B/164